Western Educational Theory and Practice during the Period of Transformation

转型期西方教育理论与实践丛书

主编 陆有铨

有效教学的新思路

——20世纪80年代以来西方学校教学变革研究

高慎英 ◎著

山东教育出版社

图书在版编目(CIP)数据

有效教学的新思路——20世纪80年代以来西方学校教学变革研究/高慎英著. —济南:山东教育出版社,2011

ISBN 978-7-5328-6829-2

Ⅰ.①有… Ⅱ.①高… Ⅲ.①教学改革—研究—西方国家 Ⅳ.①G550.1

中国版本图书馆 CIP 数据核字(2011)第 066696 号

Preface 前言

陆有铨

这套丛书实际上是此前由山东教育出版社出版的"20世纪教育回顾与前瞻"丛书的续篇。"20世纪教育回顾与前瞻"丛书出版于1995年，主要叙述19世纪末20世纪初至20世纪80年代西方主要国家的教育在若干方面发展的进程。目前读者看到的"转型期西方教育理论与实践"这套丛书，主要叙述20世纪七八十年代以来西方主要国家教育理论和实践若干主要方面的进程。

关于"转型期"这个概念，可谓意见纷纭，但在这里，主要是从时间的意义上使用的。20世纪80年代前后的确是一个"转折"的时代，包括中国在内的世界各国在各个方面都或隐或显地出现了与以往不同的特征，故此，我们把这个具有分水岭性质的时代，称之为转型期。具体来说，本丛书的"转型期"是指20世纪70年代末80年代初以来大约30年左右的时间。

学校教育，无论就其产生还是发展来说，任何人都无法割断她与社会的联系。联合国教科文组织国际教育发展委员会1972年编著的《学会生存——教育世界的今天和明天》明确地指出：教育体系受着内部和外部两方面的压力。内部压力来自体系内部的失灵与矛盾……然而过去的经验表明，内部压力和紧张状态本身还不足以引起教育结构上的变化。外部压力在我们这个时代特别坚强有力。——未来行动的方向主要将从外在因素中推演出来。联合国教科文组织发表于几十年以前的这一结论和预言，在社会转型的时期，得到了充分的验证。

转型期西方国家的教育发生了深刻的变化。这种变化的原因，归根结底是由于社会各个方面施加于教育的"外部压力"。大体说来,这种"外部压力"有下列几个方面。

首先,从生产方式的角度而言,人类社会开始由工业经济向知识经济迈进。早在20世纪60年代,美国学者马克卢普(F. Machlup)就根据战后产业结构变化的背景提出了"知识产业"的概念。此后,1973年,丹尼尔·贝尔出版《后工业社会的来临》;1980年,阿尔温·托夫勒出版《第三次浪潮》;1982年,约翰·奈斯比特出版《大趋势》等一系列标识人类生存方式变化的著作。1996年,"经济合作与发展组织"(OECD)发布了《科学、技术和产业展望报告》,该报告首次使用了"知识经济"这一概念。后来该组织又将报告中有关部分以《知识经济》为题单独发表。根据OECD的界说,知识经济是建立在知识和信息的生产、分配和使用基础之上的经济。该组织认为,知识是支撑OECD国家经济增长的最重要的因素(OECD的成员国多为发达国家)。不言而喻,在知识经济时代,知识的生产、知识的创新乃是至关重要的因素。

20世纪80年代以来,西方发达国家的产业结构发生了巨大变化,以劳动密集和传统工业技术为核心的第一、第二产业在国民生产中的比例逐渐下降,而以知识密集和信息技术为核心的第三产业迅速成长为强大的经济增长点和新兴的支柱产业。

作为重要的"外部压力",人类生产方式的转变,对于以培养人为宗旨的教育的意义可谓不言自明,因为知识经济得以实现的一个不可或缺的条件,乃是人的素质。在20世纪80年代,西方国家发布了许多关于教育危机的报告,看到了教育与新的生产方式之间存在的不协调。教育哲学的研究也出现了以"教育问题"探讨为主的转向。当然,"危机"的表现或内容复杂多样,但教育质量问题却是不变的主题。对于基础教育而言,与知识经济时代伴随而来的科技革命和信息化,使得学校似乎正在培养科学和技术"文盲"的一代。知识经济时代要求人要具有不断学习乃至终身学习的意愿和能力,而且还要具有创新意识和竞争能力。

其次,从国际关系的角度而言,各国之间的竞争空前激烈。强化教育为国家利益服务,强化教育的国家目的,这是20世纪以来世界各国教育发展的一条基本线索,西方国家当然不会例外。需要指出的是,国家目的不是一成不变的。不同的历史阶段,国家目的的表现形式和内容各异,重点亦不相同。19世纪末20世纪初开始至1945年第二次世界大战结束,国际间国家目的突出的是意识形态领域的斗争,民主主义、共产主义、法西斯主义的意识形态对相关国家的教育,分别产生了极为重要的影响。第二次世界大战结束至七八十年代,在美苏双峰对峙的态势下,国家目的突出的是科学技术的竞争,教育的重点是为培养科技专家服务。此后,随着苏联的解体、第三世界国家的崛起,形成了多极世界的政治格局。在这种格局下,国家之间的竞争与冲突表现为政治、经济、文化、历史文明冲突等多维度。

1985年3月4日,邓小平在会见日本商工会议所访华团时指出,和平与发展是当代世界的两大问题;虽然战争的危险还存在,但是制约战争的力量有了可喜的发展;发展的问题也就是经济问题,世界各国经济发展的互相依赖性增强了,因为任何国家都不可能孤立于国际社会而获得经济的发展。

人们往往用"经济全球化"来表示各国经济互相依赖的情况。但经济全球化并不等于大同世界的到来。它除了强化了国际合作的需求和可能之外,还大大地加剧了全球范围内国家之间的竞争。由于经济的实力往往是决定其他各种力量的关键,它施加于教育的"外部压力",就是教育要为提升综合国力服务。所谓综合国力,乃是指一个国家的经济实力、国防实力和民族凝聚力的总和。

第三,全球性问题乃是人类共同面临的困境。欧洲自中世纪以后,历经意大利的文艺复兴,德国的宗教改革,法国的启蒙运动以及英国的工业革命等解放运动,世界各国在现代化的道路上你追我赶,在取得巨大物质文明进步的同时,在人与自然、人与社会以及人与自我的关系方面,出现了一系列的问题。如何面对并克服人类共同面临的困境,实际上关系到人类自身的生存和发展。

这一系列的"外部压力",乃是包括西方国家在内的世界各国的教育发生深刻变化的根本动因。这套丛书力图从若干方面描述西方一些国家最近30年左右的时期内教育理论与实践的一些进展及其主要的特征。

一

著名教育家胡森曾经说过,教育作为一个实践的领域,其真正的本质在于地方性和民族性。教育毕竟是由它所服务的国家的文化和历史传统形成的。近代以来,教育实践的一个极其重要的特征是,教育越来越成为不同国家实现各自目的的工具。

20世纪80年代以来,基于国际竞争的压力以及对教育重要性的普遍认同,教育的危机被看做是整个民族、国家的危机;所有教育上的改革和创新,不再仅仅是地方性或局部性的了,而成为一种全国性的努力;各国政府普遍加强了对教育的控制,强调教育为国家利益服务,并自觉地将教育作为实现国家目的的重要工具。在这里,我们姑且将这种现象称之为"教育的国家干预"的倾向。

转型期西方各国教育国家干预的程度更加强化,其表现有下列几点。

首先,国家拟定国家教育目标、国家统一课程,教育目标和内容越来越集权化;教育改革计划大都以立法形式颁布,并作为国家意志强制实施。

政府控制教育的情况,在拥有集权管理传统的法国表现得较为直观。根据法国1989年的《教育指导法》,各级政府对教育的控制以不同形式得以强化。地方教育管理机构(Regional Education Councils)的权限甚至扩展到高等教育系统之中,地方教育总长(Chief Education Officer)作为大学的副校长被要求就所管地区的高等教育状况提供年度报告。

许多分权制国家的中央政府也开始加强对教育的干预和控制,这在20世纪80年代以后尤为突出。许多国家的中央政府往往通过立法、建立统一标准、国家统一课程、统一考试、财政拨款等方式,主导教育的走向。为了避免国家控制和标准化可能带来的僵化,一些国家采用的策略是,由政府规定全国性计划,而计划的执行则留给地方层面的行政机关。

二战以来,美国进行过几次主要的教育改革,一次更比一次强调政府对教育的干预和监控。20世纪80年代因美国在国际中小学生学科竞赛中成绩过差,导致《国家在危险中》报告的发表。1988年,美国当时的教育部长威廉·J.贝内特递交了《关于美国教育改革的报告》,建议学校应从三方面改进:讲授基本道德准则;建立纪律和规章制度;鼓励学生养成努力学习的习惯。1993年,克林顿行政当局以法案的形式提交《2000年目标:美国教育法》,并作为国家法案提交参众两院审议通过,完成了立法程序。为了加强学校的道德教育,白宫于1994~1996年3年中分别3次召开关于公民与民主社会品格建构研讨会。开始于20世纪90年代末、当前仍在进行的美国这次教改更加广泛、深入,它包括中小学直至大学、研究生教育,涵盖学校教育和全美国人力资源的开发。它所涉及的,既有教育质量的老问题,更有教育数量的新问题。新一轮全局性、整体性的教育改革的显著特点,是对美国联邦政府在全国教育事务上的角色的重新定位,它强烈要求联邦政府实质性地参与学校事务,要求强制干预全国教育事务。2001年1月出台的《不让一个孩子掉队法》(No Child Left Behind,即"NCLB"),则发动了一场涉及全美每一所中小学的教育改革。这清楚地说明了美国联邦政府对美国教育干预的进一步强化。

其次,国家利用市场逻辑、校本发展等多种手段,加强对学校教育的监控。

20世纪80年代以后,社会转型的冲击促使教育在保持自身独立发展的同时,也不断地进行反思与改革。以市场为导向,变政治行政模式为经济市场模式的制度性变革已成为转型期西方公共教育改革中的重要实践取向。联合国教科文组织《1993年世界教育报告》指出,20世纪80年代世界朝着某种形式的市场经济转变,没有几种教育制度完全不受这种全球变化的影响。与过去直接干预和介入教育的方式不同的是,这个时期国家逐渐认识到市场这只"看不见的手"也可以在教育领域内发挥举足轻重的作用,市场竞争正日益成为教育国家化的重要手段。

在国家职能不断扩展的这一总趋势下,西方国家以市场为取向的公共教育改革似乎是对国家垄断教育的做法进行质疑和批判,其实不然。以市场力量参与管理取代政府的集中管理,正是转型期西方国家干预教育的一种新手段,其目的是为了更好地服务于国家利益。在国家观念与市场逻辑二者看似冲突的背后,反映出的本质却是国家干预教育的力量更强大,获取的教育权力更多,而且手段更巧妙。杰夫·惠迪(Geoff Whitty)等人在研究了英国、澳大利亚、新西兰、美国和瑞典五国公共教育放权与择校的改革实践后指出,尽管许多教育职责正在从国家或地方政府转移,但没有一国政府的总体作用在明显下降。无论是国家还是州政府,都掌握了决定学校知识的标准、成就评估的方式以及评估报告的对象等新的权力。政府虽然放弃了地方层面的教育权责,但是在中央层面的教育控制权却更加强化了。

除了市场逻辑对教育的影响之外,教育校本化思潮的影响也是一个不容忽视的因素。教育校本化带来的多样化和个性化可能会导致学校教育发展的不均衡甚至平庸化等风险,为此,西方国家又通过出台各种国家教育标准、加强绩效问责乃至国家教育考试等集权化的措施予以应对,并且通过制度和政策从赋权给学校转向促进学校增能。所以,在转型期西方教育校本化思潮的复兴过程中,我们常常可以看到分权与集权的博弈始终是如影随形。这种看似矛盾的教育改革思路,实则反映了西方国家对于中小学教育发展的基本诉求,即多样化、选择性和高质量。当然,现实与追求之间的鸿沟似乎总是难以逾越,但却为学校教育的发展提供了源源不断的改革课题和发展动力。

各国政府积极介入教育的原因何在?教育为何走上国家化的道路?按政治学的解释,任何政府行为都有一个最根本的动因——国家利益,国家利益是一个政府活动的出发点和最终归属。国家利益的影响力是如此之大,以至于那些有重要影响力的政治人物都不得不借助国家利益的名义来推行自己的政治主张。拿破仑以法兰西利益为借口,发动了对俄战争;林肯总统以联邦利益的名义反对分裂;希特勒用德国国家利益的名义为其扩张主义政策而辩护。国家积极介入教育的动因也不例外。西方各国频频出台的教育变革举措让人眼花缭乱,其最终目标却只有一个,就是为了国家竞争力的提升,国家竞争力成为转型期前后西方教育变革的首要目标。其深层次的原因就在于,"创新"和"竞争"的能力是当今世界各国普遍关注的话题,而一个国家创新和竞争力的关键在于全民素质和人才的竞争力,在于教育变革的成效如何。

西方的政治哲学有一种自由主义传统,认为"最小的政府就是最好的政府",只要政府可以不管的就尽可能不加干预。这种政治哲学也渗透到政府对教育的态度上,西方各国政府对教育一般不直接干预。然而,20世纪中期以后,这种情况发生了深刻的变化,教育的公益性在弱化过程中备受各国政府的关注。于是,各国政府便主动承担起更多的发展教育的责任,一方面把促进教育公平视为政府的重要职能,更把发展教育作为增强国家综合实力的重要工具。这可能是转型期强化教育国家干预的根本原因。

二

上文提到,转型期西方国家教育在强调政府集权对教育直接干预的同时,分权与政府集权的博弈始终是如影随形。为了避免国家控制和标准化所带来的僵化,充分发挥学校、社会团体、教师、专家、家长等各个方面的能动性,一些国家采用的策略是,由政府规定全国性计划,而计划的执行则留给地方层面的行政机关、学校等,在教育变革的运作上,呈现出一种治理结构"扁平化"的特征。

首先,公立学校的办学引入市场竞争机制。

形成和发展于工业经济时代的公共教育体制,为适应政治生活民主化和经济生活工业化的要求,被赋予了公益性、平等性和国家垄断性的内涵。从西方国家公立学校市场化改革所涉及的领域来看,在宏观上涉及国家的办学体制,在微观上涉及学校的运行机制。在办学体制方面,是打破政府对于公立学校的垄断,倡导教育资源提供者的多元化,允许政府以外的个人、社会团体和企业为社会提供公立学校教育的服务。目前在西方国家办学体制改革的探索中,已经出现了特许学校、城市技术学院、教育行动区等新型办学模式。在学校的运行机制方面,倡导学校之间的竞争,取消政府对于公立学校的保护。其中,较具代表性的是教育券计划(Education Voucher Plan)、开放入学计划(Open Enrollment Plan)。这类计划将公立学校本身看做一个开放的系统,允许学生及其家长在公立学校内部以及公私立学校之间进行自由选择,以改变长期以来他们在教育方面始终处于被动接受地位的不利状况。

西方国家以市场为取向的公共教育改革,其具体内容包括三个方面。一是扩大学校自主权。学校自主权(school autonomy)的扩大,在政策层面,指的是地方教育行政部门将各种各样的教育决策权直接下放到学校这一层次,给予学校更大更多的办学自主权;在实践层面,则表现为公立学校办学体制和管理体制的转变,出现了公立学校管理校本化、私营化等理念,以及在此理念指导下的多元公立学校模式的试验。二是鼓励家长择校。20世纪80年代以后,随着人们对公共教育系统的日益不满以及对于优异教育的重视,家长择校成为一项重要的公立学校改革方案得到广泛重视和采纳。在鼓励家长择校的改革方案中,影响最大的是教育券计划,其次是开放入学计划和公助学额计划(Assisted Places Scheme)。三是政府直接干预减少,宏观控制加强。

西方公共教育改革的主要特征有两个方面。第一,改革的核心是公共教育权的重新分配与平衡。允许学校自主管理和家长择校的前提是,学校和家长拥有与此相匹配的权利和责任。因此,以市场为导向的西方公立学校改革,其核心关涉的是公共教育权利和权力的重新分配与平衡,即公共教育权在各有关行为主体,包括中央政府、地方政府、学校、市场与家长之间发生的变更。重新分配的目的在于调动多方参与教育的积极性,更有效地配置教育资源。第二,改革的主要推动者是各国政府。与以往教育改革有较大不同的是,转型期公立学校市场化改革基本上是由各国政府自上而下推动的。政府一手主导了大部分的改革方案,并积极促成了以市场为导向的公立学校改革,也就是说,市场机制根本上就是由国家这一双大推手导入的。这正是新保守主义思潮中"强有力的政府,自由的市场"(the strong state, the free market)主张的体现,即自由的市场必须要有强有力的政府来保障。

在公共教育由国家垄断时期,公共教育是置身于国家干预和市场调节这一对矛盾体的博弈之外的。但是,转型期发生在公共教育领域内的种种改革显然已经打破了这种平静的局面,不管赞同还是反对,市场的理念和机制正一步步地改造着人们已经习惯了的公共教育。当然,公共教育改革过程中,也面临着许多矛盾,主要有四个方面。第一,公共教育的社会定位:公益性还是准市场性。第二,公共教育的目标定位:公平还是效率。第三,公共教育的管理价值取向:标准化还是多样化。第四,国家的教育职能:增强还是减弱。

值得注意的是,教育领域市场机制的引入,在高等教育办学方面出现了一种"消费主义"的教育观,办学指导思想出现消费主义倾向。

在教育质量运动、共同治理等转型的背后,西方各国的办学指导思想也逐渐发生了变化,消费主义倾向悄然成为不少学校的办学指导思想。消费主义既指一种价值取向,又指一种行为实践,它意味着"万物皆商品、一切可买卖","为消费牺牲一切"。

消费主义教育观主张由顾客定义教育质量,质量规划的目的就是取悦顾客,就是努力在教育消费者最需要的时候以消费者最满意的方式提供教育服务。在消费主义观念主导之下,有多少消费者,就有多少质量的定义,教育离传统的定义渐行渐远。这从根本上改变着学校教育的性质。

消费主义倾向使教育价值的功利化取向抬头。功利化集中体现在高等教育商业化潮流之中。这从博克(Derek Curtis Bok)教授先后出版的两本理论著作的书名就能得到部分的印证。博克1982年出版的《走出象牙塔》认为,走出象牙塔是现代大学的社会责任。不过,那只是现代大学的社会责任之一,当时还难于想象大学完全被市场话语所包围的情景。而他2003年面世的著作《市场中的大学:高等教育商业化》考察和描述了大学校园里通过教学、研究等活动赚钱的行为——高等教育的商业化行为,从而指出,大学已经商业化,大学正经历着十分新奇的商业化活动过程。随之而来的,是教育的公益性遭遇消解,是竞争意识与私欲的过度强化。这使西方大学无私心、无功利的追求出现了以私利为主导的倾向。高等教育为利益攸关者服务的职能在强化,功利化的教育价值取向在强化,而知识本身即目的的信念日益受怀疑,甚至出现"有校无学"(school without learning),使高等教育的非功利性目标遭遇不恰当的抑制。

其次,教育的校本化发展。

为缓解转型期学校教育的多重矛盾和压力,西方国家普遍地采取了重建学校教育的一系列改革策略。在这一过程中,校本化思潮的复兴和校本管理的概念重建始终是一个引人注目的教育改革现象。教育校本化思潮经历了20多年的起伏消长,如今只要在网上输入"校本"二字或"school-based",就可以立刻涌现海量的信息,无论是中文的还是英文的,实在让人目不暇接。尽管其中存在许多水分,但仍然可以反映出校本化思潮的广泛影响。教育的校本化不只表现为校本课程的开发和实施,而且出现了校本管理、校本培训、校本评价、校本教师教育等全方位校本化的倾向,这是教育的重心下移,微观领域教育权力下移和治理格局出现转型的重要体现。

教育校本化思潮的复兴与西方经济社会的转型密切相关,或者说它本身就是信息化时代来临和经济全球化背景下西方经济社会转型的重要组成部分。教育校本化思潮试图为中小学松绑,更好地调动校长、教师乃至社区和家长的教育改革积极性,提高教育发展的绩效和公民社会的参与度,增强教育的适应性,为学校教育的改革和发展注入活力。因此,西方各国纷纷出台校本化的教育改革政策和措施,重点推动了校本管理、校本课程开发、校本评价和校本教师教育等方面的校本化改革进程。

在我们观察和研究转型期的西方中小学教育时,校本化思潮无疑是一个不可缺少的视角。教育校本化发展在很大程度上反映了最近20多年来西方国家中小学教育改革和发展的一个明显趋势,它所体现的教育分权化和多样化发展的思路与教育集权化发展思路一道所形成的力量对比和消长的轨迹,正是转型期西方中小学教育改革和发展的现实图景。通过解析教育校本化思潮,我们不仅可以更好地理解西方教育发展的基本矛盾和改革方向，而且还可以获得对于我国基础教育发展具有重要借鉴意义的经验和启示。

第三，控制教育的方式从自律为主转向共同治理的"问责制"。

20世纪80年代以来，知识经济时代社会对教育质量的高度关注、高度期望，以及公众对教育的不信任，造就了有史以来外界控制教育的最为强大的力量，最终导致以自律为主的教育转向共同治理的格局。

问责制的产生一方面是由于学费上涨、高校的财政困境以及公众对教育的不信任等因素，然而，各方面的利益驱动、教师自律机制的失信、管理哲学的变化、学术价值观由内部认可到外界承认的变化等因素才是共治高等教育的更为深层次的原因。

20世纪80年代以后，问责成为西方各国教育改革中的一个重要关键词。它的主要特征与责任密切相联，同时非常强调结果和绩效。问责制的定义尚不统一，但简单地说，问责制作为转型期西方各国治理教育的一项重要制度，其基本含义，就是资源使用者向资源供给人提交报告的义务或职责。在西方高等教育系统中，问责制的影响不仅广泛，而且深刻。这主要表现在四个方面。第一，问责制使高等教育正在"失去朋友"，尽管高等教育因此有了更多的利益攸关者（stakeholders）。越来越多的利益攸关者总是习惯于追问高校为他们做了什么，而不是像朋友那样，常问自己为高校做了什么。第二，问责制使松绑的高校依然处于政府的控制之下。第三，问责制使高等教育受到更多的"外部控制"。第四，问责制使高等教育资源配置以绩效评估为依据。这样的制度，在以自律机制为主的西方传统高等教育治理格局中是难以想象的，但在有关各方共同治理教育系统的条件下，却是难以回避的方向。

西方教育之所以走向共同治理，原因非常复杂，从认识论来看，则在于人们对教育复杂性的深刻反思和强烈意识。复杂科学不止在改变人们的自然观、知识观，也在改变人们的社会观、教育观，使一个有序、简单、透明的世界观和价值观向着多重性、暂时性和复杂性变化。复杂科学孕育了一种新的思维方式，"情境化"的"复杂知识"将取代"去情境"的"简单规则"，这样的社会价值追求形成了对复杂教育的一种潜在的引导。

三

在知识经济、信息技术和全球化背景下，教育自身的质量问题变得比以往任何时候更加突出,成为困扰西方各国的重要社会问题,引起了社会各界的广泛关注,甚至在全球范围掀起了一波又一波的教育质量运动。

首先,德育质量作为教育质量的重要内容受到了前所未有的重视。

在美国,20世纪80年代中后期,公德衰败,公立学校教育在培养道德公民方面的有效性受到越来越多的质疑,家长和选民对公立学校教育的支持减少。在重重压力与众多指责之下,美国公立教育努力重建美国传统价值,学术研究也开始了回归传统、重构理论的转型。教育理论界开始对美国道德教育重新检讨,一批有着强烈责任感与使命感的学者开始了道德教育理论的探索。其中有影响的理论有三种:"新古典"取向的品格教育(character education)理论、"情感"取向的关爱教育(caring education)理论和"关系"取向的领域理论(domain theory)。这使得道德教育理论表现出重检与重建的特点,并取得了新进展。在实践领域,出现了举国参与学校道德教育改革的局面。联邦政府直接干预学校道德教育的实践方向,专家直接参与学校道德教育项目的实施,学校则实施明确的道德教育。

其次,教学效果成为评价教育质量的重要领域,教学的有效性探索因此成为热点。

在一定程度上可以说,世界各国一直在探索有效教学的种种策略,并形成相应的有效教学的理论。整个世界教育史,就是一部追求有效教学的历史。而20世纪80年代以来,西方各国普遍关注学校教学质量,追求教学的"有效"和"高质量"。美国、英国、日本、法国等纷纷对学校教育现状展开调查,出台了很多调查研究报告,调查报告的结果普遍显示学校教育质量不能满足国家和时代的要求。现实的危机使世界各国开始探索学校有效教学的新思路,并在探索过程中呈现出一些共同的特点和追求。

以新技术为特征的教学情境设计,业已成为20世纪80年代以来学校教学变革力度最大的一个领域。为学生创设丰富的、复杂而真实的学习情境,让学生运用多种方式理解知识和表现知识,而不是单纯的知识讲授与接受,成为学校教学变革的基本宗旨。除了与新技术有关的变革学校教学情境的思路,还存在着不少以学生活动和表演为主的课堂教学情境创设。有效教学的情境创设主要有三种思路:网络学习情境、多媒体教学情境和角色扮演教学情境的创设。有效学习的基本策略是回归"学徒制"、回归"综合实践活动"和回归"探究式教学"。有效教学追求每一个学生的终身学习,"一个都不能少",如何在班级教学中照顾学生个别差异,促进学生自学,成为有效教学组织形式变革中的核心问题。

第三,对教育质量的强烈关注,导致各国对教师教育质量日益重视,几乎各国都经历过从关注教师数量到关注质量的历程。

国际竞争对高素质人才需求的压力、社会民主化进程对所有儿童受教育权的保护等使得人们对教师的期望大大提升,"让所有孩子拥有高质量的教师"更成为各国共同的目标。许多国家把教师看做提高综合国力、保持国际竞争力的关键。在日益看重教育的背景下,教师的重要性和对高质量教师的迫切需求成为西方国家的共识。

但是,关于何谓"高质量"教师、如何才能得到"高质量"教师等问题,却充满争议。教师教育的重要性和实际效果的不如人意、利益相关者的多元性、理想教师内涵的复杂性以及作为学术前沿常态的冲突等使得教师教育领域对立的观点纷纷涌现出来。对立观点的交锋形成西方教师教育研究与实践的一个突出特点。这种交锋为教师教育研究者提供了反思自身的富有张力的场域,从而促进了教师教育研究与实践的建构与生成。不同国家对教师要求的侧重点有很大不同,甚至同一城市的不同地区、不同学校之间都会有不同的评判标准。20世纪80年代以后,这些争论更激烈,影响范围更大,甚至提升到关涉国家前途的高度,因此,政府也成为争论的一方。特别是像美国这样的分权制国家,以往教育权在州和地方,联邦政府很少关注教育问题,而现在,教育、教师教育都成为联邦政策的重要关注点。由于政府所拥有的权力,使得其观点成为当前教师教育中的主导倾向。但是,对政府政策、观点的质疑声也不绝于耳。于是,在这些纷繁复杂的论争中,凸显出来两股主要力量或两大阵营——政府(特别是保守主义倾向的政府)和专业团体,二者对待教师教育的观点存在巨大差异。保守主义立场承认教师的重要性,但是否认教师教育的必要性和有效性。政府立场更多从国家政治经济的宏观角度来看教育问题,把教育看做解决政治经济等问题的工具,看重的是教育的结果、产出。因此,政府承认高质量教师的作用,但是在高质量教师的内涵、衡量标准、如何产生等关键问题上却与专业立场存在根本分歧。

值得注意的是,教师教育领域还有一种非常明显的声音,倡导多元文化、批判理论及知识社会学的视角和理论框架,关注贫困地区及有色人种学生,热衷于从阶层、种族、政治、文化等角度发起批判,揭示上述两种立场如何复制、巩固甚至加剧社会的不平等,致力于为民主社会培养具有批判精神的教师,最终通过教学和教师教育"来改变这个世界"。这被一些学者称为"社会正义"取向。

在西方各国教师教育的争论和探索实践中,涌现出解制、专业化和社会正义、市场化、问责、标准和认证、适应性专家、基于科学的研究、有力的教师教育等关键词,它们涉及教师教育的根本目标和性质及基本取向、资源配置方式、结果监控、准入制度、培养方式、研究取向等几大主题,在很大程度上代表了当前西方教师教育领域改革和论争的焦点。各派观点的目的和口号是一致的,那就是"让所有孩子拥有高质量教师",但是由于立场不同,对问题的诊断不同,开出的处方也不相同。当然,各方的观点都能够提供有参考价值的视角,而更为关键的则是要根据具体国情,把握方向,展开具体研究,为教师教育变革提供比较坚实的基础。

转型期西方各国对教育质量的普遍关注,已经掀起了全球性的高等教育质量运动,实现了高等教育控制内容从规模扩展向质量保证的转变。这场运动至少呈现出四个方面的特征,那就是:第一,质量文化成为不同文化的共同语言;第二,机构建设是质量运动的组织保证;第三,理性批判促使质量运动走向成熟;第四,市场机制引导质量信息广泛传播。这些特征,深刻地影响着西方高等教育的办学实践。追求高深学问的传统,使得西方高等教育内部从来都比较重视教育质量问题,在一定程度上可以说,高等教育质量运动是高等教育内部的要求,但更为主要的,还是外力作用的结果。民众强烈的受教育愿望带来规模扩展,也带来质量问题。对质量问题的深切关注,以及办学自主权的进一步诉求,引发高等教育质量运动的实践动力,带来高等教育管理的理论创新,也带来了高等教育质量概念的泛化、办学活动的效率主义倾向等诸多需要反思的问题,最终导致了西方高等教育控制内容从规模扩展向质量控制的深刻转型。

转型期西方教育改革的许多举措,都是针对教育质量问题而出台的。无论是对有效教学的不懈追求,对道德教育的忧虑,或是对高质量教师的期待;无论是国家干预、市场化的趋势,还是校本化的举措——尽管视角不同,其指向的目标都是教育质量的提高。

四

西方国家最近几十年的发展对我国的教育具有很大的启示意义。

第一,重视教育的社会功能。

作为人类的一项重要的社会实践活动,无论就其产生和发展来说,教育与社会需要从来就是互为表里的关系。也就是说,社会需要潜在地制约并决定着教育。世界各国教育发展的历史充分地证明了这一点。

近代以来,国家的职能在不断地扩大,以至几乎覆盖到人类生活的各个方面,而且,往往用"国家利益"或"国家目的"的名义为其合法性、合理性找寻法律和道德的基础。这在教育的领域也得到了充分的证明。在许多时候,"国家利益"或"国家目的"甚至成为教育社会功能的全部内容。只要国家还存在,国家的安全和利益必将置于个人的利益之上。这也是衡量教育成效的最终裁判。

几乎没有人(包括各国的领导者)会公开否认国家利益的实现是为了"人"(人民)的利益或目的,但一个不可更易的事实是,只有通过"人"才能够实现国家的目的。就这个意义来说,只要有国家存在,教育就不可能纯粹或主要是为了"人"的发展、"人"的自我实现等等。不同时代的差别仅仅在于,为了实现不同时代的国家目的,要有什么不同的人的规格。因为人的发展的具体内容和方向,都不只是自我或某人规划的结果,它们都无可逃避地要受到国家和社会的制约。

第二,尊重教育的特殊性。

无论从教育的国家目的或为人的目的来说,教育都是用以实现目的的工具。然而,同其他的工具一样,教育有其自己的特性。

教育具有公共性,经济的合理性不能取代教育的公益性原则。国家、公共团体举办的公共教育固然如此,即使是私立学校也应该看做公共教育的一个组成部分。西方国家将市场的机制引入教育的领域,绝不意味着可以将教育或学校当做赚钱的工具。

学校只能做自己"能做"的事,不能漫无边际地追求"应该"做的事。同人的五脏六腑各司其职一样,社会的各种部门也应该各尽职守。学校教育的作用是有限的,学校究竟能为学生的发展发挥什么样的作用,应该深入思考。

第三,树立正确的教育质量观。

就教育内部的动因来说,所有的改革几乎都可以归结为教育质量观的变化。没有抽象的质量,而且,质量也是相对的。在历史上,不同的历史时期、不同的国家,有过不同形态的教育,归根结底,有过的种种教育形态都是由不同时代的质量观决定的,而且,万变不离其宗,在质量观的背后,我们都可以发现社会需求的影子。可以毫不夸张地说,从来就没有所谓的"好教育",也没有所谓的"坏教育",只有"适合"的和"不适合"的教育,所谓"适合"与"不适合",主要衡量标准是它能否满足社会的需求。

我们确定的质量观,潜在地决定着我国教育的形态。在思考我们国家教育的时候,应该充分考虑到两个"适合"。一方面,要适合社会的需求、国家的利益,中华民族的复兴和崛起当然是必须考虑的首要因素。另一方面,还要考虑适合学生作为人的内在的自然需求。当这两个方面出现冲突的时候,教育质量观的恰当取舍就显得尤其重要了。

Contents
目录

前言 /1

导言 /1

第一章 有效教学新思路的社会动因 /1

 第一节 新信息技术的突破 /1

  一、从单一的纸质资源到多媒体网络资源 /3

  二、虚拟世界挑战现实世界 /6

  三、开放式教学挑战封闭式教学 /8

 第二节 终身学习的追求 /12

  一、走向"终身学习" /12

  二、实现"全民的"终身学习 /15

  三、"渴望学习"要超越"谋求职业" /17

 第三节 个别化学习的需要 /19

  一、"自学"成为一种新的教育精神 /20

  二、多元化教学挑战统一化教学 /24

  三、"个别化教学"传统的维护 /29

第二章 新知识观对有效教学的推动 /34

 第一节 知识观重构 /35

  一、从简单规则到复杂知识 /35

  二、从旁观者知识到参与者知识 /38

  三、从客观知识到个人知识 /42

 第二节 教学观重构 /53

  一、"教学即对话":在"对话"与"互动"中求知 /53

二、学习即"知识建构" /59

三、教学过程就是让学生置身于真实的复杂问题情境 /60

第三节 师生观重构 /65

一、教师亲自参与学校课程开发 /66

二、教师即课程行动研究者 /73

三、教师成为"平等的首席" /77

第三章 脑科学研究对有效教学的促动 /82

第一节 注重丰富的学习情境创设 /83

一、学习者中心环境 /83

二、知识中心环境 /86

三、评价中心环境 /90

四、共同体中心环境 /92

第二节 丰富的学习情境促进多元智力 /93

一、智力是多元的、情境化的 /94

二、智力具有实践性和真实性 /96

三、潜能是可以改变的,需要激发、引导和选择 /100

第三节 丰富的学习情境适于"脑"的学习 /104

一、终身可塑的脑:丰富的环境 /104

二、情绪的脑:沟通情绪与学习的关系 /107

三、运动的脑:身体学习的价值 /110

四、整体的脑:"浸润"式学习 /112

第四章 有效教学的情境 /115

第一节 网络学习情境的创设 /115

一、实现"数字化学习"战略 /115

二、基于互联网的教学 /120

三、学生个人网站的建立 /122

四、提供更多交互的在线会话 /124

第二节 多媒体教学情境的创设 /130

一、以计算机模拟和互动影碟技术为主的贾斯珀系列 /131

二、贾斯珀系列催生"抛锚式教学" /136

三、促进情境化知识的生成 /138

第三节　角色扮演教学情境的创设 /141
　　一、基于问题的学习 /141
　　二、角色扮演学习 /144
　　三、"课堂工作室"学习 /146

第五章　有效教学的策略 /150
第一节　回归"学徒制" /151
　　一、"学徒制"精神挑战学校教学 /151
　　二、在合法的边缘性参与中做真实的事 /153
　　三、让学生获得"作品感" /156

第二节　回归"综合实践活动" /159
　　一、尊重个性的"综合学习"课程 /159
　　二、基于真实生活体验的"动手做"系列 /164
　　三、做研究中学会研究的"框架性发现学习" /169

第三节　回归"探究式教学" /174
　　一、在真实的问题情境中探究 /175
　　二、探究式教学的本质是"亲历" /179
　　三、探究式教学是一种"综合主题式"教学 /181

第六章　有效教学的组织形式 /189
第一节　分组教学的两难 /190
　　一、分组教学的基本策略是同质分组 /190
　　二、分组教学的实质是促进自学 /193
　　三、在班级教学中促进自学 /194

第二节　小组合作学习流行 /199
　　一、集体为个人，个人为集体的合作学习 /199
　　二、组间竞争，组内合作 /202
　　三、合作学习与自主学习相结合 /207

第三节　个别化教学的追求 /214
　　一、个别化教学重在"自定步调" /215
　　二、拥有丰富的个别化学习资源 /217
　　三、最大化的时空开放 /219

第七章 有效教学的未来趋向 /224

第一节 引领比讲授更重要 /225
一、"守望":让学生成为自我指导者 /225
二、为不同的学生提供不同的支持平台 /228
三、"让评估靠近儿童" /231

第二节 恢复学习的修炼传统 /238
一、尊重作为个体的学生 /239
二、"修炼"重在自我激励 /243
三、走向整体学习 /244

第三节 返回体验学习 /249
一、向人类的本源学习状态回归 /250
二、恢复知识与身体的本源关系 /254
三、恢复知识与情感的本源关系 /257

Introduction
导　言

人类教育史就是一部追求有效教学的历史。人们一直在探索有效教学的种种策略并形成相应的教学理论。20世纪80年代以来,社会发展出现新的变化,在"新知识观"和脑科学研究的支持下,有效教学的新思路越来越清晰,有效教学的理论研究和实践模式也出现新的进展。

一

西方教学理论和教学实践的变革在20世纪80年代以来之所以出现新的变化,主要受三个因素的影响:一是以终身学习思潮、新信息技术革命以及追求个别化学习为显著特征的"时代精神";二是"新知识观"的崛起;三是脑科学研究及其新发现。

20世纪80年代以来,西方发达国家逐步进入了一个以新技术革命为主要特征的信息时代,并由此激发了终身学习和个别化学习的需要。社会的新变化不仅改变了人类的生活方式和生存方式,也促使人们开始调整和改变既有的知识观,追求学校教学的"有效"和"高质量"成为世界各国教学改革的共同目标。美国、英国、日本、法国等各国纷纷对学校教育现状展开调查,发表了各种调查研究报告。调查报告的结果普遍显示学校教育质量低下,教育的发展跟不上社会发展的要求。现实的危机促使世界各国开始探索学校有效教学的新思路,并在探索过程中呈现出一些共同的特点和追求。

既适应并跟进"新信息技术",又致力于知识观的重建,这是20世纪80

年代以来世界各国探索有效教学的基本思路。此前的教学变革的理论与实践经验,在新信息技术和新知识观的支持下也得到了深化和更新。

脑科学研究的最新发现为有效教学提供了科学证据,它使传统的学生观、智能观和学习观发生改变。新近的脑科学研究表明,人脑具有"终身可塑性",丰富的环境不仅有助于脑的学习,而且在一定程度上改变着脑的生理结构。脑是一个情绪的脑,运动的脑,整体的脑。左脑和右脑既单独运行又同步协作,大脑可以对部分和整体同时进行加工处理。

"整体的脑"使"浸润"式学习成为需要和可能:适于脑的学习应该是整个人所处环境、已有经验、情绪状态和身体运动等因素整合作用的结果。智慧的教师往往会利用学生本人的个别化经验,让学生"浸润"在学科中,将新知识与相关学科、个人经验联系起来。脑研究的新发现鼓励教师开发新的教学模式,让学习者在参与交谈、聆听、阅读、观看、表演和评价等多种活动中有效学习。学生需要以不同的方式"浸润"在学科和学生经验之中,并由此发生整体感悟。

二

以新信息技术革命、终身学习思潮以及追求个别化学习为显著特征的时代精神和社会变化成为有效教学新思路的主要社会动因。信息技术时代的到来,知识更新快速,知识总量激增,在很大程度上改变了知识的传播方式和获取方式。

学校教学落后于社会发展需要,这使现代学校教学遭遇新的挑战。有史以来,社会第一次拒绝使用学校毕业生。社会变革的节奏加快要求人们能够快速地适应新职业、新工艺。它要求学习者打破学习、工作和生活的严格界限,要求学校教育与成人教育之间相互补充,要求个人保持终身学习和终身发展的状态。于是,传统的一劳永逸的学习模型不得不为终身学习取而代之,"自学"成为新的教育精神。

持续学习的动力源于人类"渴望学习"的天性,而不仅仅是"谋求职业"。20世纪80年代以来世界各国的学校教学变革的主题之一就是如何激发每个学生"渴望学习"的本性,让学生拥有持久的学习兴趣和学习动力,走向终身学习和个别化学习。

信息技术革命使"数字化生存"成为一种新的生存方式。网络和多媒体技术开始在学校和家庭普及,"数字化学习"取代了传统的"纸介质"的课本学习。信息技术革命给学校教学带来了三个方面的挑战。

第一,虚拟世界挑战现实世界。由电脑和网络化形成的虚拟空间正在冲击人类赖以生存的现实世界。这为学校教学和学生的个性化发展提供了无可限量的空间。

第二,开放式教学挑战封闭式教学。在信息技术时代,新技术把学校与整个世界联系起来,这使传统的封闭式的学习不得不转化为开放式学习。

第三,从单一的"纸介质资源"到多媒体网络资源。从 20 世纪 70 年代中期到 90 年代中期,不到 20 年时间里,信息技术以闪电般的速度席卷全球。信息技术普遍渗透了人类活动的全部领域,信息技术革命带来了信息处理与沟通技术的根本改变。这个世界在人们还没有足够的心理准备的时候已经实现了深度的"数字化"。

新的社会不仅显示为深度的"数字化",而且显示为充分的"网络化"。一个功能强大、覆盖全球的"互联网"已经形成。网络资源的普及使任何人在任何时间、任何地点都可以获取自己想要的知识。这对传统意义上的"书本"提出了新的挑战。重视网络资源的开发和利用,已经成为学校教学变革的一个基本趋势。同时,以往的课堂教学中的某些传统依然保留下来。电子阅读并没有完全取代纸介质的书本的阅读,网络学习也无法完全取代师生之间的现场交流和对话。如何实现"信息技术和课程的整合",促进有效教学,成为 20 世纪 80 年代以来西方学校教学变革的主要追求。

面对信息技术革命带给学校教学的这些挑战和机遇,教师、学生和教材三者之间的平衡打破了,整个世界参与到学校教学中来。教师、学生面对的不再是局限于纸介质的书本知识,而是人类所拥有的知识整体,是与所有知识有关的一切人。教师和学生都可以足不出户地在任何时候与任何人、任何知识打交道。

于是,新的教学方式开始超越学校、教室、课程、课本、课时等狭小的时空,进入信息化学习。信息技术革命既为教师和学生提出了终身学习和个别化学习的要求,也为教师和学生的终身学习和个别化学习提供了资源。

三

信息技术革命加速了知识观的变革。人类的线性思维方式受到挑战,那种希望把握唯一的、普适的确定性知识就可以完全预测未来和所有变化的时代已经成为过去。一切皆变,一切都不可完全预测。知识成为高度个人化的,需要个人隐性知识和求知热情参与的知识,而不再是一种可复制的、固定的、超越个人和具体情境的知识。

与传统的知识观相比,新知识观有以下特点:

第一,从简单规则到复杂。

第二,从旁观者知识到参与者知识。

第三,从客观知识到个人知识。

复杂科学正在改变人们的自然观。它使一个有序的、简单的、透明的世界向着多重性、暂时性和复杂性变化。复杂科学孕育了一种新的思维方式,"情境化"的"复杂知识"将取代"去情境"的"简单规则"。

表面看来,复杂思维方式似乎只是改写了自然界的发展状态,实际上它带来的是作为认识者的"人"的解放。在人与自然的这场新的对话中,作为认识者的人在认识自然时总是以自己的方式不断地向自然提问;作为认识者的人以何种方式"提问",取决于他选择何种观察的"视角"。认识者在不同的"视角"中将看到不同的知识图景。

知识观重构带来了教学观和师生观的重构。教学观的重构显示为"教学即对话":在"对话"与"互动"中求知;学习即"知识建构";教学就是让学生置身于真实的复杂问题情境。新的知识观与20世纪80年代后期在欧美等国兴起的建构主义理论遥相呼应。在建构主义者那里,知识是认识者个体主动建构的。让学生亲自置身于真实的复杂问题情境中,就会实现新的教学理想——"我没有教,他就学会了"。这是建构主义教学的理想,也是所有学校教学变革的理想。

新的知识观以及人们对20世纪五六十年代"新课程运动"的反思推动了师生观的重构。人们普遍意识到:教师需要亲自参与课程开发,否则,课程实施就成为困难。人们开始从校本行动研究、校本课程开发和反思性实践等视角来思考教师、学生以及课程与教学之间的关系。20世纪80年代以来,校本课程与国家课程的反复较量使人们意识到——要想课程改革获得成功,必须要关注教师和学生在课程开发过程中的意义。教师和学生是课程的有机构成部分,他们是课程意义的创造者、开发者。新的师生观强调:教师要亲自参与学校课程开发;教师即课程行动研究者;教师成为"平等的首席"。

新的知识观重视学习情境的创设。学习情境的创设大致有四个不同的视角:学习者中心环境、知识中心环境、评价中心环境、共同体中心环境。

"学习者中心环境"强调学习者的已有经验和文化背景的价值,力求使学习者的已有经验及文化实践与当前的学习相适应,沟通新知识与熟悉情境的联系,促进新知识的有效学习。

教师最重要的角色之一就是要尽量帮助学生建立起新的知识情境与所熟悉的真实生活情境之间的联系。一个好的教师必须根据每个孩子的起点,为他设想出不同的期望——教学不能像传送带,不能期望每个学生都能在同一时刻学习同一种知识。不同的学生要求不同的支持平台。

"知识中心环境"强调将注意力放在能够帮助学生理解学科的那些信息和活动上。知识中心的学习情境要超越细节教育。

"评价中心环境"不仅指对学生学习的终结性评价和他者评价,更要重视学生学习的诊断性评价、形成性评价和自我评价。评价成为教学的一个有机组成部分,这是20世纪80年代以来有关教学评价观念的一个明显变化。它带来了课堂实践的变化。理想的状态是,形成性评价与教学过程的整合、自我评价和同学互相评价的整合成为课堂教学的日常方法。

"共同体中心环境"重视建立班级共同体、学校共同体以及将家庭、社区、国家甚至整个世界视为共同体。有效的学习意味着将学校学习与学校以外的学习连接起来。校外学习情境的关键要素是家庭教育情境。有效教学的责任不仅在于学校,而且在于家庭。家庭需要成为孩子的学习情境,家长需要为孩子的学习提供鼓励和指导,尤其是在孩子幼小的时候。

四

以计算机和网络为核心的新技术为学校教学情境的创设提供了开阔的空间。以新技术为特征的教学情境设计成为20世纪80年代以来学校教学变革力度最大的一个领域。为学生创设丰富的、复杂而真实的学习情境,让学生运用多种方式理解知识和表现知识,而不是单纯的知识讲授与接受,成为学校教学变革的基本宗旨。

新技术推动了有效教学的情境创设。有效教学的情境创设主要有三种思路:网络学习情境、多媒体教学情境和角色扮演教学情境的创设。

第一,网络学习情境的创设。具体包括利用互联网的教学,建立学生个人网站,参与在线会话。以网络技术为核心的信息技术,挑战学校既有教学传统,为学校教学变革提供了众多机遇。实现"数字化学习"成为世界各国教育信息化进程中的主要改革目标之一。它改变了教师"教"和学生"学"的方式。把技术运用到学校教学中,成为各国教学变革的主要趋势之一。利用互联网进行教与学,把学校教学和互联网网络联系起来,是20世纪90年代中期以后学校教学变革出现的显著特点。学生利用网络进行学习,不受课堂时空的限制,网络给了学生自由的时间和空间来学习感兴趣的内容。更为积极的、创造性的网络应用是在课堂中创建以学生为中心的专门网站。在课堂教学中,运用丰富的互联网信息资源,学生自己开发建立自己的网站。这与直接运用互联网资源相比,学生需要付出更多的创造性劳动,更有利于拓展学生的视野。

网络技术最独特的特征是交互性。在线会话作为一种网络交互方式,也被应用在教学中。其根本目的在于引发各种交互,发表个人评论以及进行在线讨论。这种在线会话的发展趋势之一就是形成一种强大的网络博客文化。个人博客作为一种更为专业化、个人化的知识管理方式,拥有更强大的在线讨论和交流功能。

第二,多媒体教学情境的创设。基于"多媒体"教学情境的典型范例当属抛锚式教学和支架式教学。它们是伴随着"多媒体"教育技术在学校课堂教学中的应用产生的。二者都强调了利用新技术创设真实问题情境的重要性。

美国温特贝尔特大学认知与技术小组设计开发的贾斯珀系列注重利用新技术,为学生创设真实的问题解决情境,真实的问题或事例被形象地比喻为"锚",在不断研究和实践过程中提出了"抛锚式教学"的思想,并逐渐形成基本操作程序。

抛锚式教学代表了贾斯珀系列克服惰性知识问题的尝试,它创设了一种允许学生和教师进行探究和体验的真实问题情境。

20世纪80年代以来,有关认知与学习的情境学习理论成为一种能提供有意义学习并促进知识向真实生活情境转化的重要学习理论。不少认知心理学家认为,情境化知识有助于知识的迁移与应用,要克服学生学习中的惰性知识,只有让学生在真实的问题情境中自主探究。

注重丰富的问题情境创设,让学生置身于问题情境中,用多样化和个性化的学习方式接触知识,已成为学校教学变革的主流方向。

第三,角色扮演教学情境的创设。主要包括基于问题的学习,基于案例的学习,角色扮演学习和"课堂工作室"学习等学习方式。

这些学习方式都强调通过角色扮演来创设教学情境。强调在真实的抑或虚拟的复杂问题情境中,通过赋予学习者一定的角色,让学生更真实地融入情境任务中,实现从"局外人"到"剧中人"的角色换位,亲身体验任务完成和目标实现的全过程,从而建构个性化的知识与能力。

基于问题的学习较早地用于医学院校。20世纪90年代以后,基于问题的学习和基于案例的学习均被移植到中小学课堂教学中,而角色扮演学习用于中小学居多。

基于问题的学习就是让学生在实际问题情境中学习,把所学知识和实际生活联系起来,以此培养学习兴趣和学习主动性,同时建构自己的知识。

角色扮演学习强调学习者是直接的参与者,是真实的抑或虚拟的情境中的一个角色。他(她)不再只是事件过程的旁观者,而是把自身融入到整个活动的每一个环节。角色扮演学习的最高境界就是"全身心投入",进入一种"儿童游戏(学习)"状态。角色扮演学习的成功取决于丰富的学习情境的创设。

"课堂工作室"是近些年出现的最具影响力的教学隐喻之一,把课堂比喻为工作室。"课堂工作室"认为,中小学课堂不再仅仅是传播信息的地方,课堂应该变成真正创造知识、制造真实产品、进行可靠研究的实验室和工作室。工作室是真实世界的一部分,它的参与者一直参与着整个真实的生产过程,是真做而不是假做,不是"与世隔绝"。课堂工作室的成功需要学生合作学习与自主学习的融合。而且,课堂工作室强调每个学生都要做有意义的事情,并形成真实的产品。

学校教学情境的变革都希望创设一种更为真实的丰富的复杂的问题情境,但与真实的生活情境相比,这种变革仍属于一种类似真实的教学情境。20世纪80年代以来,传统"学徒制"精神的回归,则表达了一种更深刻地改变教师教和学生学的变革思路。

五

基于生活需要的真实学习能够激起学生先天的好奇心。让学生感受真实生活需要的学习路径是一条双向路径。一方面,可以将真实的生活问题引入课程,另一方面,让学生进入真实的生活,将现实生活当做学习实验室。

有效的学习应该是真实生活中的学习。实现有效学习的基本策略是回归"学徒制",回归"综合实践活动"和回归"探究式教学"。

第一,回归"学徒制"。20世纪80年代以来,"学徒制"作为真实情境中学习的典型代表受到更多青睐。重塑学徒制精神,把知识学习与真实的问题生活情境相结合,构成20世纪90年代西方学校教学变革的主要趋势。

学徒制的优势正在于提供了一种真实的问题情境,在真实的问题情境中做有价值的事,获得"作品感"。传统的"学徒制"精神将知识学习与做真实的事紧密地联系起来。学生是真的在做事,做有意义的事。这种基于真实生活情境的"做中学"比单一的课堂知识学习效果要好得多。

学生在做真实的、有意义的事中可以体验到知识的价值,享受劳动的作品,获得"作品感"。维持人们持续地从事某件事情的主要动力就是"作品感",这是人们获得内驱力和情感愉悦的源泉。

第二,回归"综合实践活动"。基于真实生活的综合实践活动,是20世纪

80年代以来西方各国教学变革的核心内容。在综合实践活动中,让学生关注真实的现实生活,走进真实的现实生活,做真实的有意义的事,这种教学追求与传统的"学徒制"精神分享了共同的精神。"综合实践活动"课程及相应的学习方式在各国教学变革实践中称谓不一,但都表达了比较一致的旨趣。日本和法国通过专门的课程来促进教学方式的转变,英国和美国则习惯于直接应用于学科教学中。理想的状态是,所有的学科教学都以一种"综合的"、"实践的"、"活动的"方式来展开。课程内容围绕现实问题以跨学科的主题或项目组织,是综合的、开放的与灵活的;与真实的现实生活相联系,让学生在真实的生活情境中,通过多样化活动和真实的做事获得知识,形成作品,获得"作品感"。做真实的有意义的事情本身就是有效的知识学习。

第三,回归"探究式教学"。英美等国的课程和教学传统不同于日本和法国等国,英美等国的教学传统是以学生为中心,比较尊重学生的天性。探究式教学认为,人类存在一种与生俱来的好奇心和探究热情,这是人类的一种基本特质,它使人类作为一类物种得以存活,并使人类文明得以不断地发展。

在学校情境中进行探究式教学,可以把教育与学生本能的学习冲动、好奇心、求知热情统一起来,这样,学生在学校情境中的学习就变成了人类所特有的获取知识的方式的延伸。过多地强调知识的讲授与接受,虽然可以最迅速快捷地将重要事实、概念和相关的思路呈现给学生,这种学习情境中获得的大部分知识却很容易被遗忘,更重要的是,学生感受不到求知的乐趣和知识的价值,产生厌学情绪。

当学生有真实生活经验的支持时,尤其当学生获得相关的体验时,学生的学习才显示为持久、有效的学习。探究式教学包含着多种形式和方法,突出的特点应该是强调学生亲自参与、自主探究与自我建构。在探究式教学活动中,学生有机会提出自己的问题,有充足的时间思考问题、互相交流以发展他们的概念并为自己的发现辩护。

探究的本质是"亲历"。探究式教学需要学生对自己的学习承担更多的责任。探究式教学中,"学习是由学生所做的事","而不是别人做给他们看的事"。探究式教学更多地强调一种综合主题式的教学。直接让学生面向社会,利用多样化的社会资源,包括图书馆丰富的文化资源。

总之,探究式教学相信,知识的获得过程不是一个授受的过程,学生只有实际上亲历了认知的道路,才能获得知识。学生不再是简单地接受和复制所学知识,而是与自己的真实生活联系起来,在全身心参与中获得深刻的体验和理解。日本的综合学习时间,法国的"发现之旅",英美等国提倡在所有学科内展开探究式教学,这些做法一致地强调直接围绕现实生活问题进行跨学科的主题式学习。学习成果也不再是单一的书面作业,而更多地显示为以多种多样的方式表现出来的有价值的产品。这种教学策略强调让学生在真实的问题情境中亲历知识获得的过程,让学生参与多样化的活动,在做中学,在探究中学,在整体感悟中学。

六

如何在班级教学中照顾学生个别差异并因此而促进学生有效地自学,成为教学组织形式变革的核心问题。20世纪80年代以来,英美等国从面向个体为主的个别化教学转向以小组教学为主的个别化教学,小组教学成为个别化教学的主要组织形式。其中,班内分组教学被广泛接纳和采用,尤其是"合作学习组"最为常见。

第一,小组合作学习。班级教学与学生自学之间总是充满了张力,促进学生自学的同时如何发挥班级教学的优势,或者说,在维持班级教学的前提下,如何保证每一个学生有足够的时间和空间进行"自学",这是学校教学组织形式变革中遇到的最大问题。这也使小组合作学习逐步成为流行的组织形式。形成于20世纪70年代兴盛于80年代的合作学习很快成为许多国家学校教学变革的基本策略之一。

合作学习的初衷是为了整合来自不同文化背景的学生之间的人际关系。在20世纪70年代的合作学习研究中,人们把不同民族不同种族的学生放在同一个小组里,使每个成员都成为平等的、帮助整个小组达到目标的角色。合作学习让学生在平等的基础上进行频繁的合作,有助于不同种族的个人之间发展积极的关系。

小组合作学习的理想是让学生学会互助互帮、有尊严地争论问题,每一个学生都发出自己的声音。小组合作学习中,最严重的问题可能是"沉默的大多数"问题,往往小组里面能力高的学生把所有的事情都做了,能力低的学生只管抄作业,到头来什么都学不到。

为了保证小组所有成员学有所得,小组合作学习往往采用异质分组、角色分配、劳动分工、保持合作、相互支持等策略。合作学习活动的成功取决于教师对角色期望和角色任务的传达。

第二,个别化教学的追求。班级授课制假定,一个班级的学生差异可以忽略,所有的学生都要学习统一的内容,在统一的时间里达到统一的要求。个别化教学所追求的是每一个个体的真正进步,允许学生根据个体差异展开自定步调的学习,从根本上否定了班级授课制的统一要求和统一进程。

随着学习化社会、信息化社会的来临,学习的意义发生了根本的变化。个别化教学的追求成为学校教学变革的核心主题。有效的学习是一种"自学",一种"个别化学习",学会学习比学会接受更重要。

个别化教学重在"自定步调",拥有丰富的个别化学习资源,最大化的时空开放。

真正的自学意味着允许学生以"不同的速度"学习"不同的材料"。严格意义上的"不同的速度"、"学习不同的材料"的自学将在课外和校外学习中得到充分实现。这种课外和校外的自学将对学生的课内学习水平以及自学意识产生积极的影响。有了自学的能力和习惯之后,学生的差异将成为有利的教学资源而不是教学障碍。

小组教学一旦走向"个别化学习",学校教学也就向教学的本原形式回归。古典形态的教学传统表现为个别化教学的教学组织形式,以自学为主的教学方式,以问题为中心的课程形态。从这个视角上看,中外现代教学的历次改革,无不以"个别化教学"作为武器向班级授课形态发起攻击。

理想化的个别化教学应该是,每个学生的方案都是基于他怎样才能学得最好,以何种速度才能学得最好,以及在哪儿掌握特定的技能和概念。但是长期以来,个别化教学与班级教学之间不断地抗争、妥协到和平共处,协同发挥作用,使个别化教学变得如此复杂。这对矛盾的不断凸显与解决也成为世界各国中小学教学变革的动因之一。

个别化学习与小组学习一直存在相互呼应的关系。20世纪80年代以后,在班级教学与个别化教学之间,以合作学习为基调的各种形式的小组教学找到自己存在的理由和活动空间。但是,分组教学的出路在于促进"自学",走向自主学习和个别化学习。小组合作学习往往与自主学习结伴而行。不过,分组教学一直存在两难困境。不管采用何种分组方式,在照顾学生个别差异的同时总会带来一些负面的影响。学生分组更换频繁,不利于学生之间的交往与合作,也会给教师带来更多的组织学生工作和设计学习材料的负担。更严重的隐患是:对学生进行分类、分组,容易造成标签效应。为了让分组教学更有效地照顾学生个体差异,教师往往鼓励学生"自学",防止"组界"成为限制学生发展的新障碍。

七

总之,20 世纪 80 年代以来,西方学校教学变革顺应时代发展,积极回应人类思维方式的整体转换,从学校教学目标到课堂教学方法进行了全新的系列变革。

教学目标上追求每一个学生的终身学习,"一个都不能少"。重塑对所有学生的信心:学生学习失败并不是其智力自身的问题,而是因为学校教学没有为每一个学生提供恰当的学习方式。

在知识观变革的前提下重塑学校教学观和师生观。参与者知识观强调知识是蕴含个人系数的知识,知识是在教师和学生的互动中生成的,教师和学生都是课程开发者。

信息技术革命让人们对信息技术充满期待。信息技术在学校教学中的运用,给学校教学带来了巨大的变革,这是任何一个时代都无法比拟的。信息技术不仅带来了新的教学工具,而且带来了人类生存文化的改变,信息技术为丰富的教学情境创设和个别化教学提供了更多的可能。

学生只有在丰富的、真实的教学情境中,才能更有效地获得知识,不仅得到了信息技术的支持,而且得到了多元智能理论、脑科学研究和非正式学习研究等众多研究成果的支持。有效的学习是一种基于真实生活情境的整体学习和体验学习。注重丰富的、真实的教学情境创设,成为学校教学变革的主要路径。

这些学校教学变革的追求和探索,为学校重塑知识教学提供了信心。

在变动不居、知识激增、日新月异的时代,学校教学实践开始摒弃以知识记忆为主的"接受式教学",逐步迈向"整体教学"。

这种整体教学论强调三个方向:引领比讲授更重要;恢复学习的修炼传统;返回体验学习。

第一,引领比讲授更重要。学生不仅是一个主动的个体,更是一个完整的个体。教学过程不是一个单纯的知识授受过程,好的教学强调学生的全身心投入,需要智力、情感、身体、审美、信念等因素的"卷入"。学会引领比学会讲授更重要,教师要成为一个"守望者"。教师的职责就是为学生创设丰富的教学环境,成为课程资源开发者,引领的同时还要给予学生自我成长的空间,充满信心地鼓励、欣赏、分担与期待。为不同的学生提供不同的支持平台,让学生成为自我指导者,让"评估靠近儿童"。

第二,恢复学习的修炼传统。20世纪70年代,整体教育思潮作为一种新的人文主义教育思潮在北美兴起;20世纪80年代以来,"整体教育"(Holistic Education)理论开始受到更多人的关注。整体教育以"人的整体发展"为目标。

从整体的眼光来看,不仅学生成为一个整体,知识本来也是一个整体。没有不可言说的隐性知识和求知信仰做依托,只有可言说的显性知识点的记忆,并不能构成真正的知识。

真正的学习是一种"修炼",重在自我激励,修炼是一种自我成长,修炼是一种整体学习。作为"修炼"的学习,强调学习者发自内心的全身心投入。修炼的一个基本特征就是"自成目的性"。恢复学习的修炼传统,正是看重了学习者固有的内在自我激励机制。

作为修炼的学习不是一种直奔主题的简单学习和快速学习,需要一种对知识、对生命的整体感悟。这种修炼更多地表现为一种"生长",一种"缓慢学习"。"修炼"就像"农业",个人努力所能做的就是提供阳光、雨露、肥料、除虫和适度的修剪,接下来静待植物的生成,绝对不能拔苗助长。

第三,返回体验学习。体验学习就是让学生"在亲身经历中学习"或"在亲身经验中学习"。"亲身经验"、"亲自操作"原本是人类最原始的学习状态。

体验学习的基本使命是恢复学生作为原始的"探索者"的形象和地位,让学生在亲身经历、尝试错误、迷茫困顿中学习。

体验学习既可以理解为"身体学习",也可以理解为"生活学习"、"在生活中学习"。这种需要"全身心投入"的体验学习沟通了知识与生活、知识与身体、知识与情感的关系,更接近了人类既有的本源学习状态。

体验学习与"修炼"的学习一样,都强调学习者个人的全身心投入,一种在丰富的复杂的情境中整体感悟。只有当学生能够把自身体验和知识学习联系起来,才会更真切地发现知识对自身的价值,学习才会变得更为主动,学会为自己负责,实现自我的整体发展。

八

全书共分为七章。第一章:有效教学新思路的社会动因;第二章:新知识观对有效教学的推动;第三章:脑科学研究对有效教学的促动;第四章:有效教学的情境;第五章:有效教学的策略;第六章:有效教学的组织形式;第七章:有效教学的未来趋向。

本书从不同视角探讨20世纪80年代以来西方各国的学校教学受到了哪些社会新变化和新要求的挑战,在挑战中如何作出应答和重构,形成的有效教学新思路的基本特征和基本趋向。

本书力图梳理20世纪80年代以来西方各国出现的纷繁复杂的学校教学变革理论和实践,探寻有效教学的有价值的方向和策略,为我国中小学有效教学的探索提供借鉴。

第一章

有效教学新思路的社会动因

学校教学的危机往往源于人类生存的危机。人类在变幻莫测的世界中赖以生存的基础是确定性"知识"的寻求。掌握了"知识",就可以应对人类的生存问题。学校教学的目的就是复制和传承已有的知识体系。这种以传授和接受既有知识为主要目的的学校教学特别适用于社会变革缓慢的时代。在社会变革缓慢的时代,人类可以按照既有的生存方式悠然地生活,在学校中或生活中获得的知识、技能足以应对生存问题。人们不必改变自己的知识技能,就足以应对一生,下一代人的生活方式重复着上一代人的生活方式。

社会变革速度的加快,带来一系列的人类生存危机。面对变动不居、瞬息万变的时代,人们无法再像过去那样,仅仅依靠一次性学校教育,依靠固定的知识体系就可以终生够用并能够一辈子只从事一份职业,人们再也无法充满信心地把握这个变幻莫测的世界。这种生存危机在20世纪70年代就已经开始,20世纪80年代以来,特别是到了90年代,社会变革速度更是突飞猛进,以计算机网络技术为核心的信息技术的快速发展和普及,极大地改变了人类的生活方式和学习方式。新职业、新技术、新工艺不断出现,新知识、新信息日新月异。一个全新的变革时代和技术时代为学校教学变革带来了动力和支持,推动学校教学变革发生整体转换。

第一节 新信息技术的突破

20世纪80年代前后,一次新的技术革命——以"信息技术"为核心的技术革命开始了。西方发达国家逐步进入一个以新技术革命为主要特征的信息时代。信息技术革命不仅改变了人类的生活方式和生存方式,也冲击着人类既有的知识观和知识学习方式。

这种以计算机网络为核心的信息技术正在引起一场真正的革命,"这场革命既影响着与生产和工作有关的活动,又影响着与教育和培训有关的活动"①。在信息技术时代,知识更新快速、知识总量激增,在很大程度上改变了知识传播和获取的传统方式。可以编码和复制的"知识"变成了"信息",人们可以非常方便快捷地获得这些知识,以"知识记忆"为主的学校教学目标变得没有意义。人脑不是存储器,在存储、记忆和提取方面远远赶不上电脑。学生获取知识的来源也不再局限于教材和教师,所有的信息资源向每一个人平等开放。

面对信息技术革命带给学校教学的这些挑战和机遇,教师、学生和教材三者之间的平衡打破了,整个世界都参与到学校教学中来。教师和学生面对的不再是唯一的教材知识,而是人类整个的知识体系,是与所有知识有关的一切人。教师和学生都可以足不出户地在任何时候与任何人、任何知识打交道。

这样,学校教学就在一定程度上超越了学校、教室、课程、课时等狭小的时空,教师和学生可以随时随地地获得丰富的学习资源和更多技术的帮助。

"数字化生存"文化挑战着学校知识教学传统。学校知识教学的传统学习规则是"上课认真听讲",教师和教材是学生获取知识的唯一资源。"数字化学习"方式则显示为学生自主寻找资源,更多地以自主学习和个别化学习方式学习。网络资源为学生的自主学习和个别化学习提供了大量的资源。网络资源的涌现使教师和学生的视野同时发生转换:教师无法局限于课本,需要大量地开发和利用课本之外的课程资源。教师不再是唯一的知识拥有者,"闻道"也不一定在先。学生也不再满足于"上课认真听讲",网络资源平等地向教师和学生开放,学生获得网络的"资助"之后,有更多的机会直接寻找和探究知识。

美国学者布鲁巴克在对西方"教学方法"的历史发展作了详尽的梳理与

---

① 国际 21 世纪教育发展委员会.教育——财富蕴藏其中.联合国教科文组织中文科译.北京:教育科学出版社,1996.166 页

分析之后感叹:"到了20世纪中期,世纪初在教学方法上占据重要地位的推进力,基本上已经耗竭了;教育家们平静下来,沿着业已确定的主要路线进行了一些微小的改进。如果说采用复述法的时代已经过去,那么,教师们毫无保留地热衷于某一种教学法(如赫尔巴特的方法或杜威的方法)的时代也同样一去不复返了。教师们根据不同的目的、不同的课程、不同的学生折中地选择教学方法。在教学方法的前沿阵地,假使还有哪一点可以成为新的突破口的话,那就是教育技术。"①布鲁巴克对教育技术寄予如此之高的评价和厚望,似乎并不夸张。学校教学变革的确越来越有赖于技术的力量和魅力。

一、从单一的纸质资源到多媒体网络资源

从20世纪70年代中期到20世纪90年代中期,不到20年的时间里,信息技术以闪电般的速度席卷全球,普遍渗透了人类活动的全部领域。信息技术革命带来了信息处理与沟通技术的根本改变,"在20世纪最后20年里,围绕着较广义的信息技术核心,在新材料、能源、医学应用、制造技术(目前或未来可能出现的技术,例如纳米技术)与传输技术等方面,都产生了许多重大突破。再者,现有的技术转变过程呈指数扩展,因为它有能力通过共同的数码语言,在不同技术领域之间创造出一个界面,而得以产生、储存、检索、处理与传输信息。"②我们所在的这个世界已经"数字化"了。

20世纪90年代晚期,互联网的沟通能力伴随着电信与电脑运算的新发展,导致了另一项重大技术变革,从分散化、孤立的微电脑与大型电脑,到经由相互联接的信息处理设备(具有多种格式)来普遍利用电脑运算能力。在这个新技术系统中,电脑的运算能力分散在以使用共同互联网协定的网络服务器为核心的沟通网络里,并且能够链接巨型电脑服务器,这种服务器通常区分为资料库服务器与应用服务器。

这样,人们就可以通过遍布家里、工作地点、购物和娱乐场所、交通工

---

① See Brubacher, J. Method of Instruction-Continued, A History of the Problems of Education, 2nd. ed. 1966;参见布鲁巴克.马立平译.西方教学方法的历史发展(下).瞿葆奎主编.徐勋,施良方选编.教育学文集·教学(中).人民教育出版社,1988.504页

② [美]曼纽尔·卡斯特.网络社会的崛起.夏铸九等译.北京:社会科学文献出版社,2001.34~35页

具,以及最终无所不在的设备来接触网络。这些设备有许多可以携带,无需自有作业系统便可以彼此沟通。如此以来,电脑运算能力、应用软件和资料都被储存在网络服务器里。

在网络世界里搜寻资源,需要方便快捷的搜索引擎。很多人致力于网络搜索引擎的研究。1993年第一个可靠的互联网浏览器和网景领航者(Netscape Navigator)出现,并且予以商品化,1994年10月发表。"新的浏览器,或是搜寻引擎快速发展,整个世界都拥抱了互联网,实实在在地创造了一个全球信息网(world wide web)。"①这样,一个功能强大、覆盖全球的互联网形成了。互联网络的崛起,从根本上改变了人类的生存方式,并且普遍渗透了人类活动的全部领域,信息产业、办公自动化、先进服务业等新工作领域以及网络工作者、远距离工作者、弹性工作者等新职业,挑战既有的生存方式和工作方式。

信息技术革命的核心是网络化。网络化极大地改变了人类知识的传播和存储方式,网络媒体的出现,使知识以信息方式激增,而且大大提高了信息的传播质量,图、文、声、像并茂。网络资源的优势在于,它具有超强的交互性、高信息含量性、活动空间虚拟性等等。网络资源的普及使任何人在任何时间、地点都可以获取自己想要的知识。这将对传统意义上的"书本"构成挑战。重视网络资源的开发和利用,成为学校教学变革的一个基本趋势。

网络知识信息的方便获取,使教师不再是唯一的知识来源,这在很大程度上改写了学校教学的"教"与"学"的主要方式和追求目标。知识的获得不再简单地显示为知识的记忆、存储和提取,而是需要学生在对大量相关信息的搜集、选择与处理中获得个人化理解。信息技术的交互功能为学生的"主动"和"自主"提供了更大的自由空间,这种学习方式的改变强烈地"诱使"学生沉溺于这个"数字化"空间。

网络传播方式还淡化了传播者与受众的界限,让每位上网者不仅成为信息接收者,而且也可以成为信息制造者,在网络信息面前每一个人都获得了同等的权利。面对浩如烟海的网络信息,记忆和存储变得不再重要,"网络传播时代,是新的阅读时代,是需要学习者以更强的主体精神去积极探

---

① [美]曼纽尔·卡斯特.网络社会的崛起.夏铸九等译.北京:社会科学文献出版社,2001.61页

索,去解释、加工、改造信息的时代。"①

这种基于互联网传播技术的网络资源的利用将改写学校教学模式,重新定义"教"和"学"。网络空间提供了一个开放式的、自由的学习空间。相对于纸质资源教科书而言,网络资源为学生提供的是丰富全面的学习资源,它鼓励学生按自己的爱好、环境、心境,选择适宜自己学习方式的内容和过程,从而创建和形成个性化的学习方式。

互联网为人们提供了一个方便有效的知识存储、记忆与提取系统,而且是以集声、像、图、文并茂的多媒体方式出现。电子化图书、超文本和强大的交互方式大大提升了知识获取的有效性。

1994年欧洲工业家圆桌会议教育小组在《欧洲教育:面向学习的社会》中强调,在面向学习的社会中,信息技术给学校教学和学生学习带来的改变是巨大的。"大中学生被这些新的工具武装起来之后,就成了研究人员。教师教学生评估和实际管理提供给他们的信息。这种方法比传统的传授知识的方法更加接近实际生活。一种新的伙伴关系正在课堂里出现。"②信息技术大大增加了寻找信息的可能性,交互设备和多媒体向学生提供了一个取之不尽的信息宝库。学生可以使用多种信息技术参与学习活动。如通过各种规模和各种复杂程度的计算机,电缆或卫星电视教育节目,多媒体设备,交互式信息交流系统(包括电子邮件和直接查询电子书店或数据库等),电子模拟器,三维虚拟事实系统,等等。使用新技术有时也是防止学业失败的一种手段,"人们已在一些试点中发现,当按照传统方法学习有困难的学生开始使用这些技术时,他们就有了较高的积极性,从而能更好地表现出自己的才能"③。

当然,任何东西都无法取代丰富多彩的课堂教学。电子阅读也无法取代纸质书本的阅读。1996年21世纪国际教育发展委员会强调指出:"发展这些技术根本不是要损害书面的东西,而是恢复它的一个主要作用;虽说书籍不再是唯一的教学工具,但它在教学中仍保留着中心地位:它解释教师讲

---

① 文喆.学习方式、传播方式与课堂教学变革.人民教育,2000,12.18~21页
② 国际21世纪教育发展委员会.教育——财富蕴藏其中.联合国教科文组织中文科译.北京:教育科学出版社,1996.171页
③ 国际21世纪教育发展委员会.教育——财富蕴藏其中.联合国教科文组织中文科译.北京:教育科学出版社,1996.170页

的课,同时又能使学生复习所学的知识和获得独立自主能力。它仍是最便于使用和最经济实惠的载体。"①所以,如何让学生在信息技术支持环境中更好地整合各种教学资源和教学方式,实现教学的高质量,成为20世纪80年代以来的西方学校教学变革的主要努力方向。

二、虚拟世界挑战现实世界

1984年,移居加拿大的美国科幻作家威廉·吉布森(W. Gibson),在他著名科幻三部曲小说里,新创了一个奇怪的术语——"赛伯空间"(Cyberspace)。之后,人们把由计算机和网络化构成的这一"数字化"空间称为"赛伯空间"。② 这是一个虚拟世界,又是真实存在的世界。"赛伯空间"是思维和信息的虚拟世界,它利用信息高速公路作为基本的平台,通过计算机实现人与人之间的感情交流和文化交流,而无需面对面接触。在虚拟世界里进行网络化交往成为人们新的交往方式。学者们对赛伯空间的文化特征作出了研究和描述,归纳起来,大体有如下四点③:

第一,它在迅猛地扩展,以致在不久的将来,将普及全球每个角落,每个人都将受到它的波及,感受到它的存在。据统计,至2008年,世界各国的因特网用户已达14亿,平均增长速度超过了160%。全球186个国家和地区几乎全部进入了这个巨大的网络。据预测,到2012年上网人数将增加到19亿。因特网正以惊人的速度突进到它的全盛期。随着第二代因特网的建设,"赛伯空间"的物质基础——信息高速公路将初步成形。

第二,赛伯空间正在造就有史以来最奇特的人文景观。当我们日复一日地发现,时空已被极大地压缩,世界正在向着"地球村"——它是如此之大,又是如此之小——演变的时候,互联网络与未来社会相连的概念,已经植根于人们的意识里。任何人都可以与地球上任何国家和地区的人直接沟通,形成全球范围的知识共享,甚至可能形成一种世界性的普遍文化,同时又允许各民族特点的文化存在,实现共存共荣。

第三,语言不再作为交往的唯一媒体,包括符号、图像、视频等多种形式

---

① 国际21世纪教育发展委员会.教育——财富蕴藏其中.联合国教科文组织中文科译.北京:教育科学出版社,1996.171~172页

②③ 叶平.赛伯空间文化:知识经济时代的文化教育新景观.新华文摘.1999,12.147~150页

将支持人类的信息交流。电脑和网络不仅仅是计算工具和信息处理工具，它将嬗变为一个与广播、电视和报纸一样地位的"第四媒体"，而且是拥有最多的信息、最快的传播和独特的交互性的新媒体，发展势头极其强劲。网络办公、网络商务、网络新闻、网络图书、网络杂志、网络出版、网络教学、网上娱乐……将进入每个人的生活，这些网上的基本活动，还将具备多媒体交互式或虚拟现实的特征，甚至形成真正"个人化媒体"，把单向传送的电视变成个人化的双向交流，使广播变成针对个人的"窄播"。

第四，它将以思想意识为先导影响人们的生活方式和活动方式，后者反过来又影响人们的精神，使精神和意识的作用空前加大。它比任何时代都有更多的人投入创造性的智能活动，进入一个以群体创造替代个人创造为主的新阶段，以集体的智慧塑造全新的生活方式、交往方式和全新的文化理念，形成新的世界观和道德规范。同时，它又带来个性得以全面张扬和发展的契机，整个社会和社会的每个成员可获得大量可自由支配的时间，更充分满足个人多样化的需求。教育基本理论中"个性"与"共性"这个似乎永远难以解开的死结，将在这种文化氛围下找到可能解决的途径。

由电脑和网络化形成的这一虚拟空间正在冲击人类赖以生存的现实世界。在虚拟空间里，人们可以实现很多现实世界中的活动，而且比在现实世界中更方便快捷，满足人们个性化的需要，如交往、沟通、消遣、娱乐、游戏、购物等。虚拟空间更有自己的优势，可以模拟仿造，可以虚构拼接，可以发挥任意的想象和创造，可以不受时空的限制，不受现实条件的限制，不受年龄、性别、身份、地位的限制，可以做到很多现实世界里无法做到的事情。这为教学变革和学生的个性化发展提供无可限量的空间。

1996年，国际21世纪教育委员会认为，在教育中使用新技术的问题，"是个财政、社会和政治选择的问题，应该成为各国政府和各国际组织关心的重点"[①]。技术文化和教育文化都是人类主体文化的共同组成部分。在今天这样一个网络化、多媒体化和智能化的信息时代，技术文化和教育文化之间密切联系。从技术上看，教育信息化的基本特点可以概括为数字化、网络化、智能化和多媒体化。

---

① 国际21世纪教育发展委员会.教育——财富蕴藏其中.联合国教科文组织中文科译.北京：教育科学出版社，1996.171页

新技术和赛伯空间文化促使学校教学发生新的变化,这些变化就构成了信息技术时代学校教学变革的主题。主要包括:

教学环境的改变。教师的主要任务从传授知识转为构建丰富的网络化、数字化学习情境。在网络化、数字化学习情境中,教学资源全球化,一个以学习者的学习活动为核心的教学体系真正形成。

知识观的改变。网络化为知识信息的记忆、存储和提取创造了前所未有的便利和高效,同时知识总量的激增和快速更新,使学校教学目标发生根本改变:要从学会知识到学会学习,从学会记忆到学会创造。知识不再是客观的、可以复制的信息,信息的记忆、存储和提取已经交移给了技术。知识是个人化的,是个体在大量的信息获得与处理中主动建构的结果。知识是情境化的,知识都是为了处理具体的困难情境而产生和存在的,是每个个体与具体情境互动的结果。知识是默会的,可以言说和表达的都是可以复制的,可以成为可编码的信息,而很多有助于解决问题的知识系统蕴含了丰富的、不可言说的默会知识。

教学观的改变。在教学资源的获得更加容易的条件下,学生学习的自主和个性化特征更为明显。知识理解将变得更具有个人色彩,学生表达自己思想的方式更加多样化。项目探究式学习和合作学习变得可能。

师生观的改变。师生更多的时候是站在同一信息平台上进行教与学。过去教师依赖教学参考书,信息拥有量总是大于学生,先于学生。信息技术的发展使学生获取信息的方式不再局限于教师,甚至形成了一种"后喻文化"。教师在很多时候并不比学生掌握更多的信息,教师的绝对权威没有了,师生以相对平等的身份围绕课程资源展开丰富开放的对话,更有利于知识的理解与获得。

20世纪80年代以来,西方学校教学变革大都围绕这些主题展开,但寻求的改革路径和改革方式不尽相同。

三、开放式教学挑战封闭式教学

在信息技术时代,真正的学习必须是一种开放式学习,新技术把学校与整个世界联系起来。在教育中运用信息化技术有助于加快知识更新速度。以教材为主要载体的书本知识是滞后于时代发展的,而计算机网络带来的知识更新可发生在一周之内。计算机网络能够突破教学环境的时空限制,把课堂学习与现实世界联系起来。例如通过模拟现实情境,把外部世界引入课堂,通过把学生与远距离的学生或专家学者连为一体,增加学生对知识学习的真实体验。

通过真实世界的环境来学习并不是一个新观念。长期以来,学校已断断续续地通过实地考察、实验和半工半读课程为学生提供具体的经验。但是这些活动很少成为学校教学的核心,由于逻辑上的局限和需要涵盖多门学科内容,这些活动很难融入学校的日常教学。"技术为克服这些局限提供了功能强大的工具,从基于音像的难题、计算机模拟到电子通讯系统,将课堂与在科学、数学以及其他领域工作的实践者共同体联系在一起。"①

20世纪80年代以来,有许多基于新技术的研究项目出现。比较著名的研究项目当属1997年美国范德比尔特大学认知与技术小组进行的贾斯珀·伍德伯里问题解决系列。12个交互式音像环境向学生展示了他们面临的挑战,即要求他们理解和应用数学中的重要概念。利用这个音像系列学习的学生在数学的问题解决方法、交流能力和对待数学的态度方面获得了很大的成功。

除了应用于数学和科学等学科教学外,人们还开发出了更为真实的、综合的问题解决学习情境,帮助学生更好地理解工作现场。例如,在一个银行模拟软件中,学生扮演银行副行长的角色,学习承担各种职责所必需的知识和技能。这种教学方式依赖于大量高质量的真实有趣的教学软件的开发。

把学生与科学家联系起来,是将真实世界的问题带入课堂的另一种途径。例如,在许多这类学生—科学家的伙伴关系中,学生可以收集数据用于理解全球性问题,不同学校的学生可以通过因特网加入到不断递增的伙伴关系中。

例如,1993年全球实验室(the Global Lab)支持由30个国家超过200所学校的学生研究者组成的国际性共同体,就本地或全球的环境来建构新知识。到1996年,通过GLOBE计划(改善环境的全球性学习和观察),在超过34个国家的2000多所学校里,有成千上万的学生(从幼儿园到12年级)

---

① [美]约翰·D.布兰思福特等.人是如何学习的——大脑、心理、经验及学校.程可拉等译.上海:华东师范大学出版社,2002.230页

都在采集有关他们本地区环境的数据。① 全球实验室班级选取本地环境的某些方面进行研究。通过使用共享的工具、课程、方法,他们制图、描述和监控他们研究的选址,收集和交流数据,把本地的发现置于一个更广阔的、全球的环境中。一旦参与者在他们采集的数据中发现了重要的模式,由学生、教师和科学家组成的这一"远程合作"共同体就会抓住科学中极其严峻的问题——设计实验,开展同伴间的评论和发表他们的研究发现。

学生们通过因特网把采集的数据提交给 GLOBE 数据档案库,科学家和学生们都可以使用这个数据档案库进行数据分析。在 GLOBE 万维网上提供一组直观性工具,使学生能够看到他们自己采集到的数据与其他地方收集到的数据间的一致性程度。对于环境科学方法和数据解释能力的评价,GLOBE 课堂里的学生要比没有参与这个项目的学生表现出更高的知识和技能水平。

与专业人员和远程的学习伙伴一起就项目进行学习,其意义超越了学校的课堂学习,对基础教育阶段的学生们来说是一个巨大的学习动力。学生们不仅对他们正在做的事情有兴趣,与气象学家、地理学家、天文学家、教师或计算机科学家进行交流的时候,他们表现出的业绩令人印象深刻。

类似的方法已经用于天文学、鸟类学、语言艺术和其他领域。这些合作的经验有助于学生理解复杂的系统和概念。

把学生和教师与更广阔的社区联系在一起,也可以促进他们的学习。通过网络,可以创建本地的和全球的包括教师、管理者、学生、家长和其他有兴趣的学习者在内的共同体。这可以看做是把学生和科学家联系起来的途径的扩展。

这种共同体可以将家长与他们孩子所在的学校链接起来。一方面,可以帮助家长了解学校的情况和要求,以便及时得到社区的支持。学校校历、作业和其他类型的信息可以公布在学校的因特网网站上,可以使用学校的网站告诉社区学校在做什么和学校怎样帮助社区。例如:美国学校目录(www.asd.com)②已经为全国 106000 所公立和私立的从幼儿园到 12 年级

---

① [美]约翰·D. 布兰思福特等.人是如何学习的——大脑、心理、经验及学校.程可拉等译.上海:华东师范大学出版社,2002.234 页

② [美]约翰·D. 布兰思福特等.人是如何学习的——大脑、心理、经验及学校.程可拉等译.上海:华东师范大学出版社,2002.246~247 页

学校建立了因特网页面，它包括一个"愿望列表"，学校可以在上面公布希望得到的各种各样的帮助和请求。另外，美国学校目录还为国内的每个学生和教师提供免费的电子邮件账号。

电子社区的形成，可以帮助学生在与科学家、作家和其他实践专业人员交流的时候能够学到更多的东西。1990年左右，人们就开始关注有效的电子社区所必需的要素。研究发现，与成功的电子社区有关的三个要素是："一是强调小组交流而不是一对一交流；二是清晰表达的目标或任务；三是促进小组交流和建立新型社会规范的明确的努力。"①

另一方面，可以扩大网络会话的功能，最大限度地利用这些网络所提供的在线会话和学习机会。例如，1993年开始的"作为全球科学家的儿童"（KGS）研究项目是一个集合了学生、科学家、技术专家和教育专家的全球群体，它的主要目的是找出促使这些共同体获得成功的关键因素。起初，这个项目使不同地方的人们参与到有组织的对话活动中，通过多媒体相互介绍，使人们之间建立起一种关系；接着，这个小组提出一些指导原则和支持性活动来帮助所有参与者理解他们的新职责。学生们提出有关天气和其他自然现象的问题，并提炼、回答由他们自己和其他人提出的问题。这一基于对话的学习方法创造了一个充满智慧的环境，给参与者很多机会去改进他们的理解，并使他们更自主地参与到解释科学现象的活动中。

20世纪80年代以来，世界各国都致力于把信息技术应用于学校教学变革。但是，"只靠技术是无法奇迹般地解决教育系统面临的困难的。尤其应把技术与传统的教育形式结合起来加以使用，而不应将其看做是一种取代传统形式的独立的手段"②。教育信息技术能否发挥它的力量和魅力，在很大程度上取决于教师的恰当使用，还需要考虑教育信息技术进入课程教学时所花费的资源成本，包括教师在制作课件中所花费的时间、精力和材料。相反，若不计资源成本或使用不当，倒可能弄巧成拙。

---

① [美]约翰·D.布兰思福特等.人是如何学习的——大脑、心理、经验及学校.程可拉等译.上海：华东师范大学出版社，2002.247页

② 国际21世纪教育发展委员会.教育——财富蕴藏其中.联合国教科文组织中文科译.北京：教育科学出版社，1996.168页

第二节 终身学习的追求

学校教学落后于社会发展需要,这是学校教学遭遇到的最根本性的挑战。有史以来,社会第一次拒绝使用学校毕业生。

社会快速变革成为当下社会最明显的时代特征。在快速变革的社会中,学校担负的使命和教学目标将发生根本的变化。从夸美纽斯时代起,学校教学的理想就是让一切人学会一切知识。这种企图通过一次性的学校教学就让所有人学会人类有史以来所有的知识,通过一次性的学校教学就可以应对个人终身的生存需要,变得不再可能。传统的一次性学校教学制度受到挑战,终身学习成为人类的基本生活方式。一个需要用终身教育和终身学习手段来解决终身生存问题的时代到来了。为了适应社会快速变革的需要,学校教学首要的变革在于,走向终身学习,着眼于每一个人的"终身学习"。

一、走向"终身学习"

在社会发展比较缓慢的时代,知识更新比较缓慢,社会职业和业内专业技术知识也相对稳定,职业内的人员流动比较少。学校教育按照既定的知识体系和社会职业需要培养学生,当学生毕业时就自然而然地进入某种职业,并成为终身职业。

在这种缓慢发展的时代中,教育往往致力于培养适合某种固定的职业需要,具有某些特定能力的人。社会赋予学校教育的价值,或者说,学校教育对社会的期待在于,"一定的教育水平应有其相应的和有保证的专业水平和酬劳"。这种学校教育使人感兴趣的原因不在于它本身能得到什么结果,而在于学生毕业以后一定可以得到相应的收入。

通过一次性学校教育,就能够终身从事一种职业的时代已经一去不复返了。这种时代特征在20世纪70年代初出现以后,不是淡化,而是超乎寻常地在加剧,人们普遍感受到了生存危机。如何适应这种时代特征和社会的快速变化,让人们能够在日新月异,越来越快的职业变动和社会变动中生存和发展,这种适应性人才的培养成为学校教学变革的首要任务。

1972年联合国教科文组织国际教育发展委员会发表的《学会生存——教育世界的今天和明天》报告中指出,第二次世界大战以后教育理论和实践方面出现了三种新的现象,其中一个就是"社会拒绝使用学校毕业生"。报告中强调,第三件重要的事实是,在教育成果与社会需要之间产生了矛盾。"有些社会正在开始拒绝制度化教育所产生的成果,这在历史上也还是第一次。"①在过去,社会的进展是缓慢的,因而也容易自动地吸收教育成果,至少可以设法去适应教育的成果,但是今天的情况就不总是这样了。

有人形象地描绘了父辈及我们所处的生存时代和相应的生活方式的变化:

> 我父亲是祖父母的长子,也是他们唯一幸存的儿子,他生于1907年。祖父在前线打仗的时候,他成了家里的顶梁柱,于是他未能很好地接受初等教育。当他到了工作年龄的时候,正值大萧条,他失业了很长一段时间。由于他计算能力非常好,最后供职于一家保险公司,并在那里工作了一辈子。无论严冬还是酷暑,他都骑着单车在方圆30英里范围内,挨家挨户收取保险费。1953年,他在家退养了1年,因为多年遭受雨淋,他的肺受到了损伤。后来他用微薄的积蓄买了一辆车,又接着干了30年,直到77岁去世。
>
> 他也没有读过很多书——不是因为没有条件,而是没有兴趣。但他天生是个数学家,并能够在不同的时期充分发挥这种天赋。他也是个天才的钢琴家,但他从来不演奏20世纪60年代以前的新潮音乐作品。他从来没有受过任何培训。虽然他在晚年游历了很多地方,但从没有离开过英国。他建议我"加入合作社就不会失业,而且在退休时能得到一笔养老金"。我以一种在30年前很难接受的方式漠视了他。当然,在今天他再也不能获得这样一份工作了——保险业现在已经转型——合作社在30年前就已经消亡。
>
> 让我们回到现在。我有个叫路克的邻居——一个36岁的法国农民。他和我一样也居住在法国南部加泰隆人的朝圣地法布拉。他和他

---

① 联合国教科文组织国际教育发展委员会.学会生存——教育世界的今天和明天.华东师范大学比较教育研究所译.北京:教育科学出版社,1996.37页

父亲一样,也种植桃树。他的桃树结的果实非常甘甜可口,可能是你尝过的最好吃的桃子了——金黄色的油桃又大又圆,使你每咬一口都会回味良久。现在,他正试图栽种梨和樱桃。他在我们居住的山谷拥有40亩土地。在过去的4年中,他的收入下降了50%,有一半的桃子扔到了山谷里。部分是因为这个地区的桃子供大于求——导致他试图转产;部分是因为农民认为他们栽种的东西就一定有人买,即便只有政府;部分是因为40亩地再也无法维持他家庭一贯的生活方式了;部分是因为来自欧洲其他地区激烈的竞争。当然,所有这一切都是政府的过错。在我们山谷里还有其他40~50个像路克一样的人。他们都以作为农民而骄傲——因为他们不知道除了农民之外还有什么称呼——他们中一半以上的人在未来的10年中都将难以维持生计。

相比之下,我则是一个拙劣的钢琴家(虽然祖父花了很大的心血培养我)——只是把音乐储存在记忆中。与父亲和祖父不同,我现在已经开始我的第七种职业生涯。我曾经在英国皇家空军当过会计,在学校当过教师,在企业当过系统分析员、市场经理、项目经理、培训研发人员,在大学当过教授,在专业机构当过管理员。在过去的10年中,我一直在竞争激烈的教育咨询领域担任撰稿人、项目经理和顾问。我希望在50年以后退休,那时我已经110岁了。①

这篇冗长文字的目的是强调大部分人已经知道和经历的——这个世界正以我们难以想象的速度在变化着,这个速度正不断加快,驱动每个进程,包括受过教育的人。

联合国教科文组织国际教育发展委员会早在1972年就洞察到这一世界性的变化趋势,提出要走向终身学习和学习化社会来解决人类的生存问题和学习困境。单纯依靠制度化的学校教学是无法解决人类未来的生存问题的。1996年又提出现代教育的四大支柱:学会认知、学会做事、学会与人共处、学会生存,以改进学校以传授知识为主的教学目标,应对信息时代的人类生存和知识获得问题。这四大支柱是实现终身学习和学习化社会的基本路径。

---

① [英]诺曼·朗沃斯.终身学习在行动——21世纪的教育改革.沈若慧等译.北京:中国人民大学出版社,2006.2~3页

可以说，走向终身教育和终身学习是学校教学对时代变革作出的首要应答。人类生存危机的应对有赖于每一个人都成为成功的终身学习者，这是20世纪80年代以来时代变革赋予学校教学的新价值和新方式。"从今以后，教育不能再限于那种必须吸收的固定内容，而应被视为一种人类的进程，在这一进程中人通过各种经验学会如何表现他自己，如何和别人进行交流，如何探索世界，而且学会如何继续不断地——自始至终地——完善自己。"①可见，一生中只从事一种职业，只接受一次性学校教育是无法适应急剧变化的社会需要的。

人类赖以生存的职业不断更替，人们需要在不同职业之间不断地流动。"我们可以预料今天的学校毕业生将有很多职业生涯，在他们的一生中不会只从事一份工作，而且在他们将从事的工作中，有一半以上还没有出现。但有一点是可能的，这些工作将是知识型的，对智力要求更高，几乎比现在的任何工作都要复杂，对计算机的依赖性更大。智力资源正在取代人力资源。"②在社会迅速变革的时代，要维持高就业率，使人们能够快速地适应新职业、新工艺，就需要打破学习、工作和生活的严格界限，推动学校教育与成人教育之间的互补，强调终身学习和发展。

二、实现"全民的"终身学习

学校教学不仅要让学生获得知识和谋求职业，学校教学变革还要致力于"满足全民的基本学习需要"，帮助世界各国的人们获得更好的生存空间，关注整个人类的命运。

随着经济和交通业的发展，跨国旅游的人数越来越多，全球化信息网络系统把世界各地的人联系在一起，一个真正的"地球村"逐步形成。人类共同面临的全球发展问题也越来越凸显。通过教育解决全球发展问题，越来越成为世界各国教育改革关注的问题。

例如，制约人类发展、威胁人类命运的全球环境问题。这不仅仅是几个国家的问题，更是整个世界的问题。进入20世纪90年代以来，全球环境恶

---

① 联合国教科文组织国际教育发展委员会.学会生存——教育世界的今天和明天.华东师范大学比较教育研究所译.北京：教育科学出版社,1996.180页

② [英]诺曼·朗沃斯.终身学习在行动——21世纪的教育改革.沈若慧等译.北京：中国人民大学出版社,2006.4页

化有增无减,由于环境恶化造成的灾难越来越多,人类的生存与发展正面临着前所未有的严峻挑战。

人类与地球环境和谐,走可持续发展之路,这种全球可持续发展战略得到了国际社会、各国政府的认同。

1992年联合国环境与发展大会指出:"设想一下,整个一代人从学前儿童经过青年到成人一直都能受到环境教育,并在环境教育的终身过程中不断地更新知识和技能,使他们能应付不断变化的自然的或人工的环境。再进一步考虑一下,环境知识已完全纳入到职业教育、大学教育和专业教育中。在这些层次的教育中,吸收了大部分经选举或任命的一个社会的决策者和官员。他们准备对解决当前的环境危机和问题采取应急措施,并对预测和防止这些危机和问题采取长期措施。再者,如同上文所述,他们会拥有受过环境教育的民众和全国范围能有效地采取行动的环境专家必不可少的支持和参与。"①环境的可持续发展之路有赖于整个人类的终身环境教育,这种环境教育的基石只能存在于学校教学那里。

环境教育应该提醒学生们记住这样的事实:"人类不是世界的主宰,而只是更大的环境的一个组成部分而已。通过'全球性'这一方式,国际合作应该帮助人类保护地球上的资源。向学生们展示无论人类怎样能够攀登高山、潜入深海、征服其他星球,但仍然依赖于地球的环境,从而使他们意识到人类必须共同努力,不仅是为了保护生物或美学遗产的多样性和财富,也是为了人类的生存。"②学校的科学课程也要提醒人们,地球容纳了许多不同类型的生命,它保持着一种微妙的平衡(物理的、化学的和生态的),"要养成一种环境道德,形成一种实质性的国际合作方式,以保证资源的平等分配和尊重自然界的平衡"③。

如同环境恶化、人口激增、社会排斥、贫穷加剧等具有全球性质一样,教育发展和改革问题也具有明显的全球性。如全民教育、国际理解教育,以及

---

① 赵中建选编.全球教育发展的研究热点——90年代来自联合国教科文组织的报告.北京:教育科学出版社,1999.16页

② 赵中建选编.全球教育发展的研究热点——90年代来自联合国教科文组织的报告.北京:教育科学出版社,1999.376页

③ 赵中建选编.全球教育发展的研究热点——90年代来自联合国教科文组织的报告.北京:教育科学出版社,1999.377页

文盲、复读、成人教育等问题,都成为全球发展问题研究的热点。解决这些问题的解决只有通过建立学习化社会和实现终身学习才有可能实现。

1996年6月16～19日在约旦首都安曼召开"国际全民教育咨询论坛十年中期会议",会议一致通过了《安曼公报》(The Amman Affirmation)并在会后发表了题为《全民教育的目标实现》(Education for All:Achieving the Goal)的最终报告。本次会议有两个重要成果,一个成果是明确了"为21世纪而学习"的终身学习目标。与会者广泛强调,各国在其教育计划中应重视终身学习,并保证教育与人类发展的其他重要领域如保健、营养及住房等相联系。同时要重视新的信息技术在教育中的作用等等。第二个成果是总结了国际21世纪教育委员会的报告(该委员会由欧洲委员会前主席德洛尔领导)。发表了题为"Learning:The Treasure Within"(中译本译为"学习:内在的财富")报告,报告力图恢复关于学习的讨论,并为决策者提供关于教育含义的基本思想。报告强调的学习化社会的四大支柱成为世界各国学校教学变革的基本方向。

国际21世纪教育委员会主席雅克·德洛尔指出:"终身学习这一概念是进入21世纪的一把钥匙。它超越了启蒙教育和继续教育之间的传统区别。它与另一概念,即学习化社会的概念相联系。在这一社会里,所有一切都为学习和开发个人的潜力提供了机会。"①这意味着终身学习不会排斥任何人,是所有人的教育,是全民的教育。这也意味着教育重心的转移,学习者成为学习的主人,学习者个人对学习负有更多的责任。这样,学校教学就从面向部分人的一次性学习转变为以所有人为教育对象、贯穿每个人一生的、从学习者自身需求出发的"终身学习"。

20世纪80年代以来,世界各国都把加强终身教育和终身学习作为学校教学变革的基本原则。终身学习逐渐成为一种全球现象。世界各国都不约而同地致力于终身学习社会的建立,增加更多的学习机会,并使学习变得更加吸引人,以改变不尽如人意的学校教学现实。

三、"渴望学习"要超越"谋求职业"

在人们接受学校教育的动机中,常常是"谋求职业"大大超过"渴望学

---

① 赵中建选编.全球教育发展的研究热点——90年代来自联合国教科文组织的报告.北京:教育科学出版社,1999.390页

习"本身。然而,好奇心、求知欲才是人类本性中最大的驱动力之一。"以常理而论,如果这种好奇心能够得到鼓励的话,它肯定是最强烈的一种动机,但是事实上它并没有得到这种鼓励。"①只强调外部动机和结果刺激,这会缺乏渴望学习的持续动力,人们也就无法通过终身学习实现自我更新,无法享有更多更好的教育。

在知识更新和社会变革缓慢的时代,只有外部动机的激励,似乎也能维持学习,获得知识,完成一次性的学校学习。随着信息技术的不断更新,信息技术不仅为知识信息的流通、储存和传播提供了前所未有的手段和便利,而且刺激了知识的增长和更新速度,导致知识信息总量激增,更新速度也是惊人的。

这种知识发展趋势对学校教学提出了近乎矛盾的双重要求:"一方面,教育应大量和有效地传授越来越多、不断发展并与认识发展水平相适度的知识和技能,因为这是造就未来人才的基础。同时,教育还应找到并标出判断事物的标准,使人们不会让自己被充斥公共和私人场所、多少称得上是瞬息万变的大量信息搞得晕头转向,使人们不脱离个人和集体发展的方向。"②也就是说,面对如此源源不断的知识洪流,无限期地增加课程内容和课程门类是不可能的,人类不可能一次性地学会一生中所需要的所有知识,但又需要大量和有效地学习越来越多的知识。这就要求人们有能力在自己的一生中抓住和利用各种机会,去更新、深化和进一步充实最初获得的知识,又不能淹没在知识洪流中,要有持续终身的"渴望学习"的动力,还要善于学习、学会学习。

学生需要着眼于培养终身学习的兴趣和获得终身学习的方法。如果学生没有对知识学习的兴趣,没有获得终身学习的方法,在面对浩如烟海、不断更新的知识信息时,就会无所适从,产生厌倦。"渴望学习",或者说,人类的"求知天性"和"探究欲"在持续终身的学习中起的作用越来越大。

20世纪80年代中期,欧盟委员会下属的工业咨询委员会作了如下评论:"信息革命正导致更多先前的教育和培训失效。智力资本正以每年

---

① 联合国教科文组织国际教育发展委员会.学会生存——教育世界的今天和明天.华东师范大学比较教育研究所译.北京:教育科学出版社,1996.11页

② 国际21世纪教育发展委员会.教育——财富蕴藏其中.联合国教科文组织中文科译.北京:教育科学出版社,1996.75页

7％的速度贬值,这个速度远远高于毕业生的就业率。由于这个原因,迫切需要工业社会形成并且采用继续教育和培训系统来更新员工的知识结构。"①在这种知识更新和职业更新都日益迅速的时代,能够拥有维持终身的学习动力和学习兴趣,拥有学习的方法,是学校教学变革的最重要的目标之一。

要使学生能够"渴望学习",拥有持久的学习兴趣和学习动力,不仅要改变传统的"教"与"学"的方式,也要改变传统的教育评价方式。例如,考试不应再作为区分优劣的手段,而是作为个人选择学习进程的手段以及鼓励深造的动力。

在学校教学中用考试来区分优生和差生的做法,剥夺了相当一部分人的学习机会,使很多人以失败者的心态离开学校教育,这种不愉快的经历又导致他们讨厌学习、逃避学习。终身学习社会需要把个人失败的可能性和对失败的恐惧从体制中驱逐出去。终身学习需要一种体制,这个体制使每个人,或者说尽可能使更多的人获得成功。在终身学习情境中没有失败这种概念,终身学习是向人们传递继续学习的理念。

20世纪80年代以来,世界各国的学校教学变革的核心主题之一,就是如何让每个学生能够"渴望学习",拥有持久的学习兴趣和学习动力,走向终身学习。

第三节　个别化学习的需要

自近代以来,学校教学变革,主要表现在对"教学规模"和"教学效率"的追求上,追求同步的、无差异的教学超越了对每个学生个体差异和不同发展需求的关注。学校教学的这种追求致使"班级集体教学"和"教师讲—学生听"为主的"接受学习"方式成为主流。人们在追求班级教学带来的效率的同时,却一直怀有一种返回个别化教学的情结。因为班级教学从一开始就

---

① [英]诺曼·朗沃斯.终身学习在行动——21世纪的教育改革.沈若慧等译.北京:中国人民大学出版社,2006.9页

隐藏了危机：大一统的班级教学强调统一教材、统一要求、统一方法、统一进度。这使教师往往不能充分照顾学生个别差异，不能因材施教，不利于发展学生个性特长。

事实上，个体差异是广泛存在的。学生的个体差异要求学校教学从多个角度、以多元的视角来看待教学材料和教学方式。统一授课和忽略个别差异的教学不断地激起人们的改革愿望，在学校教学中让学生自定步调、实现自主的个别学习的改革尝试持续不断。

多元智能理论和脑科学的新近研究成果，为个别化教学理想带来了新的希望和可能路径。基于多元智能的学习和适于脑的学习都强调，每个个体都具有独特的智能和独特的脑。不考虑学生的个体差异，让所有学生在同一时间内以同一种方式学习同一种内容，并用同一种方式评估。本身就是一种不公平，也不符合学生学习的实际情况。即使一些普遍性知识的学习，也并不意味着每个人必须以同样的方式和进度进行学习，以同样的方式进行评估。

让每一个有差异的个体都能学会成功地自主学习、终身学习，"一个都不能少"，这是20世纪80年代以来西方学校教学变革的新使命。

一、"自学"成为一种新的教育精神

1972年，联合国教科文组织国际教育发展委员会发表《学会生存——教育世界的今天和明天》为题的调查报告。这一调查报告直接指导了20世纪80年代以来世界各国的学校教学变革。联合国教科文组织总干事勒内·马厄在给国际教育发展委员会主席埃德加·富尔的复信中指出："这样一份高质量的调查报告肯定了目前指导着联合国教科文组织工作的思想，即教育应扩展到一个人的整个一生，教育不仅是大家都可以得到的，而且是每个人生活的一部分，教育应把社会的发展和人的潜力的实现作为它的目的。"[①]在1972年10月举行的教科文组织第17届会议上，许多国家的代表都称赞《学会生存——教育世界的今天和明天》的出版是世界教育界的一件大事。

《学会生存——教育世界的今天和明天》报告中强调，要把终身教育作

[①] 联合国教科文组织国际教育发展委员会.学会生存——教育世界的今天和明天.华东师范大学比较教育研究所译.北京：教育科学出版社，1996.5页

为发达国家和发展中国家今后若干年内制定教育政策的主导思想。每一个人必须终身继续不断地学习。终身教育是学习化社会的基石。在学习化社会和终身教育体制中,学习者的"自学"价值凸显。学习者要成为学习活动的主体,学会自己对自己的学习负责,学会学习。"未来的学校必须把教育的对象变成自己教育自己的主体。受教育的人必须成为教育他自己的人;别人的教育必须成为这个人自己的教育。这种个人同他自己的关系的根本转变,是今后几十年内科学与技术革命中教育所面临的最困难的一个问题。"①这就把终身教育从"教育"、"培训"等外在要求引向了以学习者"自学"、"自我负责"的满足内在发展需要的终身学习上来。

这种转变意味着,教育不再是从外部强加在学习者身上的东西,教育必须是从学习者本人出发的。所以,该报告中明确提出:"我们今天把重点放在教育与学习过程的'自学'原则上,而不是放在传统教育学的教学原则上。"②相应地,学校教学要赋予学生更大的自由和责任,让学生学会学习比学会知识更重要。

"自学",或者说"学会学习"将成为一种新的教育精神。"新的教育精神使个人成为他自己文化进步的主人和创造者。自学,尤其是在帮助下的自学,在任何教育体系中,都具有不可替代的价值。"③关于"自学"的价值,20世纪70年代就被人们意识到了,"对自学,以往人们简直一向不把它当做一个目标。现在自学在每一个国家,甚至在自学设备差的国家的教育策略中,都已经占有了一定的地位"④。20世纪80年代以来,着眼于学习化社会和终身学习的学校教学变革的核心就在于让学生学会"自学"、"学会学习"。

进入20世纪80年代以来,世界各国都把加强终身教育和终身学习作为教育改革的基本原则。各国不约而同地致力于终身学习社会的建立,增加

---

① 联合国教科文组织国际教育发展委员会.学会生存——教育世界的今天和明天.华东师范大学比较教育研究所译.北京:教育科学出版社,1996.200 页
② 联合国教科文组织国际教育发展委员会.学会生存——教育世界的今天和明天.华东师范大学比较教育研究所译.北京:教育科学出版社,1996.201 页
③ 联合国教科文组织国际教育发展委员会.学会生存——教育世界的今天和明天.华东师范大学比较教育研究所译.北京:教育科学出版社,1996.251 页
④ 联合国教科文组织国际教育发展委员会.学会生存——教育世界的今天和明天.华东师范大学比较教育研究所译.北京:教育科学出版社,1996.252 页

更多的学习机会,并使学习变得更加吸引人。例如,1985年日本临时教育审议会在关于教育改革的第一次审议报告中就提出"向终身教育体系过渡"的教育理想。报告中强调,随着国民生活水平的提高,高学历化和人们余暇时间增多,国民的价值观也有了变化,逐渐从追求物质享受转向追求精神享受、文化教养的充实与提高。实现自己理想的愿望越来越强烈,且越要追求自己独特的、多样化的生活方式。另外,为了适应信息化、国际化社会的发展,学习新知识、新技术已成为不可缺少的生活内容。为了适应这种冲击,建设能够为人们提供终身学习机会的"终身教育社会"和尊重个性的多样化生活方式的"又工作又学习的社会"是非常重要的。日本寄厚望于终身学习社会的建立,把终身学习作为改革日本教育弊端的主要改革措施,通过终身学习社会代替"为文凭的社会",以实现重视学生个性、培养学生健全人格的教育理想。

对于终身学习来说,1996年是非常重要的一年。欧盟委员会宣布1996年为"欧洲终身学习年",同年,经济合作与发展组织部长级会议提出"为所有人的终身学习"这一有关终身学习的标志性口号。经济合作发展组织(OECD)还发表《全民终身学习》(Lifelong Learning for All)报告书,强调终身学习应与生活及工作结合。20世纪90年代的欧盟对终身学习寄予厚望,把终身学习作为社会发展的重要策略之一,将终身学习的实施作为首要工作。2000年3月,欧盟里斯本峰会提出了欧洲终身学习的战略目标——"通过广泛的终身学习政策的实施,使欧洲经济在世界上最有竞争力和可持续发展能力,能提供更多更好的工作,形成更紧密的社会联合。"[①]

1996年,联合国教科文组织还发表了关于21世纪教育的德洛尔报告。它直接以"学习"一词为标题,强调了学习化社会的四大支柱:"学会学习,学会做事,学会与人共处,学会生存与发展"。这四大支柱进一步明确了终身学习的基本内涵。

当人们把终身教育转换成终身学习,意味着终身学习是为所有人的教育,终身学习不会排斥任何人。终身学习也意味着教育重心的转移,学习者成为学习的主人,学习者个人对学习负有更多的责任。在终身学习的框架

---

① [英]诺曼·朗沃斯.终身学习在行动——21世纪的教育改革.沈若慧等译.北京:中国人民大学出版社,2006.10页

内,学习者"自学"的意义更加凸显。当人们从"教育培训"体制转变为"终身学习"体制时,学校内部的课程教学体制也同样需要发生转变。以往的"教育培训"体制多是从教育者认定的学习者需要出发,"教师和学习提供者是基于他们所认为的学习者的需要来提供课程的,这就如同回答人们并不需要询问的问题一样。取而代之的是以所有人为教育对象,贯穿人一生,从学习者自身需求出发的'终身学习'体制。那些无视这个巨大变化的国家、地区以及组织将遭到经济衰退、社会动荡的威胁。"①

终身学习的倡导打破了传统学校教育体制的界限,"它正逐渐在时间上和空间上扩展到它的真正领域——整个人的各个方面"②。在这一领域内,"教学活动便让位于学习活动。虽然一个人正在不断地受教育,但他越来越不成为对象,而越来越成为主体了。他并不认为,他所受的教育似乎是他的保护人,即那些有权势的人们,送给他的礼物或者是对他所履行的一种社会义务。他是依靠征服知识而获得教育的。这样,他便成了他所获得的知识的最高主人,而不是消极的知识接受者。"③这样的学习意味着,"学习属于学习者本人,而不是教师。这彻底改变了教育者和学习者之间的关系,把教师从'高高在上的圣贤'转变为'身边的指导者',意味着利用能够使人们回归学习习惯中去的工具和技术——个人学习计划,创造性的合作学习和指导,电子网络以及一般的信息和通讯技术。"④可见,终身学习与传统的学校学习内涵有很大的不同。终身学习强调个人对学习负有更多的责任。而学习的方法和学习的途径是多种多样的,每一个人都可以拥有自己独特的学习方式。

随着人类逐步进入一个强大的信息网络时代,基于学习者个体的"自学"拥有了更多的支持平台。信息技术普遍渗透在人类生活的方方面面,基于网络的信息时代不仅极大地改变了人类的生存方式和学习方式,而且为

---

① [英]诺曼·朗沃斯.终身学习在行动——21世纪的教育改革.沈若慧等译.北京:中国人民大学出版社,2006.14页
② 联合国教科文组织国际教育发展委员会.学会生存——教育世界的今天和明天.华东师范大学比较教育研究所译.北京:教育科学出版社,1996.200页
③ 联合国教科文组织国际教育发展委员会.学会生存——教育世界的今天和明天.华东师范大学比较教育研究所译.北京:教育科学出版社,1996.200页
④ [英]诺曼·朗沃斯.终身学习在行动——21世纪的教育改革.沈若慧等译.北京:中国人民大学出版社,2006.13页

每一个人都提供了便捷多样的学习机会,持续不断地"自学"将成为人类的一种生活方式。

二、多元化教学挑战统一化教学

多元智能理论和脑科学研究让更多的人相信,人与人之间并不存在智能的优劣,只要找到适合每个人的学习方式,人人都可以获得学习成功。学生学习的失败并不是因为学生的智能的差异,也不是学生不努力,而往往是学校教学没有提供适合他的学习方式。这就把学校教学变革的重心集中于教学方式的变革上,而不是寻找种种借口上。这与终身学习的基本理念是一致的。

终身学习的理想就是,增加更多的学习机会——根据学习者的需要随时随地提供,并使学习变得吸引人,尤其是对那些想学习但没有办法适应正规学校教育体制的人来说。

从终身学习的立场来看,需要采取一系列行动来为这些人提供更富有选择性的机会。例如,使学习变得更自然,更接近家庭需要,对资源进行重新组织和调整,在任何有人群的地方创建合适的学习中心——不仅仅在学校,而且在村委会以及购物中心、图书馆和博物馆、朝圣地、公园和广场、火车站、健康中心和娱乐场所、工厂食堂等等。人们设计了一些非常有创意的学习机会和学习活动,为学习者提供学习活动并使学习变得更诱人更受欢迎,使学生体验到成功感和学习乐趣;通过广泛的非课程活动增强学生的自尊、自信和创造性。从下面的案例中可以看出,学习活动的设计者如何使学习成为一种受欢迎的活动,使学习变得自然和愉快,并通过广泛的非课程活动来提升学生的自尊自信和学习积极性的。

《拯救儿童的足球》[①]

在足球场开设的课程最为年轻人所喜爱,这里你不会看到被标准化教育环境所麻木的儿童——因为他们已经脱离了学校环境。他们为这种环境提供的创新教育感到兴奋,这里每两周举行一次足球比赛,孩子们在这里为自己的足球英雄呐喊。学习变得那么地唾手可得,没有

[①] [英]诺曼·朗沃斯.终身学习在行动——21世纪的教育改革.沈若慧等译.北京:中国人民大学出版社,2006.55~56页

威胁,令人愉快和自然。森德兰俱乐部并不是城市里唯一一个包含学习的足球俱乐部。其他足球俱乐部,比如阿森纳、布莱克本路华俱乐部、博尔顿步行者、纽卡斯尔联队等,已经对首相要求开展教育的请求作出了回应。

为了鼓励该地区不愿学习的学习者,出台了"为成功而玩耍"的政策,并受到俱乐部和政府的双重资助。足球俱乐部支持的学习计划对那些正遭受辍学威胁的年轻人而言,具有无法抗拒的吸引力。那些学习者非常乐意在放学后接受提高信息与传播技术、算术以及读写能力的课程。比如,布莱克本的路华俱乐部,每天晚上为小学生和中学生召开两个小时的会议,为逃学者以及家里没有学习条件的学生宣讲学习的力量。这是一件精明说教的杰作——教师们穿着足球运动服,计算机房装饰着足球大事记。

课程有一个足球主题。孩子们甚至在比赛日与记者们一起工作,从中锻炼新技能和自信。他们随后接受的课程也与这些经历有关。他们最喜欢的足球运动员在训练后也会来到课堂。每年有好几千名儿童能体会这种经历。

由此看来,以多样化的方式接触知识,比单一方式效果要好得多。学生的个体差异是客观存在的,它要求学校教学从多个角度、以多元视角来展开。20世纪60年代美国教育家杰罗姆·S.布鲁纳就明确提出:"没有一个适用于所有儿童的序列。这并不是说我们不能开发出一个适用于一组儿童或有典型代表性的儿童序列。而是说,如果一门课程是有效的,那它就必须具有多种不同的方法来激发儿童的学习兴趣;用多种不同的方式来呈现一系列的学习材料;给不同的儿童提供不同的机会,使他们能够'跳过'已经掌握的部分,或者按既定的步骤进行;采用不同的方式来组织学习活动,等等。简言之,一门课程必须包括能够达到同一目标的多种路径,实现殊途同归的效果。"[①]但在当时,基于学生个体差异的个别化教学没有形成主流,布鲁纳的发现学习也很快受到有意义接受学习的挑战,人们仍相信只存在一种唯一有效的教学方式,对教学方式的多元化问题并未展开讨论和研究。

---

① [美]杰罗姆·S.布鲁纳.教学论.姚梅林等译.北京:中国轻工业出版社,2008.62页

20世纪80年代以来,人们对教学方式的研究逐步超越了唯一有效教学模式的思路,多元化教学方式在多元智能理论的支持下具有了合理性。多元智能理论不仅支持多元教学方式,更是否定了统一化教学的存在基础。

多元智能理论从重构智能观的视角出发,挑战统一化教学的存在基础。在多元智能理论的创始者美国心理学家加德纳(也译为加登纳)看来,以多元智能理论为依据的学校教育,是建立在两个与以往不同的假设基础上的:"第一个假设是并非所有的学生都采用相同的方法学习(现在我们已有了强化这种差异的方法)。第二个假设说起来令人伤感,那就是当代没有人能够学会需要学会的一切东西。我们也许都希望像文艺复兴时代的男人和女人一样通晓一切,或者至少确信具有通晓一切的潜能。不过,显而易见这样的想法是不现实的,因此选择是不可避免的。"①加德纳认为,学校教育的宗旨应该是开发学生的多元智能并帮助学生发现适合其智能特点的职业和业余爱好。这与夸美纽斯开始的统一规划的学校有本质的不同。

多元智能理论反对那种认为所有儿童都以同一种方式学习同一种内容的观点,一种认真对待个体差异性的个别化教育成为可能。

加德纳认为,统一化学校教学的前提是所有人都是一样的,其根本危机在于让所有智能优势各异的学生以同样的方式学习同样的内容,以同样的方式进行评估。这种表现的公平实际上是一种更大的不公平。"统一化学校教育的本质是相信我们应该以同样的方式对待每一个人:以同样的方式学习同样的科目,并用同样的方式进行评估。乍一看,这似乎很公平——没有人享受特别的优待。然而,稍一思考,我们就会发现统一化学校在实质上的不平等。统一化学校的前提假设是所有人都是一样的,因此要以同样的方式平等和公正地对待每一个人。但是,我们每个人很明显都不一样,我们有着不同的个性和气质。最重要的是,我们具有不同的智力结构。每个人的多种智力都以独特的方式组合在一起,所以不会有两个人拥有完全相同的智力类型。"②在加德纳看来,统一化教学中关注的一些普遍性知识的学习,并不意味着每个人必须以同样的方式进行学习,以同样的方式进行评

---

① [美]H.加德纳.多元智能.沈致隆译.北京:新华出版社,1999.10~11页
② [美]H.加德纳.智力的重构——21世纪的多元智力.霍力岩等译.北京:中国轻工业出版社,2004.188~189页

估。多元智能理论在这一点上为个别化教育作出了它最重大的贡献,"这个理论鼓励教师和学生在选择课程,决定课程内容如何进行或'传递',决定如何证明学生获得的知识上运用想象力。有些时候,所有学生学习不同的课程或进行不同的评估;另外一些时候,部分学生用同一种方式学习和评估,而另外的学生——或者即使一个学生——则用适合他的方式来进行学习和评估。"①在统一化教学中,当学生不能用学校提供的"统一化的"教学方式进行学习时,教师常常选择放弃,并认为学生不可教。而多元智能教学强调针对不同的学生智力差异区别对待,调动学生被忽略的智力,以便学生能进行有效的学习。在多元智能教学中,教师们再也不会说:"我教得很好,但她不会学。"

加德纳也看到了新技术的力量在个别化教育和多元智能教学上的优势。1999年在《智力的重构——21世纪的多元智力》一书中,他庆幸:"在我的有生之年,有一件事情将使个别化教育成为现实:那就是利用迅速灵活的新技术。使用技术使重要学习材料的展示呈现多样化已经是可能的——从物理课到音乐作曲等等。这样的技术也可以是'聪明的':它能根据学生先前的学习经验进行调整,确保每个学生都接受到最适合他们个人的课程。"②新技术在学校教学中的广泛应用,的确为学校教学变革提供了新的可能和新的方式,学校教学在新技术的支持下将变得更加个别化,更有成效。

多元智能理论的核心在于多维度地看待每一个个体,每一个个体都有着独特的智力特点,学生不可能在单一的言语——语言智力和逻辑——数理智力方面得到有效的发展,某一种教学方法只能适用于某些学生,这就要求教师针对学生的智力差异采用多样化的活动内容及方式,鼓励学生运用独特的学习方式。即使是同样的教学内容,也应该针对每个学生的智力特点,允许并鼓励学生运用适合自己的独特的学习方式。

随着多元智能教学实践和多元智能学校的增多,人们对多元智能理论和实践思考越多,误解也越来越多。加德纳敏锐地感觉到,这个理论可能会被人们不求甚解地加以应用。但他并不愿意为所谓的多元智能学校颁布规

---

① [美]H.加德纳.智力的重构——21世纪的多元智力.霍力岩等译.北京:中国轻工业出版社,2004.191页

② [美]H.加德纳.智力的重构——21世纪的多元智力.霍力岩等译.北京:中国轻工业出版社,2004.192页

则。加德纳提醒人们,试图利用所有的智力标签来教授所有的学科概念,对每个科目都应用一些散乱的方法,纯粹是在浪费时间。还有一些人利用多元智能为学生贴标签,那些被贴上标签的人们可能被认为只能以某种方式学习或工作,而这样一个标签性的特征性陈述几乎从来都不能反映一个人的真实情况。

加德纳所倡导的是基于学生差异的教与学,认为只有唯一一种多元智能教学方法,这本身就违背了多元智能理论的初衷,与多元智能理论的构想是不一致的。加德纳声称:"我把多元智能理论看做是对三大核心命题的一个响亮支持,这三大命题是:我们每个人都是不一样的;我们拥有不同类型的智力;如果这些差异能够被考虑而不是被否认或忽视的话,那么大多数的教育工作是有效的。认真对待人类内部的差异是多元智能理论的核心。在理论层面上,这意味着不能在单一智力的纬度下对所有的个体进行功利性的排列。在实践层面上,这意味着任何统一的教学方法都仅仅是为一小部分儿童提供最佳服务。"①

加德纳认为,对一所学校好差的评价主要看它是否考虑了学生个体的差异。在加德纳看来,"不管一所学校的教师是否听说过多元智能理论,如果他们认真对待学生的差异,并且和学生及家长一起分享对这些差异的认识;鼓励学生对自己的学习负责;用多种方式向学生展示那些值得学习的材料,从而使每一个学生都能以最大的潜力掌握这些学习材料,并能展现出自己学习和理解的内容,那么我很愿意把自己的孩子送到这样的学校去学习。"②如果不考虑学生的多样化差异,仍然按照"一刀切"和"统一化"的方式对待学生的话,就不属于多元智能理论的范畴。

对于建立在多元智能理论基础之上的个别化教育构想,加德纳本人很有信心:"如果一个更具有个人化倾向的教育能够源于我们的这些讨论和实验,那么多元智能理论的核心也就体现出来了。同样,如果能把个别化教育与所有儿童都能理解的教育融为一体,那么迈向一个强有力的教育体系的里程碑就真的出现了。一个认真对待多元智力问题的社会正在萌芽,这不

---

① [美]H.加德纳.智力的重构——21世纪的多元智力.霍力岩等译.北京:中国轻工业出版社,2004.115页

② [美]H.加德纳.智力的重构——21世纪的多元智力.霍力岩等译.北京:中国轻工业出版社,2004.115页

仅是我个人的骄傲,也是这一理论得以继续有效发展的保证。"①多元智能教学强调学生理解的多元途径以及表现理解的多元方式,教师要为学生提供一系列突破单一化视角,追求多元化选择的学习机会和表现机会。这在很大程度上改变了统一化教学的方式,学生可以用不同的方式学习同样的内容(或不同的内容),可以用不同的方式来评估学生的理解。加德纳对个别化教学的这种构想,不仅在生存基础上瓦解统一化教学,而且为走出统一化教学提供了比较可行的操作策略。

三、"个别化教学"传统的维护

英国的基础教育,尤其是小学教育素有个别化教学和教师自治传统,教师中心、知识中心和面向全体学生的集体教学在很长一段时间是批评和抨击的对象。教师可以根据学生的兴趣和需要制定自己的教学方案,自选教学材料,自行设计教学活动,自己确定评价标准和学生应该达到的目标。"教学的组织形式多以小组教学、个别教学和学生个人的实践活动为主,面向全体学生的整班教学只占到大约 30%,注重个体差异和学生个性的发展是教学的主旋律。"②20 世纪 80 年代以来,随着英国国家课程的强化,中小学教师自治传统受到很大冲击。自国家课程标准和学科教学目标确定以来,教师们要用很多时间研究国家课程对自己所教学科的要求和应该达到的标准。在实践中,"由于过分地强调学术性课程,反而导致了学科知识本位的死记硬背式的学习。与此同时,教师自治的课堂也变成了既定目标导向的课堂"③。这种变化也直接引起了课堂教学模式的转向。

为了完成既定的课程知识,教师采用"直接教学"的时间增多,学生独立学习和实践活动的时间减少。这与英国的个别化教学传统有一定冲突。从英国中小学校的"小组教学"与"直接教学"的冲突中,可以感受到人们对个别化教学价值的认可和渴望。

---

① [美]H.加德纳.智力的重构——21 世纪的多元智力.霍力岩等译.北京:中国轻工业出版社,2004.116 页

② 陈晓端.当代英国中小学课程与教学变革探析.北京:教育研究.2003(4):80~84 页

③ 陈晓端.当代英国中小学课程与教学变革探析.北京:教育研究.2003(4):80~84 页

"直接教学"常常指教师直接讲授,如果要学生学习什么,就直接地教。"直接教学"与"接受学习"联姻,成为课堂教学中最古老的、持久主导课堂的教学模式之一。对"直接教学"和"接受学习"的颠覆性批判最早来自美国教育家约翰·杜威和布鲁纳。"接受学习"在遭遇颠覆性批判之后,美国教育心理学家奥苏伯尔随即对"接受学习"进行了系统的辩护和论证。到 20 世纪 70 年代,"直接教学"和"接受学习"的效能又得到了大量实证研究的支持。这些研究的价值在于,尽管围绕直接教学得出的研究观点可以追溯到几百年前,但现在有一个实证的研究基础。研究结果一致表明:"当教师修改他们的教法,以进行更系统的教学时,学生的成绩得到改进,而他们对学校或对自己的态度不变。"①可见,轻易地否定"直接教学"的价值是不恰当的,但没有学习者个体经验的支持,没有深切的体验和感受,只是接受知识结论,以记忆和提取为主要目的的学习也不是真正有效的学习,无法应对终身学习的需要。

即使在个别化教学过程中,直接教学也是可以用的,但它的用途和目的不同。只有当学生有了主动学习的愿望,教师的直接教学才有效。因为,"当儿童不主动提问时,即使提供相关信息也是毫无助益的"②。直接教学可以用于丰富教学内容,提供动机和提高学生对课程的全面了解。

英国学校的课堂教学传统是以面向个体的个别化教学为主的。到 20 世纪 80 年代,小组教学成为个别化教学的主要组织形式。在小组教学中,不同的小组往往从事不同的活动,教师的教学要满足每一个组的不同发展要求和学习需要。英国学校的班内分组教学被广泛接纳和采用,"合作学习组"是最常见的一种。在小组教学中,英国教师根据教学目的的不同,可以从多种维度把学生分组,如可根据性格、年龄、性别、兴趣、学习风格、民族、特殊学习需要、能力、学习科目、人数多少等分成同质组或异质组。还要注意分组的动态调整问题,尤其是按能力分组,一定要不断地根据需要和变化重新组合,因为学生的发展速度不一样,各方面的能力水平也不一样。还要注意用中性的名称称呼不同能力的组。这里,分组的多样化是与学习任务的多

---

① 简明国际教育百科全书·教学(下).中央教育科学研究所比较教育研究室编译.北京:教育科学出版社,1990.292 页
② [美]杰罗姆·S.布鲁纳.教学论.姚梅林等译.北京:中国轻工业出版社,2008.81 页

样化相一致。不同类型的小组,学习任务不同,教学方式不同,这在一定程度上照顾了学生的个别差异。

小组的学习任务可以有多种形式。例如,所有组可以学习同样的学科和同样的重点;所有组学习同样的学科和同样的重点,但水平不同;所有组学习同样的学科内容,但学习任务不同;根据兴趣、能力水平,每个组都有自己的重点,或者在合作性学习中每个学生都要作出不同的贡献;教师可以有针对性地在某段时间系统地教授或指导某个小组;所有的组学习不同的学科;同伴辅导组活动(同班同龄或不同班混龄);所有组都可以自由选择任务活动……

最小的分组单位是双人学习组。主要有三类双人学习小组:在课堂上相互学习;课后,高年级学生帮助低年级学生;配对同伴辅导。同一班级的同伴学习在小学和初中最为普遍。在英国,小组学习的训练一般从双人小组开始,当儿童能够进行双人活动时,就可将两个双人小组合在一起活动。较大的组要求儿童具备更强的能力。组内可以有分工,例如,记录员、观察员、鼓励者、目标制定者等,这些角色可以轮流担任。

和面向全班的同步教学相比,多维度的班内分组教学在一定程度上照顾个别差异,能够为每一个学生提供更多的时间和空间发展自己,让学生有效地、高质量地学习,同时还能学会与人合作,为别人着想,具有责任感等品质。所以,小组合作学习最早出现在美、英等国中小学课堂教学中,很快成为20世纪80年代以来各国中小学教学变革的主要措施之一。

20世纪90年代以来,直接教学与个别化教学的冲突在英国的中小学教学变革实践中表现最为明显。面对全班学生的直接教学增多,在英国教育界产生了很多争议,逐步成为英国基础教育改革中重要的全国性议题。

在英国,直接教学的主要教学方法有七种:讲解;演示;讨论;经验分享(故事、诗歌、戏剧、体育活动等);提问与回答;解决问题(可以是师生双方都感兴趣的问题,但需要课堂规则);记诵学习(诗歌朗读、背诵数学表)。其中,教师讲解是直接教学的主要教学法。在直接教学中,教师讲授、解释、演示新内容,向学生提问,让全班学生进行同样的操练和练习,使用同样的材料,解决同样的问题。教学是直接指向全班的,教师也可能对个别学生进行提问或辅导。

以教师讲授为主的直接教学(即班级授课)在英国一直受到激烈的批

评。其实,真正能引起学生主动学习的有效讲授也是必要的。直接教学固有的缺陷带来的问题很容易使它的优势黯然失色。最主要的问题在于整齐划一的教学不能照顾个别差异,不能满足每一个学生的学习兴趣和需要,每一个学生的独特性在群体中被湮没。所有学生都被看成无差异的个体,施以同样的教学内容,同样的进度水平,同样的教学方法。

20世纪80年代以来的英国国家课程的推行,在一定程度上导致了英国基础教育从儿童中心到学科中心的转变。这种转变在小学表现尤为突出。国家课程的实施对英国中小学的课堂教学的影响,最主要的就是小组教学减少了,直接教学增多了。在如何保持以学生为中心的教学传统和强化直接教学的两难问题上,不同的教师,其反应是不同的。比如,有不少教师认为:"过去教师可以用很多时间去安排一个主题活动,学生们围绕着这个主题,可以进行各种不同类型和方式的活动。现在教师必须按照各门学科知识的体系一步一步地进行教学,很难找到更多的时间去进行专门的主题教学,而且课程教学中知识传授的任务比较大,教师必须按时完成教学任务。"①有的则认为:"尽管人们预测国家课程带来的压力导致了像军纪一样的课堂管理方法,但是追求以学生为中心的教学方法还是仍然有可能的。"②另外的声音则是,国家课程虽然没有规定教学方式方法,但其分量和要求所引起的时间问题限制了"以学生为中心的"教学方法的使用。"虽然国家课程并没有强迫采用讲授式的教学方法来授课,但是国家课程的设定意味着教师要为测验和考试而教,这就在很大程度上失去了教学灵活性。"③但是,英国"以学生为中心"的教学传统和人们对直接教学缺陷的清醒认识,"一边倒"的极端行为似乎不太可能出现,比较可行的解决问题的方法只能是在钟摆两极之间寻求动态的切合实际的平衡点。这种冲突本身表明,直接教学与个别化教学之间存在着某些不可调和的矛盾需要应对和作出取舍。

从20世纪90年代末中国学者对英国学校的考察来看,课堂上的直接教学并不多。例如,在一项跨文化研究中,中方研究人员在对英国学校的课堂

---

① 陈晓端.当代英国中小学课程与教学变革探析.北京:教育研究.2003(4):80～84页

② 强海燕.中、美、加、英四国基础教育研究.北京:人民教育出版社,2005.476页

③ 强海燕.中、美、加、英四国基础教育研究.北京:人民教育出版社,2005.478页

观察中发现了四个方面的明显反差①:第一,课堂管理是灵活的,不要求整齐划一;第二,课堂环境是开放的,儿童的直接经验受到重视;第三,课堂是儿童学习与实践的场所,教师讲得很少;第四,课堂活动也是培养和发展个性的过程,儿童的人格受到尊重。英国的课堂教学所追求的仍是一种个别化教学。小组教学作为个别化教学的基本形式,虽然教学是在学生群体中进行的,但没有统一、同步的要求,学生有按自己的速度、自己的方式进行学习的自由,也有在一定范围内选择学习任务的自由。

由此看来,与中国的中小学课堂相比,在英国的中小学课堂教学中师生的相互交流和学生的活动时间要多得多,个别化教学的主要特征突出。人们在班级教学的现实挤压下仍执著于个别化教学,也表达了每个人都渴望得到尊重、得到发展的价值追求。尤其是在一个尊重个性和尊重个体的信息时代,每一个个体的成功都是重要的,不可替代的。

---

① 强海燕,托尼·布什.跨文化视角下中英基础教育.北京:教育研究.2001(10):69～73页

第二章

新知识观对有效教学的推动

20世纪80年代开始,人们更多地从知识观的视角来反思学校教学存在的问题以及教学方式的合理性。知识观的变革并不是一件容易的事,只有当科学的发展变化引起人类整体思维方式的转变,进而带来科学、哲学、心理学、教育学等相关领域的发展变化,才有可能引起有关知识观的前提性反思。

长期以来,"客观主义知识观"主宰了整个知识领域,学校教学主要是对客观知识的教与学,并建立了基于行为主义强化学说的学习理论,这种适应于客观知识教学的强化学习理论忽视了作为学习者个体内在的学习动机、个人经验和个人化见解的价值。人们越来越认识到,囿于客观主义知识的范畴,已经无法追求高质量的教学。必须从知识观变革的根本上去思考学校教学存在的普遍问题:为什么走出校门的孩子不会读、不会写、不会在工作中成功地应用所学的知识?为什么在学校情境中学到的知识总是处于惰性状态?

信息网络技术为知识的存储、搜集和提取提供了前所未有的便利和可能。人们似乎无需记忆知识,只要需要,可以随时随地地获得相关知识的帮助。另一方面,知识总量的激增和更新速度的加快,要求人们终身学习,构建一个理想的学习化社会。在这样一种近乎矛盾的时代要求中,学校教学应该学习什么样的知识?真正的知识有什么样的特征?如何才能更有效地获得终身受益的知识?知识观的这些根本问题重新进入人们的思考范畴。

面对学习化社会的挑战和数字化生存文化的挑战,教学方式需要发生根本的整体转换,这种整体转换有赖于知识观的变革。

第一节 知识观重构

人类对自己命运的把握和对世界本质的探求始于"智慧安全感"的寻求。最初,人类通过祈祷、献祭、巫术或更高形式的虔诚等等寻求一种安全感。后来则开始思考世界万物的"本质",这种本质是内在的,与人类自身相分离并可以为人类所认识;而人们所看到的纷繁复杂、变化莫测只是宇宙万物的虚假表面,只要能够认识事物的先在本质,就可以预测一切,把握未来。

源于古希腊自然哲学家所追求的"一切是一"的认识方式,把变幻莫测的自然和世界归结为万变不离其宗的"先在本质"。知识就是认识者对事物的先在本质的把握,知识是客观的,普遍的,放之四海而皆准的。与认识者个体无关,也不受认识者个人的影响。这就是杜威所嘲讽的"旁观者知识观"(也可以直接称为"客观主义知识观")。

对旁观者知识观的反思最早由美国实用主义哲学家和教育家杜威发起。知识观批判往往是建立在科学发展的基础之上。能够撼动知识观根基的力量主要来自科学的进展。杜威对知识观的反思很大程度上得益于达尔文的进化论。20 世纪 80 年代以来出现的复杂科学则进一步深化了这种知识观危机。

知识观重构始于对"先在本质"的拒绝。知识不再是纯粹客观的、普适的简单规则,而是与观察者个人、与认识者个人的参与相关。个人的热情、个人的探究、个人的见解都构成知识必不可少的组成部分。知识本身就蕴含了个人系数,知识获得过程就是认识者个人参与知识建构的过程。我们称之为"参与者知识观"。

一、从简单规则到复杂知识

20 世纪 80 年代以来,复杂科学的出现,从根本上动摇了以线性思维为核心的客观主义知识观。近 20 年来,自然科学的发展取向发生了很大的变化,以 80 年代流行的"混沌理论"(Chaos Theory)为基础,90 年代成群的科学家和研究者朝着共同的知识论取向汇集,而其关键的字眼是"复杂性"

(complexity)。"复杂理论思想学派的重要贡献,是它强调若要理解生命系统(包括社会与自然)的行为,非线性动态会是收获最丰富的取向。"①非线性、不可逆性、非预期性、不确定性、动态生成等特征成为科学研究关注的重点。复杂科学不仅从根本上解构了确定性宇宙观和知识观,而且寻求到一条穿行于无序和有序之间的窄道。

牛顿的成功使自然变成有规律的和能完全预测的,而不再是混沌的、不守秩序的和随机的。自然所固有的不确定性、多重性、暂时性和复杂性,一直为人们忽视、否定。到18世纪末,物理学的成就使人们设想了一个完全通过计算来理解的决定论宇宙。"拉普拉斯想象的理想的小妖能够推导出这个宇宙的所有现在和未来的状态。从这时起,理性主义拥有一个包含现实、理性和数学的同一性和排除了任何无序性、任何主观性的世界观。"②对这种机械论的和主客二分的思维方式作大规模的反省始于20世纪。

牛顿定律代表了人类确定性寻求的这一线性思维方式。牛顿定律不仅具有永恒的确定性,更重要的是,它是时间可逆的。"一旦知道了初始条件,我们既可以推算出所有的后继状态,也可以推演出先前的状态。此外,过去和未来扮演着相同的角色,因为牛顿定律在时间 $t \to -t$ 反演下具有不变性。这导致了拉普拉斯妖的出现:拉普拉斯(Pierre-Simon de Laplace)想象这个小妖有能力去观察宇宙的现今状态并预言其演化。"③牛顿定律长期被公认为客观知识或旁观者知识的典范。

牛顿确定的自然法则,描绘了一个无时间的确定性宇宙,我们在这个世界里可以十拿九稳地作出预言。一切都在可掌控之中。只要把一些固定的简单规则掌握了,就可以应对过去、现在与未来。

比利时物理学家普利高津(也有译为"普里戈金"),是耗散结构理论的创立者。从复杂科学的视角出发,他认为,有序和组织可以通过一个"自组织"的过程从无序和混沌中"自发地"产生开来,现实世界的绝大部分不是有

---

① [美]曼纽尔·卡斯特尔.网络社会的崛起.夏铸九等译.北京:社会科学文献出版社,2001.88页
② [法]埃德加·莫兰.复杂思想:自觉的科学.陈一壮译.北京:北京大学出版社,2001.121页
③ 普利高津.确定性的终结:时间、混沌与新自然法则.湛敏译.上海:上海科技教育出版社,1998.9页

序的、稳定的和平衡的,而是充满变化、无序和过程的沸腾世界。在这种复杂世界中,不可能一劳永逸地寻求一个永恒不变的"定律"和"简单规则"。

在普利高津看来,科学确实开创了人与自然之间的一次成功的对话,但这次对话的首要成果却发现了一个沉默的世界。"它为人们揭露了一个僵死的、被动的自然,其行为就像是一个自动机,一旦给它编好程序,它就按照程序中描述的规则不停地运行下去。"①从这种意义上讲,人与自然的科学对话实际上是把人从自然界中孤立出来,而不是使人和自然更加密切。经典科学不承认演化和自然界的多样性,其目标是达到一种对物理世界的"透明"理解,人们对每种情形都可以辨别出明确的原因和结果。

复杂科学的出现从根本上带来了机械论理想的幻灭。复杂科学在物理学上解构了确定性宇宙观和确定性知识的寻求方式。人们再也不能从已知的简单规则(知识)完全预知过去、现在和未来,一切都不再是可完全预期的、可简单重复的,而成为独特的、复杂的存在。知识也不再是对纯粹客体本质的认识,而是渗入了理论框架和研究者个体的建构与参与。既有知识的掌握与智慧安全感之间的线性关系破灭了,知识的预测性下降使人们对既有知识丧失了信心,既有知识也失去了往日的辉煌。以记忆和接受为目的的知识教学方式受到挑战。

在复杂科学范畴内,无序、不可逆、非连续性、混沌、复杂等概念开始进入人们的视野。在普利高津看来,我们已经走到了伽利略和牛顿所开辟的道路的尽头,他们给我们描绘了一个时间可逆的确定性宇宙的图景,我们现在却看到确定性的腐朽和物理学定律新表述的诞生。物理学的发展正在挑战这一无时间的确定性宇宙观。在20世纪末,我们正是目睹新科学的诞生。"现今正在出现的,是位于确定性世界与纯机遇的变幻无常世界这两个异化图景之间某处的一个'中间'描述。"②

普利高津认为,经典物理学强调有序和稳定性。复杂意味着时间对称性被打破,不确定意味着我们不能回到轨道描述。未来不再由过去所确定,过去与未来之间的对称性被打破了。科学不再等同于确定性,概率不再等

---

① 普利高津.从混沌到有序.曾庆宏等译.上海:上海译文出版社,1987.38页
② 普利高津.确定性的终结:时间、混沌与新自然法则.湛敏译.上海:上海科技教育出版社,1998.151页

同于无知。"我们正在目睹一种科学的诞生,这种科学不再局限于理想化和简单化情形,而是反映现实世界的复杂性,它把我们和我们的创造性都视为在自然的所有层次上呈现出来的一个基本趋势。"①

"复杂科学"为人与自然之间展开一场新的对话提供了可能。这种新的对话结果使人们意识到,自然界的秩序不再是由从上和从外统治着宇宙的普遍规律构成的,而是一种有序、无序和组织共同发展,彼此之间既冲突又合作,相互不可分离。"人们明白了往昔所见的宇宙的永恒秩序事实上只是我们太阳系的暂时的组织性的有序。人们明白了这个组织性的有序是动荡、湍流、漩涡的产物。……这就是为什么我们的宇宙不能再被看做是服从一个最高的有序原则的支配的。与其寻找单一的伟大的有序或无序的原则,我们不如考虑不可缩减的'有序—无序—相互作用—组织'的四联式。我们不能取消这四项中的任何一项。为了认识现象世界,我们总是需要认识'有序—无序—相互作用—组织'之间的组合游戏。"②自然界的这种有序、无序、相互作用、自组织状态意味着世界并非机械决定论所想象得那样是由不变的"定律"、"规则"在起作用。

事实上,复杂科学正在改变人们的自然观,使一个有序、简单、透明的世界向着多重性、暂时性和复杂性变化。一种新的确定性寻求的方式出现了:"我们努力要走的是一条窄道,它介于皆导致异化的两个概念之间:一个是确定性定律所支配的世界,它没有给新奇性留有位置;另一个则是由掷骰子的上帝所支配的世界,在这个世界里,一切都是荒诞的、非因果的、无法理喻的。"③这里,复杂科学孕育了一种新的思维方式,"情境化"的"复杂知识"将取代"去情境"的"简单规则"。

二、从旁观者知识到参与者知识

表面看来,复杂思维方式似乎只是改写了自然界的发展状态,实际上它

---

① 普利高津.确定性的终结:时间、混沌与新自然法则.湛敏译.上海:上海科技教育出版社,1998.6 页

② [法]埃德加·莫兰.复杂思想:自觉的科学.陈一壮译.北京:北京大学出版社,2001.171~172 页

③ 普利高津.确定性的终结:时间、混沌与新自然法则.湛敏译.上海:上海科技教育出版社,1998.150 页

带来的是作为认识者的"人"的解放。自然界原本充满了不确定性,是一个有序、无序、自组织的发展状态,人们所认识的自然也不再是外在于认识者的纯粹客观的实在,而是观察者介入其中的自然。那么,在人与自然的这场新的对话中,作为认识者的人在认识自然时总是以自己的方式不断地向自然提问;作为认识者的人以何种方式"提问"取决于他选择何种观察的"视角"。认识者在不同的"视角"中将看到不同的知识图景。

杜威最早批判了旧的旁观者式的知识寻求方式,他意识到人类需要改变确定性的寻求方式。他称这种改变为"哥白尼式的革命"。杜威认为,在这种确定性寻求方式中,"心灵不再是从外边静观世界和在自足观照的快乐中得到至上满足的旁观者。心灵是自然以内,成为自然本身前进过程中的一个部分了。心灵之所以是心灵,是因为变化已经是在指导的方式之下发生的而且还产生了一种从疑难混乱转为清晰、解决和安定这样指向一个明确方向的运动。从外边旁观式的认知到前进不息的世界活剧中的积极参加者是一个历史的转变,这个历史转变我们业已追溯过它的沿革。"①这种改变的意义主要在于,人再也不必把确定的理念知识当做唯一能够把握实在的东西。我们所经验到的这个充满变化的世界本身就是一个实在的、真实可靠的世界。

提倡后哲学文化的实用主义哲学家罗蒂在为《哲学和自然之镜》中译本写的序言中明确指出:"我们应当摈弃西方特有的那种将万物万事归结为第一原理或在人类活动中寻求一种自然等级秩序的诱惑。"在他看来,"那种认为人无论如何能将发生于道德和政治思考中的以及在这类思考与艺术实践的相互作用中的一切问题置于'第一原理'(哲学家的职责正在于陈述或阐明这些原理)之下的整个想法,开始变得荒诞不经了。"②随着对"基础"、"本质"、"终极真理"等观念的拒斥,人们开始放弃"先在本质"的找寻与静观而转向对话与行动。

无时间的确定性宇宙观维护着科学知识的"客观性",科学知识被理解为客观实在的定律和规则。牛顿理论试图把观察者排除在世界之外,寻求

---

① 杜威.确定性的寻求——关于知行关系的研究.傅统先译.上海:上海人民出版社,1966,220 页

② 罗蒂.哲学与自然之镜.李幼蒸译.上海:三联书店.1987.14 页

普适的、包罗万象的客观真理。但是,事实是,观察结果并不是独一无二地被给予的和一成不变的,而是随着观察者的期望和知识而变化。如一个物理学家在实验中的观察或看到的东西,比之门外汉所看到的,其内容要丰富得多。"简单的事实是,没有一种相关的理论框架,就不可能有测量、实验与观察。"[1]20世纪出现的海森堡的测不准原理的价值正在于使人们从牛顿理论和机械论中解脱出来,换一种参与者眼光看世界。

杜威最早看到了这一科学发展给知识观带来的震动。从一种参与者眼光来看,认识者主体是一个参与者,与其他事物交互发生作用,认识者只有在与变动不居的环境不断互动中才能获得知识。杜威确认了知识获得的暂时确定性,还明确了知识获得是作为参与者的认识主体与环境相互作用的动态过程。

海森堡原理表明,观察对象不是绝对的不变的实在,而是在与观察者"互动"中不断变化,变化随时都在发生。观察者的参与活动制约着对事物的认识。"我们所观察到的粒子并没有固定的地位或速度,因为它在交互作用时随时都在变化着。在这种情况下特别是在和观察的动作发生交互作用时,或者严格点说,和使观察成为可能的条件发生交互作用时,它总是在变化着。"[2]这个发现乍看起来,其意义似乎不大。但是,这个发现却给科学所依据的哲学和逻辑带来了冲击。"相对于牛顿体系的形而上学而言,这简直就是一次革命。"[3]杜威认为作为一个旁观者认识世界,还是作为一个参与者认识世界,这是一个本质的区别。"传统的学说主张心灵是从物理的和社会的事物世界以外去观察或把握对象的东西,而我们则主张心灵是一个参与者,与其他事物交互发生作用,而当这种交互作用是在一种明确的方式之中被控制着的时候,心灵便认知了这些事物。这是一个本质的区别。"[4]这种改变使认知成为一种主动地控制和改变事物进程的活动。

---

[1] 普利高津.从混沌到有序.曾庆宏等译.上海:上海译文出版社,1987.350页

[2] 杜威.确定性的寻求——关于知行关系的研究.傅统先译.上海:上海人民出版社,1966,152页

[3] 杜威.确定性的寻求——关于知行关系的研究.傅统先译.上海:上海人民出版社,1966,153页

[4] 杜威.确定性的寻求——关于知行关系的研究.傅统先译.上海:上海人民出版社,1966,150页

真实的现实世界总是复杂的、多变的,充满大量的不确定性。人类就是在这种变化的、不确定的现实生活和自然环境中寻找确定性,而不是离开现实生活和自然环境而作纯粹逻辑的玄想。

20世纪80年代以来出现的复杂科学则进一步转变了人们对整个世界图景的看法及其知识观基础。越来越多的人开始承认,观察者对事物的认识随着观察的视角而发生变化,认识者对事物的认识随着认识者原有的知识框架的影响而变化。复杂科学的发展进一步验证了杜威所描述的人类确定性寻求的方式。人们对自然的看法正经历着一个向着多重性、暂时性和复杂性发展的根本变化,不确定性本身就是一种客观实在,而且,确定性也只能在不确定的实践中、行动中去找寻。在"主动探究"的行动中对确定性的寻求采取的是一种参与者眼光,它参与性地观察环境而且引起环境的变化,导致人与环境之间的"互动"。

现代的人类学家在走出客观主义知识框架后,已经在思考:"我,作为我的文化的价值观念的无意识的携带者,我能够判断一种被称为原始的或古老的文化吗?我们的理性标准的效用如何?"①这种对"我是谁"、"我在哪里"的自我追问,说明了排斥观察者的纯粹客观主义研究范式的解体。此时的"我"已经不是一个可有可无的渺小的旁观者,"我"的理想与追求、"我"的知识背景与知识立场,将决定"我"看到怎样的世界。普利高津则借用了社会学家的概念,把这种介入了观察者价值的知识结论称为"状态内的真理"。在普利高津看来,我们和自然展开的新对话只有发生在自然之内时才会成功。"状态内的真理"把观察者包含在他的观察活动之中,把认识者包含在他的认识活动之中。

状态内的真理强调,我们不能作为一个旁观者来描述与我们无关的客观世界,我们已经被"嵌入"世界中,我们对世界的观察和认识都打上了我们自身的烙印。"只要我保持一种绝对观察者的理想,没有任何观点的知识的理想,我就只能把我的状态看成是一个错误的源泉。可是一旦我确认通过它使我适合所有活动和所有对我有意义的知识,确认它逐渐被可能是对我有关的每一事物所充满,那么在我这个状态的有限范围内,我与社会的接触

---

① [法]埃德加·莫兰.复杂思想:自觉的科学.陈一壮译.北京:北京大学出版社,2001.15页

就向我显示这是所有真理(包括科学)的起点。我们所能做的事不外就是在这个状态内部定义一条真理,因为我们已经有了一些关于真理的思想,也因为我们是在真理内部而不能到它外面去。"①这种确定性寻求方式要求认识者从旁观者思维、对象性思维向参与者思维转变,从一个旁观式的认知者变成一个积极参加者。

由此可知,复杂科学研究要表明的是自然界不能"从外面"来加以描述,不能好像是被一个旁观者来描述。"描述是一种对话,是一种通信,而这种通信所受到的约束表明我们是被嵌入在物理世界中的宏观存在物。"②人作为认识者在"观看"自然时,由于认识者的"理论框架"而使自然呈现出不同的结构和颜色。此时,观察者作为参与者已然介入观察的对象,人正是在与观察对象的"互动"(interaction)过程中获得对世界的认识。这实在是一次革命性变化。

三、从客观知识到个人知识

英籍哲学家波兰尼(Polanyi,M.)从另一个视角展开了对客观知识的批判。1958年,波兰尼在他的《个人知识》一书中,用"迈向后批判哲学"作为其副标题。这里明确地告诉我们,它是对客观主义的科学观和知识观的"迈向后批判哲学"。书中提出的"个人知识"、"隐性知识"等概念具有明显的后现代性质,表明了它与后现代主义思潮的某种亲缘关系。波兰尼的"隐性知识"、"个人知识"可以说是对客观主义知识观的"大翻转"。自波兰尼正式提出"隐性知识"这个概念以后,人们才真正开始研究知识本身所蕴含的隐性知识和个人知识的价值。在西方,还形成了所谓的研究隐性知识理论的"四大传统",即现象学传统、解释学传统、后期维特根斯坦传统和波兰尼传统。

"隐性知识"在信息技术时代备受瞩目。知识学习不再是简单的传授和记忆,没有隐性知识的参与,所获得的知识往往成为一种"惰性知识"。因为"知识是主动的,它由承诺和信仰产生。人们总想实现某些愿望,或者获得某些东西。这些发自内心的感受对知识创造而言十分重要"③。

信息技术的普及在很大程度上解决了知识的存储和记忆问题,也带来

---

① 普利高津.从混沌到有序.曾庆宏等译.上海:上海译文出版社,1987.357页
② 普利高津.从混沌到有序.曾庆宏等译.上海:上海译文出版社,1987.357页
③ [美]鲁迪·拉各斯等.知识优势:新经济时代市场制胜之道.吕巍等译.机械工业出版社,2002.98页

了知识学习的危机。显性知识与隐性知识的分类将有利于人们深刻理解知识的问题。只有可言传的显性知识能够成为可编码的信息,既容易获得,又更新快速。只有当信息被内在化和形象化之后,才可以称之为知识。隐性知识是一种"只可意会不能言传的"知识,是高度个人化的知识。"人类知识是通过隐性知识和显性知识之间的互相作用进行创造和传播。"①知识创造与更新更多地依赖隐性知识而不是显性知识。

波兰尼看到了知识中蕴含的个人系数,并力图构建一种与客观主义知识观相反的"个人知识"观。波兰尼坚持任何知识都与两个特性相关:一是个人的隐性知识(也译为"默会知识"、"内隐知识",波兰尼本人采用 tacit knowledge,英语国家也有人以 implicit knowledge 表达"隐性知识"这一概念),二是个人的求知热情。

(一) 知识的"隐性之维"

波兰尼的理论能够引起人们广泛的关注,在很大程度上与该理论提出的"隐性知识"概念相关。波兰尼本人将他的知识理想称为"个人知识",这种"个人知识"的一个重要维度是"隐性知识"。波兰尼为此发表《隐性之维》(The Tacit of Dimension)一书,专门讨论知识以及求知过程中的"隐性"特征。②

波兰尼认为,传统的客观主义知识观完全歪曲了知识的性质,"它提升了我们能够知道和能够证明的东西,却用有歧义的言语掩盖了我们知道但不能证明的东西,尽管后一种知识被隐含在我们能够证明的所有东西里并最终必然对它们加以认可。在试图把我们的心灵限制在可以证明因而也可以外显地怀疑的那少数事物上的时候,它忽视了决定着我们心灵的整个存在的不可批判的选择,并使我们丧失了承认这些充满活力的选择的能力。"③隐性知识所蕴含的基本观念是,人在求知过程中虽然可以获得可言传的、可重复的"显性知识",但尚有大量支撑显性知识的不可言传的、不可重复的隐性知识存在,而且,隐性认识比显性认识更基本:人们能够知道的比能讲述的更多。在波兰尼那里,不可言传的隐性知识大多存在于"技能"的形成过

---

① [美]鲁迪·拉各斯等.知识优势:新经济时代市场制胜之道.吕巍等译.机械工业出版社,2002.70 页

② Polanyi, M. Tacit of Dimension. The Garden City:NY Doubleday. 1966

③ [英]迈克尔·波兰尼.个人知识——迈向后批判哲学.许泽民译.贵州:贵州人民出版社,2000.439 页

程中。知识及其规则的不可言传性的基本运作方式是焦点知觉与附着知觉的分配与转换。

在《个人知识》一书中,"技能"概念被赋予新的意蕴和功能。"技能"的新意在于:第一,技能在这里不再简单地被视为与知识相对立的"动作技能",相反,所有"知识"以及"求知"都被理解为一种技能的活动。在波兰尼看来,求知也是一项要求技能的活动。可以说,技能是知识的某种本源性状态,知识只有被转化为技能之后,知识才能实现其知识的意义和功能。第二,知识和求知一旦被理解为技能,或者说,技能一旦被视为知识的本源性状态,那么,知识和求知是否可以言传就取决于技能是否可以言传。波兰尼的观点是:"在进行这一探讨时,我将把下述广为人知的事实作为线索:实施技能的目的是通过遵循一套规则达到的,但实施技能的人却并不知道自己这样做了。"①可见,获得知识(求知)与形成技能一样,就成为一个充满大量的不可言传的场域。

在个人知识以及隐性知识的视野中,至少部分知识是不可言传、不可教授的。而且,由于可以言传、可以教授的那部分知识和技能必须以大量的不可言传、不可教授的知识和技能为支撑,所以,对于知识学习者和技能获得者来说,他们需要获得足够的"亲自经历"、"亲自体验"、"亲自探索"、"亲自研究"的时间和空间。这样看来,个人知识以及隐性知识将引发学习方式与教育方式的一个基本转变——就是从重视教育者的传道、授业、解惑,转向充分关注学习者的亲自经历、亲自体验、亲自发现、亲自研究。

这并不是说可以言传的知识以及教育者将这些可以言传的知识、规则提供给受教育者完全没有意义。波兰尼提醒人们说:"高尔夫球或诗的真实准则可以增加我们对高尔夫球和诗的见识,甚至可以给高尔夫球运动员和诗人以珍贵的指导。但是,如果这些准则企图取代高尔夫球运动员的技能和诗人的本领,那它们就是自认荒谬了。对于任何一个未能很好地掌握那门本领之实践知识的人来说,准则是不可理解的,更是难以运用的。它们的引人之处在于我们对那门本领的评赏,但它们本身却既不能代替也不能建

---

① [英]迈克尔·波兰尼.个人知识——迈向后批判哲学.许泽民译.贵州:贵州人民出版社,2000.73页

立这种评赏。"①由此看来,对大部分知识学习者而言,教育者在为他们提供可以言传的知识和技能规则时,必须以学习者"亲自"获得不可言传的知识和技能规则为基础和前提条件。

但是,教育中一直流行着"显性知识的幻象":教育者总以为学习者在"学习"了某种知识和规则之后就实现了该知识和技能的功能和价值。个人知识和隐性知识概念对这种"显性知识的幻象"提出强烈的反抗和批判。波兰尼则在冲击"显性知识的幻象"的基础上雄心勃勃地建构起"个人知识"理论。他的基本假设是,学习者"遵守了一系列规则,自己却不知不觉"。例如,游泳者使自己漂浮起来的决定因素是他调节自己的呼吸的方式。他呼气时不把肺里空气全呼出来,吸气时比平时吸进更多的空气,这样才能使自己持续保持浮力。然而,这一点一般不为游泳者所知。同样,一个骑车者也总是需要遵守和使用大量的复杂的规则,才能使自己保持平衡和适当的速度,骑车者对这些规则却常常一无所知。一个骑车者并不清楚这些保持平衡的规则,即"当他开始向右倒时,他把车把转向右,使自行车行进的路线沿着一条曲线偏向右边。这样就产生了离心力,把骑车者推向左边并抵消了把他拉向右边的向心力。这一机动作很快就把骑车者抛向左边并失去平衡,他又把车把转向左边来抵制这种趋势。就这样,骑车者使车子沿着一系列适当的曲线前进并保持着自身的平衡。对此稍作分析即可知道,对于某一特定的失衡角来说,每次转弯的弯度与骑车者前进的速度的平方成反比。"②即使人们知道这些规则,是否就能学会保持平衡呢?对此,波兰尼提出的疑问是:"是否这样就能准确地教会我们骑自行车呢?不。你显然无法把你的自行车行进路线的弯度调节到与你的失衡度和你的速度的平方之比成比例。即使你能,你也会从自行车上掉下来,因为在实践中还有很多别的因素要考虑在内,而这些因素在我们阐明上述规则时被略去了。一门本领的规则可以是有用的,但这些规则并不决定一门本领的实践。它们是准则,只有跟一门本领的实践知识结合起来时才能作为这门本领的指导。它们不

---

① [英]迈克尔·波兰尼.个人知识——迈向后批判哲学.许泽民译.贵州:贵州人民出版社,2000.46~47 页

② [英]迈克尔·波兰尼.个人知识——迈向后批判哲学.许泽民译.贵州:贵州人民出版社,2000.74 页

能代替这种知识。"①

几乎与波兰尼在同一时期,罗素对"个人知识"也表达了关注。罗素的《人类的知识》一书开篇第一章就讨论了"个人知识与社会知识"的问题。与波兰尼一样,罗素也注意到科学知识的目的在于"去掉一切个人的因素","科学知识在达到这项目上获得了几分成功,和为了达到最大限度的成功而必须牺牲掉的个人知识因素"②。罗素感叹道,当有人说"我没法用语言表达我过了多年的集中营生活之后重见大海所感到的快乐"时,这才是一种真实的个人经验。"他从亲身经验所得到的知识是那些与他经验不同的人所没有的,这种知识并不是用语言可以完全表达出来的。一个运用语言文字的能手可能在敏感的读者心中创造一种与他自己相差不多的心境;可是如果他用的是科学的方法,那么他的经验之流就会烟消云散,永远消失。"③罗素由此认为,个人知识的不可言传的困难来自语言。由于语言的客观性和公共表达功能,把体现个人感受和个人时空的个人知识部分都予以忽略或消除。语言在其起源及其主要功用方面,基本上是社会性的。

在罗素看来,科学语言总是尽可能消除个人的理解因素,把知识等同于语言符号。科学素以消除"此时"和"此地"为本身的目标,以一系列抽象的"数字"取而代之。这样做的结果是,若满足于这些数字,不去深究它们的意义,那么,这些数字就不会再有任何个人的因素。教育则进一步助长了这些公共语言的传播,教育总是力求把语言变成不带一点儿个人因素的东西,并且获得了某种程度上的成功。

尽管如此,个人总是以个人为中心的"此地"和"此时"为依托,以此认识世界和理解普遍性语言的意义。罗素认为,个人的知觉知识而不是科学知识应该成为我们全部知识的基础。"人类与神学家的上帝不同,人类的时间和空间总有个'此时'和'此地'。凡是属于此时此地的事物都是清晰分明的,事物越是遥远就越变得模糊不清。我们对于一个事件的全部知识都是从一个时空中心向外辐射出去的,这个中心就是此时此地我们所占有的这

---

① [英]迈克尔·波兰尼.个人知识——迈向后批判哲学.许泽民译.贵州:贵州人民出版社,2000.74页

② 罗素.人类的知识.张金言译.北京:商务印书馆.1987.9页

③ 罗素.人类的知识.张金言译.北京:商务印书馆.1987.9~10页

块小小的领域。"①罗素断言,科学在完全不带个人色彩这一点上,并不都是真实的。"连那些我们最想让它们成为科学上不带一点个人色彩的字眼,都需要解释者用个人的经验来给它们作出解释。"②在罗素看来,人们对语言实指意义的忽视,只是由于人们对语言字面上的意义的了解误以为已经理解了语言的实指意义。要真正理解语言实指的意义,必须有解释者个人经验的介入。

这里,罗素与波兰尼等人对个人知识的"不可言传"性质的重新确认,乃是对"客观主义知识迷雾"及其"显性知识的幻象"的一种揭露。知识学习以及技能掌握虽然需要某种指导和教授,即需要某些"言传"形式的指导和教授。但真正有效的教学并不完全限于言传的方式,教师的使命也不限于为学生提供可以言传的指导和讲授。

学生的知识学习以及技能掌握必须以大量的不可言传的亲自经历、亲自体验、亲自发现、亲自研究作为基础,因此,有责任的教师常需要"有所为,有所不为"。

"有所为"意味着教师以"可言传"的方式促进学习者展开"显性学习",获得"显性知识"。"有所不为"的前提假设是,知识与技能领域除了显性知识与技能之外,还大量地存在隐性知识与隐性规则。这种隐性知识与规则是不可言传的、不可教授的,它需要学习者在亲自经历、亲自体验、亲自发现、亲自研究的过程中"心领神会",进入"遵守了一系列规则,自己却不知不觉"的状态。波兰尼将这种既心领神会又不知不觉的心理机制称为"附带知觉"。

(二)附带知觉:隐性知识的不可教性

波兰尼确认了隐性知识的附带知觉。"附带知觉"(subsidiary awareness)与"焦点知觉"(focal awareness)相对而言。附带知觉意指学习者并非有意的知觉,但又不是完全"不知觉"。如果说焦点知觉是"有意识"的知觉,属可言传的显性知识领域,附带知觉则是"无意识"的知觉,属不可言传的隐性知识领域。制度化的学校教育中向来重视的是"焦点知觉"(有意识的学习、可言传的知识、显性知识),对"附带知觉"(无意识学习、不可言传的知识、隐性知识)基本沦落为被压制、被贬抑、被剥夺的处境。波兰尼经由对附带知觉的心理机制的分析和解释,显示出附带知觉在学习(求知)过

---

① 罗素.人类的知识.张金言译.北京:商务印书馆.1987.12 页
② 罗素.人类的知识.张金言译.北京:商务印书馆.1987.109 页

程中的重要意义。有效的知识学习以及技能规则的掌握依赖于大量复杂的附带知觉的保持和转换。

附带性或细节性知识其本身是不可知的,只是以某种在焦点上可知的东西为条件时才是可知的,也是不可言传的。"虽然诊断学家、分类学家和棉花分级专家可以指出自己的线索,系统阐述自己的准则,但他们知道的东西比他们能说出来的多得多。他们只在实践中知道那些东西,把它们当做工具性细节;他们并不像知道物体那样外显地知道那些东西。因此,这些细节的知识是不可言传的;以这些细节的形式对一个判断进行思考就是一个不可表达的思维过程。这种情形同样适用于作为识知本领的行家绝技,适用于作为干活本领的技能。为此,它们只能通过实践上的示范而绝不能只通过技术规条来传授。"①按照波兰尼的说法,共同构成一个整体的细节关系可能是不可表达的,尽管所有这些细节都是外显地可以言传的。

在《个人知识》一书中,波兰尼将"用锤子钉钉子"作为一个经典性的附带知觉的案例。"当我们用锤子钉钉子时,我们既留意钉子,又留意锤子,留意的方法却不一样。我们看着锤击钉子的效果,并力求用锤子最有效地敲打钉子。当我们往下甩锤子时,我们并不觉得锤柄击打着我们的手掌,而是觉得锤头击中了钉子。然而,在某种意义上我们肯定对把握着锤子的手掌和手指的感觉很警觉。这些感觉引导我们有效地把钉子钉上,我们对钉子的留意程度与对这些感觉的留意程度相同,但留意的方式却不一样。其不同可以用这样的话来叙述:感觉本身不是被'看着'的;我们看着别的东西,而对感觉保持着高度的觉知。我对手掌的感觉有着附带觉知,这种觉知融汇于我对钉钉子的焦点觉知之中。"②由此可见,人在知识操作或技能操作的进程中,表面上看是专注于某个对象,这个对象成为关注的焦点。实质上,人在关注焦点,保持某种焦点知觉的状态时,他总是伴随着大量的背景性的、"细节"的、无意识状态的附带知觉。

显然,知识操作或技能操作是否能够成功地完成,取决于操作者的焦点知觉与附带知觉是否保持了某种和谐的状态。"在把注意力集中在一个整

---

① [英]迈克尔·波兰尼.个人知识——迈向后批判哲学.许泽民译.贵州:贵州人民出版社,2000.131页

② [英]迈克尔·波兰尼.个人知识——迈向后批判哲学.许泽民译.贵州:贵州人民出版社,2000.82~83页

体上时,我们也附带地觉知它的部分,但这两种觉知的深度却没有区别。例如,我们越是深入地观察一个外观,我们对它的细节的感觉就越是敏锐。同样,当某件东西被看成是一个整体的附带部分时,这就暗示着它起到了维持整体的作用。"①在这种整体性的操作中,"附带知觉"的一个显著特征是它蕴含了丰富的"细节"。这些丰富的"细节"一直在默默无闻、无声无息地支撑着焦点知觉的完成。

由"细节"构成的附带知觉对学习者或操作者从来不提出过多的要求,只要有焦点知觉的地方,它就自动地接受召唤而且谦逊地退居幕后。这些由"细节"构成的附带知觉在幕后支持焦点知觉的完成,它又不能与焦点知觉抢占风头,因为"附带觉知和焦点觉知是互相排斥的"。如果知识学习者或技能操作者过分关注"细节",那么,整个活动就会导致失败。"一位钢琴家在弹奏音乐时如果把自己的注意力从他正在弹奏的音乐上转移到观察他正用手指弹奏的琴键上,就会发生混乱并可能不得不停止演奏。如果我们把焦点注意力转移到原先只在附带地位中被觉知的细节上,这种情况通常就发生了。"②为了有效地完成整个活动,这些"细节"是"不能"、"不允许"言传的,但它本身又并"不是"不可被人言说出来。

"细节"一旦被不恰当地突出为焦点性的言传内容之后,常常使学生陷入"怯场"、"焦虑"等低迷的情绪状况中。"由于焦点注意力被引向一个动作的附带因素而产生的这种动作变笨拙的情况通常被称为自我意识。自我意识的一个严重而有时是难以矫治的形式是'怯场',其起因似乎在于一个人急于把注意力集中在他要找到或记忆的下一个词——或下一个音符或手势动作上。怯场毁掉了一个人的临场感,而临场感本身是可以顺利地引出一个人的词语或音符或手势动作的适当序列的。如果我们能成功地把自己的心灵引向前进,使它清晰地把握着我们的主要兴趣所在的整个活动,那么,怯场就可以消除,动作就可以恢复流畅了。"③

---

① [英]迈克尔·波兰尼.个人知识——迈向后批判哲学.许泽民译.贵州:贵州人民出版社,2000.86页

② [英]迈克尔·波兰尼.个人知识——迈向后批判哲学.许泽民译.贵州:贵州人民出版社,2000.83页

③ [英]迈克尔·波兰尼.个人知识——迈向后批判哲学.许泽民译.贵州:贵州人民出版社,2000.83~84页

总之,与"技能"规则掌握一样,"隐性"知识的学习具有某种"不可言传"的性质。学习者在知识学习或技能习得的过程中往往"遵守了一系列规则,自己却不知不觉"。这使"知识可教吗"成为一个等待追问的教育难题。

(三)知识蕴含着个人的"求知热情"

个人知识的特征除了"个人默会"之外,还意味着知识与个人的"热情"参与相关。正是求知者个人的"热情"因素使知识不再处于客观主义知识的冰窖中。任何知识总是起源于求知者个人的热情。

没有科学家纯粹的科学兴趣,没有科学家充满热情的参与,没有科学家毕生精力的投入,任何具有重大意义的科学发现(知识)都不可能取得。"我要表明种种科学热情绝不仅仅是心理上的副产品,它们是具有逻辑功能的,它们给科学贡献了一个不可缺少的因素。它们相当于一个科学命题中的一种基本性质,并可以相应地被认为是正确的或错误的,随我们承认或是否认这一性质的存在而定。"①波兰尼认为,这种性质就是热情。

热情赋予物体以感情,使物体变得讨厌或吸引人。"科学家取得一个发现时的激动之情是一种求知热情,它表明某种东西在求知方面是宝贵的,更具体地说对科学是宝贵的。"②但是,当求知者以自己的"求知热情"获得了公认的研究结论之后,这些结论所蕴含的"求知热情"在传递过程中却在逐步减少、淡化。"当我们从种种科学发现的陆续发表起跟踪至它们进入教科书——这些教科书最终保证了它们被一代代的学生、又通过学生被普罗大众接收为公认知识的一部分——时为止,我们就会观察到,被它们唤起的求知热情似乎在逐渐减低,最后变成了只对它们的发现者得到启迪那一时刻的最初激动的微弱回响。像相对论这样的理论则通过其未为人所理解的美的前兆而不断吸引着一代又一代新学生和平常人的兴趣;每当一个新的心灵领会了这一理论,它的美就又被发现了。至今,相对论继续被珍视为求知的胜利,被公认为伟大的真理,其原因仍然是它那遥远而不可触及的美,而

---

① [英]迈克尔·波兰尼.个人知识——迈向后批判哲学.许泽民译.贵州:贵州人民出版社,2000.204 页

② [英]迈克尔·波兰尼.个人知识——迈向后批判哲学.许泽民译.贵州:贵州人民出版社,2000.204 页

不是它那极少的几个有用的公式(这些公式用一分钟就可记住了)。"①于是,学校教育在传递知识的活动中埋藏了一个根本的隐患:能够引起教育者重视的是可传递的知识结论,与这些知识结论密切相关的"求知热情"却基本上不见踪影了。所以,教育者需要做的是能够唤起学习者的"求知热情",使学生在"求知兴趣"和"求知信仰"的支持下"热情地求知"。

波兰尼认为,在整个科学研究的过程中,"热情地求知"总是使科学研究的过程充满了发现新知识与创造新知识的欢乐。在这个意义上说,"热情地求知"意味着个人"欢乐地求知"。他在《个人知识》一书中写道:"从本书一开始时起,我就在各种场境适时地提到科学家在作出发现的那一刻所感觉到的压倒一切的欢乐。那种欢乐只有科学家才能感觉到,也只有科学才能在科学家的心中唤起。"②研究者对一个问题发生深度的执著将引起情绪紧张,而从这种紧张的释放中作出的发现是一大快事。阿基米德从澡房冲到街上大叫"发现了"的故事就是这样的一个见证。"任何东西,其本身并不是一个问题或发现;它之所以成为问题只是因为它迷惑和困扰着某个人,而它之所以成为发现只是因为它把某个人从一个问题的重负中解脱出来。"③

求知"热情"除了蕴含"欢乐地求知"之外,它还意味着某种"信仰"。科学研究者之所以热情地求知,乃因为科学研究者既在研究中获得某种求知的"欢乐",又在研究中对某种知识"心向往之"而"恋恋不舍",即对知识发生某种"信仰"。这种"信仰"有时显示为研究者对所探求的问题及其答案有某种"预感"或"猜测",波兰尼称之为"启发性热情"。

这种"启发性热情"激励着科学家"预感"到某种科学问题或"猜测"到某种科学结论的存在。"求知热情不仅能肯定种种预示着范围不定的未来发现的和谐事物的存在,还能唤起具体发现的前兆(预感),并能使人持之以

---

① [英]迈克尔·波兰尼.个人知识——迈向后批判哲学.许泽民译.贵州:贵州人民出版社,2000.264 页

② [英]迈克尔·波兰尼.个人知识——迈向后批判哲学.许泽民译.贵州:贵州人民出版社,2000.203 页

③ [英]迈克尔·波兰尼.个人知识——迈向后批判哲学.许泽民译.贵州:贵州人民出版社,2000.185 页

恒,年复一年地对它们进行辛勤的追踪求索。"①科学家们穷一生之精力以图"猜测"(预感)准确,在波兰尼看来,他们是得到了启发性热情的支持和引导。

　　正因为求知者"相信"某种知识,知识才被确认为知识。"虽然一个问题的答案是某种我们以前从所未见的东西,但是,在启发性过程中,它起的作用类似于我们非常熟悉的放错了地方的自来水笔或一时被忘记了的名字。我们正在寻找它,似乎它预先就在那儿。大家当然知道布置给学生解决的问题是具有答案的,但是,在面对并且要解决一个从未解决过的问题时,认为这个问题具有隐藏的、我们可以找得到的答案这种信念也是必要的。"②

　　求知兴趣和求知信仰本身就具有知识价值,缺乏求知兴趣和求知信仰的知识获得过程不能获得真正的知识。能够进入教科书的知识总是前人甚至几代人的"热情求知"的结果。前人作为求知者在求知过程中总是投入了个人的热情因素。这种个人参与的热情曾经推动了求知者发现问题并持续地寻找问题的解决方案。进入教科书之后,知识的个人"热情"成分却被遮蔽了。要想使学生有效地获得这些"知识",就取决于教育者能否恢复那些被遮蔽了知识背后的"求知热情"。

　　也就是说,有效的知识学习首先需要教育者能够唤起学习者的"求知热情",而教育者能否唤起学习者的"求知热情",又在很大程度上取决于教育者是否为求知者提供足够的亲自经历、亲自体验、亲自发现、亲自研究的求知时间以及求知空间。对教育者而言,承认"热情求知"的知识价值,也就意味着为求知者提供足够的问题情境并让求知者亲自置身于问题情境之中。

　　知识学习总是学生亲自在"不确定性"的情境中寻求某种"确定性"的结果。正是在这种不确定的、疑惑的、困顿的、多种可能的、多种选择的、多种头绪的情境中亲自"寻找"和亲自"谋划",学生才因此赢得真实的、丰富的、可言传及不可言传的个人"经验",才可能形成属于自己的"个人知识"系统。

---

　　①[英]迈克尔·波兰尼.个人知识——迈向后批判哲学.许泽民译.贵州:贵州人民出版社,2000.217页

　　②[英]迈克尔·波兰尼.个人知识——迈向后批判哲学.许泽民译.贵州:贵州人民出版社,2000.192页

第二节 教学观重构

参与者知识观解构了知识的直接传递方式,认可了知识蕴含的个人系数,解放了"知识"和"认识者"。后现代解释学在否定了客观主义知识观的同时,把阅读文本看做是一种对话,对话成为一个流动的、不可复制的、不断生长和生成的过程。在他们看来,认识者在面对文本并试图解释文本时,并非为了恢复和复制文本的客观意义和作者的原始意图,解释文本的根本目的在于与文本展开活生生的、热情洋溢的对话。这种对话一定是既倾听文本,又不断地向文本提问。而在倾听文本与向文本提问的过程中,又总是以读者自己的"前见"或"偏见"作为阅读基础和阅读条件。

20世纪80年代后期在欧美等国兴起的建构主义理论直接冲击学校教学领域。在建构主义者那里,知识是认识者个体主动建构的。让学生亲自置身于真实的复杂问题情境中,就会实现新的教学理想——"我没有教,他就学会了。"

知识观重构带来了教学观的重构。这种教学观的重构主要显示为:"教学即对话";学习即"知识建构";教学过程就是让学生置身于真实的复杂问题情境。

一、"教学即对话":在"对话"与"互动"中求知

在放弃了"先在本质"的梦幻般的找寻之后,人的认识活动就成为一种人与自然、人与世界、人与文本的对话与互动。而真正的对话,总意味着一种"行动"。至少,行动是对话的一种存在形式。所有的对话艺术总是一种行动艺术,它邀请所有的人都参与进来。在这种自由创造的对话中,个人在文本的原义面前,个人在所谓权威以及唯一的客观知识面前开始获得了某种尊严和言说的权力。如此以来,"我们的自我形象就会是去创作而不是去发现的形象,这是曾经被浪漫主义用来称赞诗人的形象,而非被希腊人用来

称赞数学家的形象"①。

在无权威的对话式教学中,知识将在师生的不断对话中生成。知识是随着对话的继续而被不停地生产出来的东西。要想变得富有知识,就必须在某一确定的时间,在一正在进行的对话关系中占据某一确定的位置。学生在积极参与对话的过程中建构和丰富个体的知识。

在对话式教学中,首先要做的就是削弱权威。在对话式教学中,教师的角色不是权威的象征,可能更是一个教练,是一个协调者、促进者、资源提供者和开发者。教师也不能让学生进入一个早已设定好的限制性对话中,教学对话的内容和方式应该是开放的,要使学生能够参与课程的开发与规划。

在"互动"中求知的倡导者当推杜威。他首先注意到有机体与其环境之间的"互动"在生物进化中的重要意义。在杜威那里,求知就意味着人与充满变化的环境之间"互动"。

"互动"(interaction)是杜威从达尔文生物学那里所获得的一个重要启示。"互动是自然存在的普遍特性。"②在所有的生命活动中,生命要维持其存在就不得不既适应环境又主动地改造环境。生命个体与环境之间相互影响的状态,也就是"互动"。人与环境之间的"互动"也意味着人在环境中不断地"经验"(experience)。罗蒂(Richard Rorty)称之为"当事人思维"。

在罗蒂看来,实用主义的价值就在于坚持了当事人思维。"似乎实用主义的核心——如果不是皮尔士实用主义的核心,也是詹姆士和杜威的实用主义的核心——就是坚持当事人(agent)观点的至上性。"③这种当事人思维意味着:真理性知识并不是一个寄存在某处等待学生去"发现"的过程,而是一个需要学生亲自参与的"创造"的结果。学生在认识真理的同时就是在创造真理。学生在与环境"互动"的进程中领悟了真理性知识。学生的求知过程是富于热情地"主动探究和独创性"过程,是"亲历"知识并获得对知识的个人化理解和坚定信念的过程。也就是说,真正的知识学习,需经过个人亲

---

① 罗蒂.哲学与自然之镜.李幼蒸译.上海:三联书店.1987.416页

② Dewey, J. The Quest for Certainty, in Boydston J.（ed.）John Dewey:The Later Works, 1925—1953, Vol. 4:1929, Southern Illinois University Press. 1984, p. 195. 杜威.确定性的寻求——关于知行关系的研究.傅统先译.上海:上海人民出版社,1966.185页

③ 陈亚军.哲学的改造.北京:中国社会科学出版社,1998.219~220页

自探索、实验、研究,用自己的眼光重新打量知识,以此种方式获得的知识,将显露其情绪化、行动化的特征,最终落实为"个人知识"。

真正的"对话"要求行动和参与,文本意义不是对某种唯一的"先在本质"的认识,不是静观的接受对象,而是一种行动的过程;它要求被书写,被修正,被"误读"。对话者个体要认识世界,就要生活其中;在行动和参与中完成自我发现、自我观照和自我陶醉。既然由静观的旁观者所认识的所谓"先在本质"或"基础"已经塌陷,对话就成为认识者与认识对象之间互相参与的活动。认识总在认识者参与和行动中被揭示出来。在真正的对话活动中,不再存在被动的认识者和所谓读者。读者被赋予了与作者同样的权利,读者可以参与文本意义的创生,新的、更有趣的意义将会通过读者产生出来。"读者既是一个行动者,又是一个接受者,既是一个参与着的观察者,又同时是一个观察着的参与者。"①

以德国哲学家海德格尔和伽达默尔为代表的后现代解释学致力于反对古典解释学的客观主义。在他们看来,越是一场真正的谈话,它就越不是按照谈话者的任何一方的意愿而进行。真正的谈话是一种对话,对话成为一个流动的、不可复制的、不断生长和生成的过程。在当代解释学那里,人在面对文本并试图解释文本时,并非为了恢复和复制文本的客观意义和作者的原始意图,解释文本的根本目的在于与文本展开活生生的、热情洋溢的对话。这种对话一定是既倾听文本,又不断地向文本提问。而在倾听文本与向文本提问过程中,又总是以读者自己的"前见"或"偏见"作为阅读基础和阅读条件。这里,肯定了"前见"或"偏见"在理解中的合法位置。但是,"前见"或"偏见"往往被客观主义者视为"误解"。忠实地理解文本及其作者的"本意"在后现代解释学那里是不存在的。"前见"在阅读中总是不可避免的,而且是阅读理解的前提,真正的阅读总是以自己的"前见"既倾听又言说,在阅读中"提问"将导致读者的"前见"与作者的意见在相互激荡的交谈中走向"视界融合",也导致读者因"视界融合"而生成新的"前见"。

师承海德格尔,伽达默尔则进一步发展这种先行具有、先行视见与先行掌握的看法。他认为,"前见"实际上是一种判断,它是在一切对于事情具有

---

① [美]波林·罗斯诺.后现代主义与社会科学.张国清译.上海:上海译文出版社,1998.36 页

决定性作用的要素被最后考察之前给予的。"所有这种理解最终都是自我理解。即使对某个表达式的理解,最终也不仅是对该表达式里所具有的东西的直接把握,而且也指对隐蔽在表达式内的东西的开启,以致我们现在也了解了这隐蔽的东西。但是这意味着,我们知道自己通晓它。这样,在任何情况下都是:谁理解,谁就知道按照他自身的可能性去筹划自身。"①实际上,"前见"在对话中有重要的价值,它保证了阅读的创造性程度。视界融合的前提条件正是读者让自己的"前见"前去冒险,使"前见"与文本在交锋、对话中重构文本的意义,使文本与读者双方都获得新的理解,达到"视界融合"。

这种新的"对话"方式对长期以来崇尚统一性、客观性、有序和谐、可完全预测性、可重复性展开全面的批判,这种"对话"也被称为"后现代"的思维方式。"具有现代信念的人们试图先设法分离诸因素,再揭示其相互关系,最后予以系统综合;后现代主义者的做法恰恰相反。他们给出的是不确定性而非决定论,是多样性而非统一性,是差异而非综合,是繁复而非简洁。他们注重的是独一无二的事物而非一般性事物,是文本间的关系而非因果性,是不可重复的事物而非反复出现的事物、约定俗成的事物或循规蹈矩的事物。"②新的"对话"意味着在知识观方面转向了开放与多元。真理成为"开放对话中的真理"。

这种向真理的开放需要一种"无知"的态度——"博学的无知"。也就是说,对话中的主谈者,倘若他是真正为真理而发问,他就是不可能预先知道真理的。"博学的无知"有着防止武断主义威胁的作用,它要求对话者在向真理开放的过程中时时省察自己,保持一个开放的心胸,聆听与容纳他人的意见。

新的对话方式预示着一种新的理解方式。这里的对话不是指内心的独白,而是指现在与过去的对话,解释者与本文的对话,解释者与解释者的对话。这种开放性对话不是某个对话者对话语的垄断,而是展开平等的、自由的聆听与容纳他人对话的过程。实现这种对话中的真理,首要的是放弃对绝对的"客观性"、"永恒的真理"和"唯一确定性知识"的追求。真理在本质

---

① [德]伽达默尔.真理与方法:哲学诠释学的基本特征.洪汉鼎译.上海:上海译文出版社,1999.335 页

② [美]波林·罗斯诺.后现代主义与社会科学.张国清译.上海:上海译文出版社,1998.9 页

上是自由的,这种自由允诺了认识者对意义解释的多元性和主动参与新意义的创生。

对话在转化为参与者行动之后,就戏剧性地变更了作者、文本和读者的三者的传统角色。它削弱了作者的重要性,加强了文本和读者的重要性。读者在作者和文本面前,没有了接受的义务,个人的见解及其热情被激发出来,可以构成文本意义,读者由此拥有了与作者平等的创作自主权。"读者已不再是一个被娱悦、被教化或被逗乐的消极主体。他(她)已被授予某种自由的权利,可以随心所欲地赋予文本以意义而不必计较任何后果,或承担任何责任。"①从读者出发的文本意义并非源于一个作者对文本的制作,而是源于读者对它的解读。任何人都可以在阅读中重新创造出意义来。这就是说,对任何一个文本而言,肯定存在着个人的、多样的解读和理解。

随着对话者地位的攀升,作为认识者的人可以自由地参与建构和书写文本的意义,文本也就从阅读者文本转换成书写者文本。"它之所以被称为'书写者文本'(scriptible)是因为它可以被每一位邂逅者重新书写(解读)。它是'阅读者文本'(lisible)的对立面。后者被人阅读是出于对某个特殊信息的考虑,'阅读者文本'是为某个消极的读者预备的,它反对被读者重新书写。"②

这种书写者文本一旦完成就获得了独立于作者的生存权利。"作者与其说是某文本的作者,还不如说是某文本的解释者。作者不造就普遍的真理主张,也不向读者提供任何指令,他只是勾画出各种见解,以一个平等者的身份参与各种争论。而且,他的见解,或他所谓的真理,只对他所从属的某团体而言才是有效的。"③可见,文本的意义并不是来自作者对文本的创作,而是来自读者对文本的解释。任何人都可以对一个文本作出自己的解释,并且在阅读中重新创造出一个文本来。后现代文本中的读者作了两次重大转换,首先,把自己转换成一个类似于作者的读者,其次,把自己的阅读活动转换成一种类似于作者创作的活动。通过这两次转换,文本阅读不仅是对于原作的保持,更重要的是对于原作的变更和意义的延续。通过这种

---

① [美]波林·罗斯诺.后现代主义与社会科学.张国清译.上海:上海译文出版社,1998.35 页

② [美]波林·罗斯诺.后现代主义与社会科学.张国清译.上海:上海译文出版社,1998.50 页

③ 张国清.中心与边缘.北京:中国社会科学出版社,1998.159 页

活动，文本获得了更加丰富的审美意义。"

高效的对话式教学遇到的主要挑战就是如何使学生积极参与到对话中来。如何促使对话式教学的不断持续和深入？20世纪80年代后期在欧美等国兴起的建构主义理论作了比较系统深入的思考。

促使人们集中对教育中的建构主义的思考始于1989年，尤其在1990～1992年间，建构主义认识论及其在各学科领域的应用在美国得到比较集中的系统的探讨。在系列研讨会中出现了六种似乎是核心的建构主义新范式，它们是：社会建构主义，激进建构主义，社会建构论，信息加工建构主义，控制论系统观，对待中介行为的社会文化观点。这六种范式与笛卡儿的模式不同，它们都采用一种超二元论的方式来看待知识，每一种范式都十分重视知识是如何在动态互动中形成的。

尽管这六种范式在一些重要问题上存在分歧，但他们普遍认为，"传统的笛卡儿认识论仍然在误导着教育。根据笛卡儿的观点，知识应该与外部现实保持一致，反映现实。与笛卡儿认识论不同的是，新认识论不再把知识视为绝对现实的知识。知识被认为是由个体所建构出来的，是个体创建了有关世界的意义，而不是从世界中发现意义。"[①]

其中的社会建构论者认为，要倡导强调互动的小组合作学习，通过互动可以产生很多新见解。同时要强调教学与实践应用语境尽可能地紧密结合。而且为了更有效地使教学过程嵌入到实际的应用语境中，要打破学科界限，鼓励学生打破学科语言的约束，用一种新的语言展开对话。

例如，学生在进行一种综合主题的对话时，将不再受某一狭窄的学科内容所仅有的几种工具的束缚，他们为了自己的目标可以自由地运用任何学科知识，以任何必要的方式达到最有效的结果。例如，为解决当地水污染问题，学生们可能会发现他们需要一个一元统计表，一些生态学概念，两份历史资料，还要有一首有修辞效果的诗作为原材料。社会建构论者赞成学生与教师一起决定对他们重要的实际主题，也赞成能最大限度地允许参与有意义的活动。这种强调学生在一个具有挑战性的真实语境中运用和组合多种能力，以及同他人交流对话的教学方式，可以极大地提升学生的学习动

[①] [美]莱斯利·P.斯特弗等.教育中的建构主义.高文等译.上海：华东师范大学出版社，2002.前言1～2页

机,让学生获得与实际应用语境紧密联系的有价值的知识。可以看出,这种以探究式对话为主展开的教学能够让学生更有效地获得有价值的知识。

二、学习即"知识建构"

在激进建构主义者看来,"学习即知识建构"。知识是个体基于个人经验来建构的。学习不是一种刺激—反应现象,它需要自我调节,以及通过反思和抽象建立概念结构。问题的解决也不是通过反复机械地学习所谓"正确"的答案而得以解决的,若要聪明地解决某一问题,就必须将问题看做是自身的问题,也就是说,你必须将问题视为阻碍你朝向目标推进的一个障碍。在解决问题过程中,搜寻并发现到达目标的途径远比简单地被告知正确答案更为令人高兴和满意。发现了解决问题的一种可行方式,并不排除进一步探索其他方式的动机。"持续学习的有效动机只有通过引导学生去体验快乐才能培养起来,这种快乐存在于他们自己所见和所选的问题解决中。"①

每一个人都是基于个人经验来建构知识的意义的。一些错误概念和规则可能在学生的经验世界中是有效的。如果教学提供的反例远离学生的经验世界,就不可能引起学生思维的变化。我们也应该向我们的经验学习,而且要明白一个人作为学生从书本中阅读到的大部分知识,几十年后就可能将被认为是一种"错误概念"。更为重要的是,要教会学生明白,为什么一个特殊概念或理论在一个特定的历史或实践背景下是科学的,而不仅仅是传授给他们作为绝对真理的概念或理论。真理是有条件的,是可以改变的。

激进建构主义对学生个体对知识意义的建构的重视,在很大程度上为学生提升了在知识与教师的双重权威关系中的地位,但是,激进建构主义只关注个体对知识的建构意义,又带来另外的问题和批判。例如,如何让学生形成社会规范所认可的知识经验,在课堂教学中教师很难以个别方式对待20人以上的学生,学科是以社会方式建构的,课堂活动目的在于引导学生以类似的方式进行建构。所以,在建构主义支持的课堂教学中,更多的人倾向于基于社会而不单是基于个体的建构主义观点,更注重支持学生进行小组合作学习。无论如何,只要强调知识是建构的,而不是客观的,这种知识观

---

① [美]莱斯利·P.斯特弗等.教育中的建构主义.高文等译.上海:华东师范大学出版社,2002.12~13页

的改变就注定了教学方式的根本改变,在这样的课堂教学中"教师讲授——学生接受"为主的教学方式没有了立足之地。

学生建构知识需要个体基于已有经验的积极参与,同时离不开他人的有效指导。在具体社会情境中与成人的有效互动有利于学生知识的建构。

例如,苏联心理学家维果茨基的"最近发展区"的观点在建构主义中被加以重构。在维果茨基看来,最近发展区表示一个关联的但有差异的意义——它超越了"准备就绪"的观点。维果茨基的理论注重学生已有经验的价值。学生最初只是通过模仿进行,这种部分参与模式最后发展为更充分的参与。这种在共同参与的活动中建构知识的过程在婴儿的学习中表现最为明显。没有成人的鼓励,一个15个月大的孩子可能完全不去玩一种形状分类玩具。"起初,这一游戏中孩子的参与很少,他们试着在一个个小洞中放入合适的形状。但每当他拿起一个图形或把它放到靠近小洞的地方,得到共同参与的成人的帮助、表扬和鼓励时,这一动作就会受到强化。很快孩子会学会把物体推进小洞。下一步,父母可转动容器或直接转动孩子的手来提高孩子的成功率。语言在这里用做一种伴随的声音以建立沟通,后来转变为指导。这一过程最终使孩子的能力得到提高。"①在这一游戏中,孩子最初所能做的只是简单的模仿,但通过成人与孩子共同参与的相互作用促进了孩子的发展,言语起着导向作用。

这里的对话是一种沟通性的交流,而不仅仅是一种知识传授。但是,一般来说,教师都会忽略学生的已有知识经验,认为科学知识是被动获得的,是对有关世界的真实复制,科学探索限制在观察上而不是在建构有关自然的解释上。尤其是在数学和科学教育中,学生不是空着头脑进入教室的,而是对课堂上呈现的现象、概念、规则已有牢固的观念。

从走向融合的建构主义观点来看,个体经验和社会情境脉络是相互融合的。学生在参与知识建构的过程中自我的积极建构和与他人、与他物的互动交流,都是必不可少的。

三、教学过程就是让学生置身于真实的复杂问题情境

"我没有教,他们却学会了"——不仅是建构主义教学的理想,可以说是

---

① [美]莱斯利·P.斯特弗等.教育中的建构主义.高文等译.上海:华东师范大学出版社,2002.165~166页

所有教学变革的理想。伊利诺伊大学阅读研究中心的斯皮罗（Spiro，R. J.）、伊利诺伊大学医学院的费尔多维奇（Feltovich，P. J.）等人提出了一种学与教的建构主义理论，强调真实世界的复杂性和许多知识领域的结构不良性。他们认为，许多课堂教学的失败主要在于教学设计中的根本性偏见和假设，即这些教学设计以脱离现实的简单化和结构良好的方式呈现了教学的领域以及相关的行为要求。这些方式的特点是概念过分简化，不能将知识应用于新的案例（迁移失败）。要补救与领域复杂性和不规律性相关的学习缺失，就要求学习过程具有更大的认知弹性。

斯皮罗等人提出了"弹性学习情境"的概念。在这种学习情境中学习者能够以多种不同的方式呈现和学习同类知识内容，服务于不同的意图（与他们的复杂性和不规律性相适应）。这种建构主义的弹性学习情境可以借助计算机固有的弹性特点，以营造非线性学习情境。这种弹性学习情境可以让学生从不同的观点和案例角度表征知识，并从这些不同的概念和案例表征中建构知识整体。

贯穿学习缺失的一根共同的主线是过分简单化。实际上，知识将以许多不同的方式加以应用，对此事先无法完全预计，所以，教学重点"必须从原封不动地再现知识结构以支持新意义的建构，转向从已有心理表征的多个组织点引出原有知识并按照具体情境重新组合这些知识。也就是说，不再是以记忆中再现预先打包的关于如何思考和行动的'指令'，而是从各种知识源中，将适应当前情境中某一理解或问题解决需要的信息组合起来"。①在斯皮罗等人看来，认知弹性理论的核心观点是："要达到获得高级知识（掌握理解的复杂性和为迁移作好准备）的目标，必须在不同的时间内、在不同方式安排的情境脉络中，为了不同的意图，从不同的观点重新访问同样的材料。"②要达到充分的理解，就要不止一次地涉足内容。任何对于复杂概念或案例的单一解释，都会错过知识的重要方面，这些方面在不同的情境脉络中或者从不同的观点去看时就更为明显。可见，如果学生作为积极主动的建构者，在结构不良领域中重访资料，不止一次地涉足内容，并不是简单的重

---

① ［美］莱斯利・P. 斯特弗等. 教育中的建构主义. 高文等译. 上海：华东师范大学出版社，2002.73 页

② ［美］莱斯利・P. 斯特弗等. 教育中的建构主义. 高文等译. 上海：华东师范大学出版社，2002.74 页

复过程,也不仅仅是为了加深对于已知内容的记忆。

可以说,借助计算机和信息网络所营造的超文本学习情境是促进结构不良领域认知弹性的理想选择。在这种基于理论和情境脉络的超文本学习情境中,学习者不是依赖零散地碰上能反映概念不同应用的真实案例,而是同时看到一系列的概念应用,因此,能很容易地看到概念的变化。靠随机的、隔很长时间碰到的复杂例子去学习复杂的概念,就像从经验中进行的自然学习那样,那是没有效率的。为学生提供丰富的、真实的(或虚拟真实的)、复杂的学习资源环境,促进信息技术在学校教学中的广泛应用,或者反过来,信息技术能够更为有效地应用在学校教学中,很大部分归功于众多建构主义者对更为复杂、更为真实的多样化学习情境的设计与探索。

在斯皮罗等人那里,走的是一条"中间道路",即在严格的预先设定的一端(严格结构化,严格预定知识运用的途径,与之相连的是学习者被动接受,强调记忆)和浸润于完全没有结构化的环境的另一端(忽略理解的概念方面的作用)之间。如果教师考虑到认知弹性超文本教授内容的种类和方法,其预先设定应该是最小程度的,认知弹性超文本像知识的"'启动装置',它允许学习者在有弹性背景结构的情境脉络中进行结果开放的探索,使知识成为可以操纵的、真实存在的,为针对不同意图组合知识提供工具。"①这种非预定的、开放的弹性学习,必须倡导学生的积极参与,在学习过程中教师对学生的控制逐渐减弱,要允许学习者进行选择和重构,以超越那些我们提供的即便是松散的预定结构。南伊利诺伊大学医学院比较早地探索了基于案例的教学,为学生提供复杂的结构不良的案例,让学生在案例学习中亲自参与知识的建构,其目的在于获得高级知识,即掌握复杂性,培养将知识灵活运用于或迁移至一系列新的、真实世界的案例中的能力。

这一教学设计思路成为后来建构主义教与学的主要改革路径。建构主义教学都比较注重真实的复杂的问题情境的创设,让学生个体在积极参与中建构知识,而不是简单地接受知识,以改变惰性知识状态。这样,逐步形成了强调超越客观知识,以情境脉络中建构知识为主的建构主义教学观,其典型代表当属"基于问题的学习"、"基于项目的学习"、"基于案例的学习"等

---

① [美]莱斯利·P.斯特弗等.教育中的建构主义.高文等译.上海:华东师范大学出版社,2002.83 页

等以情境认知与情境学习为特征的教学方式。至于建构主义如何利用信息技术与情境认知理论整合起来的教学变革尝试,将另设专章讨论。

路易斯安那州立大学的斯皮维(Spivey, N. N.)为代表的关于话语过程的建构主义理论,在读写活动的研究中体现了"我没有教,他们却学会了"的教学理想。在读写研究中,他们重构了作者与读者、写作与阅读之间的关系。阅读者不是简单地接受作者提供的信息,而是在与文本、与作者的不断交互中建构着自己对作者及文本的新意义。"阅读就是建构",阅读中的理解包含着对所呈现的信息的超越。也就是说,"一个好的作者能够使读者成为文本意义的共同创造者。因此,读者不但要读懂文字本身,还要读懂文字的意义"①。

建构主义理论反对把作者和读者彼此之间的立场绝对化。相反,它强调多元化,理由是作者根据上下文解读读者,更为重要的是作者要预见到读者的建构以及文本线索对读者建构过程的影响程度。作为作者,需要学会为读者而写,学习写作不只是简单地传授给他们一套普遍适用于各种情境的规则。在学习规则的同时,更要学会懂得读者,对读者进行解读,并学会为读者进行选择。

反过来,读者也是一个积极的解读者和建构者,其任务是要利用作者提供的线索建构自己的意义。作者期望读者拥有一些相关知识,并用这些知识与阅读内容建立联系或对之进行重建。但比较高明的作者并不想明确指出所有材料,而是使用种种暗示,让读者去建构自己的意义和理解。如果太过直白,反而剥夺了读者的乐趣或进行推论的机会,常常会引起读者的反感和厌恶,甚至使人感到羞辱和愤怒。为了让读者更好地解读和建构,文本应该留有足够的想象和思考空间,作者应该学会含蓄地表达出自己的观点。

作者在写作时也常常是在读者与作者的双重身份之间转换。在许多读写活动中,一个人可能主要承担作者角色,但也可能会转换为读者角色。"作者在写作过程中,常常会成为其他作者文本的读者。甚至我还认为,在写作时作者即使没有阅读其他作者的文本,在一定意义上,他们仍是其他作者文本的'读者'。这是因为他们有意识或无意识地使用了他们在阅读时获

---

① [美]莱斯利·P. 斯特弗等. 教育中的建构主义. 高文等译. 上海:华东师范大学出版社,2002.94 页

得的文本的知识和文本间相互连接的知识。作者利用读者的经验（即进入读者角色），抓住符合自己目的的所有意义，这是很重要的一种读写能力。事实上，在许多情境中，它是读写和教育的主导。"①这种读写能力的获得需要打破传统的分类和界限，作者与读者身份不断转换，例如，学生在写作时既是作者又是其他文本的读者，教师写评语的过程也是读者与作者的双重身份，学生阅读评语的结果很可能产生一个新的文本。在教师建议和同伴讨论的过程中，作者都有可能根据他人提供的线索改变自己的意义。这种以学生积极建构为基础的读写教学活动就有赖于作者与读者和读者与作者的关系转换。

所有的建构主义者的共同之处就是试图从根本上改变客观主义知识观以及与之相适应的教学观和学习观。

几乎所有的建构主义者都认为，知识是学习者在适应环境的过程中主动建构的，学习是意义的生成过程。这里，一个中心假设就是："当个体参与意义的建构而不是被动地接受由环境直接传送的知识时，学习就发生了。"②学习的时机只有在参与者想要获得他人观点的社会互动中才会出现，真正的学习是在社会互动中，在冲突、混乱和惊慌中产生的。

基于这种知识观和学习观，教师的教学观也要发生相应的变化。教师应提供能让学生主动参与的真实复杂的各种教学情境，通过这些活动使学生获得自己个体意义的建构。例如，可通过创造激励学生身心活动的环境和提供能够彼此交流的社会氛围来实现。这种安排可以有：组织全班同学讨论，小组合作解决问题，与他人分享自己的作品等等。

建构主义学派的教师需要通过创设一种"学习文化"来支持学生学习的主动性，在这一文化中，让每一个参与者在宽松的学习经历中主动参与，这是很有价值的。教师需要帮助作为一个整体的学习小组成为自我批判家，从而学会何时和如何克服一些感知上的局限。作为一个建构主义学习者，没有错误概念的说法，"世界上没有愚蠢的问题"，有的只是差异和矛盾。"一个好教师应该是这样的，他能使学生以不同的方式概括、探索和解决各

---

① [美]莱斯利·P.斯特弗等.教育中的建构主义.高文等译.上海：华东师范大学出版社，2002.252页

② [美]莱斯利·P.斯特弗等.教育中的建构主义.高文等译.上海：华东师范大学出版社，2002.256页

种各样的矛盾","我没想要教,他们却学会了","我所写的超过我想写的,他们读到的也不是我期望他们所读的",这些似乎自相矛盾的两难问题的出现,正表达了学生在积极主动的建构过程中出现的意想不到的效果。教师所能做的,就是为促进学生积极建构提供支持性的学习情境和学习氛围。

但是,没有一种学习情境会永远地令所有学习者满意。美国麻省理工学院的阿克曼(Ackerman,J. M.)对建构主义教学作了比较恰当的总结和描述。在他看来:"好教师、好教练、好治疗师、好母亲似乎都知道,在某一时间里自由与指导哪一种平衡对学习者更有益处。他们能灵活地根据需要给予学习者不同的鼓励和'自我钻研的空间'。在更深层意义上,他们还知道没有谁能够永远满足所有学习者的需要。因此,他们自然地将他们的知识分布在整个文化中,充分利用周围的资源。他们放弃个人的控制,在他们和他们的学生周围创造一个人人都感到舒畅的共同体。一个好教师通过设计一种让学生感到无忧无虑的又可以探索、表达、分享思想、计划和产品的自我完善的空间,来创造意义建构的领地。只有当课堂能使每个参与者有能力对自己的成长负责时,这个课堂才会变成一种真正的学习文化的空间。"①从这里可以看出,建构主义教学观超越了强调讲授接受式教学方式和记忆重复客观知识的教学目标,它关注的是每一个学生个体的解决复杂问题的能力和灵活应用知识的能力。

第三节 师生观重构

在以旁观者知识观为主导的课程面前,教学过程就是教师和学生忠实地讲授和接受课程的过程。以美国泰勒为代表的目标模式编制的课程否认教师和学生的生活经验在课程中的价值。当这种目标导向的课程编制模式遭遇关注学生兴趣和生活的教育传统时,人们开始从比较的视角来看待两种课程编制模式的优劣。

---

① [美]莱斯利·P.斯特弗等.教育中的建构主义.高文等译.上海:华东师范大学出版社,2002.270页

20世纪70年代开始反思和批判目标模式,倡导过程取向的课程观和课程编制模式。过程取向的课程观与知识观的后现代转向不谋而合。到20世纪90年代,后现代主义教育学者以一种更为建设性的方式来思考如何尊重教师和学生的课程自主权和教学自主权问题。教师、学生与课程之间建立起了一种新的关系。

20世纪60年代的新课程运动,美国课程改革最早且最为引人注目。在某种意义上讲,美国的课程改革代表了20世纪60年代国外基础教育课程改革的基本方向。强调统一性,在全国范围内形成统一的课程内容,是这次课程改革的重要指导思想。这次课程改革也是目标取向的课程观(国家课程开发机制为代表)与过程取向的课程观(校本课程开发机制为代表)的第一次较量。

20世纪70年代以来围绕"泰勒原理"展开了激烈的论争。在长期应用"泰勒原理"的过程中,人们渐渐意识到它的局限性。教师和学生只有拥有一定的课程开发权和教学自治权之后,才有可能在真实的问题情境中展开师生与知识的对话。

一、教师亲自参与学校课程开发

以英美为代表的地方分权制国家,历来采纳一种"过程取向"的课程观,在对待教师"教什么"和"怎么教"的问题上为教师保留了足够大的空间,教师的课程自主权和教学自主权非常大。到了20世纪60年代,在一场声势浩大的新课程运动中,这种"过程取向"的课程观遭遇敌手,在冲突和较量中慢慢凸显自己的价值。20世纪60年代的"新课程运动"在非集权制课程传统的国家广泛地采用国家课程开发策略,虽然在很大程度上完成了学校课程内容和教学方法的现代化改造,在推行过程中遇到的巨大阻力却暴露了国家课程开发模式的缺陷。这次课程改革运动使人们不得不慎重思考课程开发机制问题和作为基础的课程观问题。

美国的新课程运动源起于自然科学专家们对美国中小学课程的不满,他们批评美国的教育是"软性教育",美国中小学教育深受进步主义教育传统的影响,在学校自定的课程计划中非学术性活动很多,减弱了学生对科学课程的兴趣和在学业成就上追求优异的动机。"这种软弱性和无目的性既反映在课程的设置上,也反映在教学的组织形式和教学方法上,其后果是教学质量下降,破坏了传统的社会文化稳定性。"①因此,人们都认为应该恢复学校教育中严格的学业标准,加强课程的统一性。另外,过多地把课程权力交给学校与教师,是导致教育质量下降的根本原因之一,真正高质量的课程应由国家组织各方面的专家协同开发。基于此,新课程计划由专家小组研究制定,专家小组则由享有很高声望的学科专家领导。新课程的推广采取的是一种"自上而下"的方式。在这次新课程运动中,课程是由专家负责设计的,学校教师没有任何课程决策权,他们只是被动的课程实施者和执行者。

中小学课程应由学科专家负责设计开发,学校教师负责实施执行,这似乎从课程源头上保证了中小学教育的高质量。这一国家课程开发模式在当时得到了众多的支持。最先是美国,之后,其他工业发达国家也发起了由享有声望的科学家领导的新课程开发。一些发展中国家也对新课程运动中的观点产生了兴趣,并很快移植别国的新课程给本国学生使用;或根据发达国家课程开发的运作方式建立自己的课程开发中心,集中从事课程开发活动。到20世纪60、70年代,大规模的课程改革已遍及世界上大多数国家。

就新课程的设计而言,应该说是成功的。诚如评论家指出的:"新课程是有趣的甚至是激动人心的,课程集中地反映了学科的方面。实验研究业已表明,学科的课程内容如果呈现得好的话,会对使用者产生很大的吸引力。"②而且,新课程配备了设计优良的辅助材料,教师不需要自己去收集。

但是,由国家专业人员开发,得到大量财政支持,拥有高质量的教学材料并没有让人们如愿地提高中小学的教育质量。新课程在推广过程中遇到了前所未有的阻力。由课程专家集中开发大规模的国家课程,并进行与之配套的统一测试,其目的原本是为了实现课程的标准化、统一化。拥有课程决策权力的专家学者为了追求课程的标准化和统一化,或者由于没有完全掌握众多学校的具体需求和资源条件而不予考虑,或是以排除差异性和多样性为代价。这样,课程决策者和课程实施者之间应有的联系被有意无意地割断了。而真正了解自己学校课程需要的教师却没有课程决策的权力,

---

① 陆有铨.躁动的百年——20世纪的教育历程.济南:山东教育出版社,1997.329页
② Lewy, A. National and School-based Curriculum Development [M]. UNESCO, 1991. p. 19

教师课程意识淡化。"构想与执行的分离,使得教师经过多年辛勤劳动而形成的技能——确定目标、构建内容、设计教案和教学策略、根据每个学生的愿望和需要进行个别指导等——都丢失了。没有什么比失去对工作的支配更容易引起异化和失落感了。"①到20世纪80年代,一些评论家开始认识到,"课程开发中心从事课程开发的专家脱离课程的使用者,不能将新课程细致的革新特点传达给教师,既不与教师发生人际交往,也不能激起教师将其教学习惯改变到确保新课程计划成功所必需的程度。"②可见,美国60年代课程改革运动,编制出来的新的课程教材都是"防教师的"。教师在课程面前几乎没有任何可以改动的余地。

只有教师亲身参与课程开发活动,才能使课程在学校真正得以实施。这是人们对新课程运动反思的结果。在改革后期,人们就认识到这一问题的严重性并作了一些调整,以加强课程决策与课程实施之间的联系。"通过某种形式的参与来作调整就似乎变得越来越重要。那些关心课程的人,即需与课程打交道的人,应该以某种途径参与课程发展。就像联邦德国学校联系课程发展那样,这种参与可以是相互合作而共同改编课程,以适应地方的需求,也可以是教师们自己来制订课程。"③英国课程专家约翰·埃格尔斯顿(Eggleston, J.)指出:"我们曾把主要的努力集中在国家课程计划上,但10年之后我们终于慢慢认识到,如果我们的目标是学校中的变革,那么就必须通过学校来发动变革。结果是,直接起因于学校及其学生与教师需求的课程开发逐渐复苏了。"④

20世纪70至80年代,非集权化课程决策在许多国家再一次得到重视。20世纪80年代初,在英国、美国、澳大利亚等国,校本课程开发已经成为课程开发的主导形式。

英国素有尊重教师专业自主权传统,但它在20世纪60年代受新课程运

---

① 施良方.未来的挑战与国际教育的未来.华东师范大学学报(教育科学版),1991 (4).87~95页

② Lewy, A. National and School-based Curriculum Development. UNESCO, 1991. p. 21.

③ 江山野.简明国际教育百科全书·课程.北京:教育科学出版社,1991.16页

④ Eggleston, J. School-based Curriculum Development in Britain. Routledge & Kegon Poul Ltd, 1980. p. ix

动的影响，也通过中央教育行政部门着手推行国家课程开发策略。到 60 年代末期，陆续发表的教育评价报告表明了大规模国家课程开发方案的失败。从 20 世纪 70 年代起，中央教育行政部门不得不承认课程开发的重心在学校，政府应该而且只能起协助而不是主导的作用，并开始推动校本课程开发策略的施行，而国家课程方案只是作为学校和教师在进行校本课程开发时的选择参考。与此同时，政府还通过中小学委员会推动"资源运动"（the resources movement）和"校本在职培训"（school-based in-service training），以便强化校本课程开发策略的实施环境。

20 世纪 70 年代以美国的施瓦布（Schwab, J. J.）和英国的斯腾豪斯（Stenhouse, L.）为代表的课程理论专家，尝试建构一种新的课程开发模式。施瓦布在总结美国"新课程运动"失利的教训基础上，建立了课程开发的"实践模式"，发起和推动了"走向实践运动"；而斯腾豪斯则确立了课程开发的"过程模式"，发起和领导了"教师即研究者运动"。两人不谋而合，共同在课程领域（并影响整个教育领域）掀起了自 70 年代以来影响深远的、具有互补性的运动——"走向实践的运动"和"教师—研究者运动"，也为校本课程开发运动奠定了坚实的思想基础。

施瓦布曾与布鲁纳并驾齐驱地领导了美国 20 世纪 50 年代末到 60 年代末所进行的结构主义课程改革运动。当这次以国家课程开发策略为主的课程改革运动失利以后，施瓦布痛定思痛，历经 14 个春秋，撰写了四篇里程碑式的文章。四篇文章分别是：《实践：课程的语言》（1969），《实践：折中的艺术》（1971），《实践 3：转换成课程》（1973），《实践 4：课程教授要做的事情》（1983）。并由此建立了一个新的课程开发模式——"实践模式"。

在实践的课程范式的视野中，"教师即课程"。教师和学生都不能孤立于课程之外，而是课程的有机构成部分，是课程意义的创造者、开发者。教师不仅可以对课程进行再创造、再开发，学生同样是课程的创造者。学生与教师共同加入课程开发的过程之中，这样，学生就把创造和接受课程变成了同一过程。"创造和接受课程变为同一过程，该过程导致儿童行为、成长和成熟的能力的增加。"[①]这里，教师和学生同为课程意义的创造者。这与传统

---

① Schubert, W. Curriculum: Perspective, Paradigm, and Possibility. Macmillan Publishing Company, 1986. p. 294

的目标模式有着根本差异。

施瓦布认为,脱离具体的实践情境的抽象结果是没有意义的,真正有意义的结果是在情境的实际参与者解决具体的实际需要和问题的过程中产生的。结果是内化于过程之中的。而目标模式则是结果取向、目标取向的,割裂了过程与结果、手段与目的的连续性。只重视过程与手段的工具价值,即过程与手段只是为了实现有计划的结果和预定的目标,却忽视了过程与手段本身丰富的内在价值。其实,在课程学习中,过程与手段本身为学生带来的体验与探究经历对于学生的成长也是必不可少的。同样的,手段与目的也是不可分离的,目的内在于手段之中。课程开发的实践模式强调,研究者即情境的实际参与者,在"生活经验"之中,在与实际情境的"遭遇"之中进行研究。这是一种典型的行动研究方法论。在行动研究中,研究者与实践者是同一的,研究过程与实际问题的解决也是同一的。也就是说,在行动研究中,教师作为研究者,在教育中发现问题、改进教育、通过教育实践来解决实际问题。这种行动研究方法,把手段与目的、过程与结果统一在具体的教育实践情境之中。强调教师和学生成为课程的创造者和开发者,关注过程的内在价值,实现由结果向过程的回归。除了施瓦布的实践模式外,英国的斯腾豪斯的过程模式同样表达了这一课程开发理想。

斯腾豪斯所倡导的课程开发的过程模式,实际上也是实践的课程模式理论。与施瓦布的实践模式一样,斯腾豪斯反对目标模式,主张课程开发的过程与结果、目标与手段的连续同一,倡导课程行动研究。行动研究在英国受到礼遇,与斯腾豪斯及其领导的"人文课程研究"有很大的关系。其中,"教师作为研究者"这一响亮的口号就是由斯腾豪斯最先提出来的。

20世纪60年代的英国,中学生对学校课程不感兴趣。学生以及学生家长意识到那些人文学科如历史、地理、宗教等与实际的工作关系不大,所以人文学科的课程与教学尤其成为问题。这直接导致了英国学校委员会和"拉菲尔德基金会"联合发起"人文课程研究"(1967～1970年),成立了以斯腾豪斯为主要负责人的指导中心小组,着手解决人文课程改革的问题。

在由他主持的"人文课程研究"中,斯腾豪斯创造了适用于所有课程的"课程编制的过程模式"。他以过程模式为基础,对目标模式作了强有力的批判。在斯腾豪斯那里,"目标模式是反教育的,因为它致使所有的知识都成为不容置疑的、价值中立的知识,从而歪曲了知识的性质。目标模式也是不民主的,因为阻碍了年轻人发展那些能使他们作为公民积极地影响构成他们生活的社会条件的判断力和洞察力。"①斯腾豪斯认为在进行课程编制时应该把目的作为过程标准和程序原则加以阐明,而不是转化成行为学习目标。他反对像"目标模式"那样进一步条分缕析地把目的分为具体的目标。他只是将目的理解为指导课堂教学的过程原则。

斯腾豪斯在"人文课程研究"中提出了五条"过程原则"②:

- 有争议的事件应该进入青年学生的课堂讨论。
- 教师在有争议的教育情境中应保持一种中立的立场,即他应以"不推销自己的观点"作为自己的责任。
- 对争议事件的探究应得到讨论而不是讲授。
- 参与者提出的有争议的不同观点应得到保护。
- 教师作为讨论的主持人应对学生学习质量和标准负责,即保证所有的观点与争议都接受推理和证据的检验。

这些过程原则可以归结为一点,即教师的身份是"和学生一起学习的学习者",不是学生行为的主宰者、控制者。研究小组的任务是促进教师使用"讨论"的教学方法,并为教师提供相关的材料。

斯腾豪斯一再强调,课程只是关于教学实践的一种计划形式,而不是某种等待教师去"接受"的材料包或主题摘要。它是某种假设,需要教师批判地考察这些假设,而不是接受。③ 课程并非作为一种预先编制好的,经过教学得到复制的实体。教师在动态的反思性教学实践中选择和组织这些材料,这些材料在教师的反思性教学中不断地得到改进和发展。

在斯腾豪斯看来,教学过程实际上是一个课程探究的实验过程。因此他在课程编制问题上提出"教师成为研究者"和"研究成为教学的基础",坚持"没有教师的发展就不会有课程的开发"。斯腾豪斯提倡以研究为基础的教学实践,鼓励教师对课程实践进行反思批判和发挥创造。从课程开发的

---

① Elliot, J. The Curriculum Experiment: Meeting the Challenge of Social Change. Open University Press, 1998. p. 10

② Stenhouse, L. Authority, Education and Emancipation. Heinemann Educational Books Ltd., 1983. pp. 77~78

③ Stenhouse, L. An Introduction to Curriculum Research and Development. Heinemann Educational Books Ltd, 1975. p. 142

过程模式来看,课程不再被视为独立于教学之外的、预设的知识体系,相反,当教师针对学生的需要、兴趣去组织和选择时,课程的结构将得到不断的调整和重构。教师的教学是一个反思的过程,教师的反思使课程总是处于"形成"(becoming)的路途中。①

斯腾豪斯所坚持的一个基本的课程理念是:知识总是临时的和试验性的。这样的课程实质上是一份变动不居的材料,而不像泰勒的课程是一个事先已经设定的计划和系列目标。当课程研究者以探究的眼光将知识视为可以公开质疑的问题而不是为教师和学校确定的、毋庸置疑的体系时,所有的课堂将成为实验室,所有的教学将成为课程实验,所有的学生将成为课程研究的实验参与者或者成为合作伙伴。

也就是说,斯腾豪斯的课程总是处于"过程"的途中,课程即过程,即不断处于编制和发展的过程中。它拥有开端,却永远没有终点。而且这种编制和开发过程只可能在教师和学生所在的课堂里发生。这样,斯腾豪斯理想的课程与教学以及教学研究就成为无法剥离的活动,课程在教学活动中显现和生长,教学过程成为课程开发过程,教师也在课程开发的进程中成为研究者。

另一个英国行动研究运动的代表人物埃利奥特在参与"人文课程研究"的过程中,逐步形成了自己的行动研究理念。从20世纪70年代一直到90年代,埃利奥特都把行动研究的关注点放在"指导者与教师之间的关系"研究上。怎样促进教师的思考,尽量减少指导小组对教师的控制,实现从鼓励教师检验指导小组的假设到帮助教师自己提出并检验假设的转换。

1973～1975年埃利奥特主持了由福特基金会资助的"福特教学研究"项目,旨在用行动研究的方式考查"发现法/探究法"应用于课堂教学时产生的一系列问题。一些外部研究人员甚至相信推行发现法的关键是为教师提供适当的课程材料,而根据人文课程研究的经验,这种假设显然是靠不住的。埃利奥利希望教师明白:教学方法的改革并非"提供适当的教材"那么简单。"教师成为研究者"的关键在于教师能否真正实现亲自提出假设并检验假设。斯腾豪斯在后来的反思中也意识到这一点:"我们发现我们自己一直在

---

① Elliot, J. Action Research for Educational Change. Open University Press, 1991. pp. 10～11

努力坚持一种实验主义者而非教育者的立场。"又由于指导小组常常向教师提供一些"指令"(injunctions),这使教师视之为"条律"而作为某种等待检验的假设,教师因此而并不用他们自己的判断来提出他们的意见,那些原本作为暂时的、等待检验的假设反而控制了他们的判断。① 福特教学研究尽量帮助教师用他们自己的理论来反思他们的教学实践。教师积极参与收集、分享和讨论资料,也改变了隐藏在他们实践中的教学理论。在福特教学研究中教师除了发展他们的反思性教学实践,也发展他们自己的教学理念。

1976年,埃利奥特创建了著名的"课堂行动研究网站(the Classroom Action Research Network,简称 CARN)",定期出版《教育行动研究》,为世界范围内的教师参与行动研究提供了一个正式的交流和对话的组织。1993年更名为"合作行动研究网站(Collaborative Action Research Network,简称依然为 CARN)"。

1981～1983年,埃利奥特接受英国学校委员会的资助开始主持"师生互动与学习效能研究"。该研究实现了一种转换,即从反思自己个人的课堂教学转向与其他同事一起反思在制度化情境中的课堂教学。该研究的目的定位在既促进课堂教学的反思性实践,又推动学校层面上的反思性管理。作为"校外促进者"的指导小组的责任就在于同时推进课堂教学和学校组织两个层面上的行动研究。该研究发现,校内的管理者也是行动研究的促进者,在学校中形成一种制度性支持非常重要。只有所有学校管理者、地方教育行政官员以及所有学校消费者如学生以及学生家长都参与到行动研究中来,才能真正改进教师的课堂教学。

这种把教学过程看做是课程开发过程,重视"教师成为研究者"的行动研究理念和实践一直延续到20世纪80年代以后,而且越来越成为学校教学变革领域的主流。

二、教师即课程行动研究者

1983年,美国学者萧恩(Schon, D.)撰写《反思性实践者》一书,倡导教师要成为"反思性实践者",强调两个基本理念:一是参与行动研究的教师应

---

① Stenhouse, L. Authority, Education and Emancipation. Heinemann Educational Books Ltd., 1983. p. 80

着眼于整个生活的反思而不只是教学的反思；二是所有实践者的反思而不只是教室之内的教师的反思。萧恩同样看到，没有教育管理者的"反思性实践"作为教师的"反思性教学"的支持，就会不断地遭遇来自"制度化"的障碍。没有教师"生活的反思"或者说只有教学的反思而没有整个生活方式的改变，就会失去反思的动力。

1987年，美国教育研究协会召开了"21世纪教学管理与教师教育：促进教师成为反思性实践者"的专题讨论会。萧恩作了"促进反思性教学"(Coaching Reflective Teaching)的报告，并引起争论。来自斯坦福大学的舒尔曼教授对萧恩将技术理性与行动中反思的艺术性对立起来的二元论方式以及萧恩的"说理"(giving reason)方式表示不满，坚持教育是一个技术理性与艺术性兼而有之的完整过程，"非此即彼"的方式解决不了问题，技术理性和艺术性并非对立的或不可调和的。

这里，萧恩所坚持的是一种"反思性实践理性"，它之所以与技术理性相对，是因为，在萧恩看来，任何课题化情境总是"复杂的"、"不确定的"、"不稳定的"、"独特的"、"价值冲突的"。这个复杂的、不确定的、不稳定的、独特的和价值冲突的情境存在于任何已经产生的理论和技术之外，这个情境并不"在书中"，如果教师期望有效地处理，他就不得不在自己的行动中用自己设计的情境化策略尝试性地解决它。"反思性实践理性"坚持只能在特定的情境中发展出解决问题的办法，并根据实践情境随时作出调整和改变。而技术理性多采用"研究——开发——传播"的流水线式的操作模式，作为实践者的教师只需要阅读专家开出的使用说明书，然后照章办事即可。可见，技术理性强调的是只要教师忠实地执行专家的建议，就能解决所有的课程教学问题，一切尽在掌控之中。反思性实践理性强调的是，一切教学情境都是不可预期的和独特的，教师需要不断反思，在"行动中"主动尝试，直接针对问题进行思考、设计、规划和形成暂时性的行动策略。即使有一些可供参考的解决方案，也需要教师根据具体的课程内容、学生差异和教学情境的不同进行反思与调整。

1998年加拿大的康纳利等人合著的《教师成为课程研究者——经验叙事》(第二版)一书赋予教师的"个人经验"或"个人化实践知识"以课程价值，教师要成为课程开发者。该书认为："所有教和学的问题(所有课程问题)都应该站在参与者的角度来理解。我们相信，课程开发和课程设计是教师思考和教师工作的基本问题。我们相信,教师的'个人知识'决定了课堂行为的意义。"①这里强调了一个核心理念:思考课程离不开"经验"和"情境"这两个术语,课程乃是诸情境中的经验。所有的课堂教学情境都处于互动的流动状态,这种互动的流动的情境历程就构成了课程。"情境有一个非常奇异的特性,我们所理解的课程也有这个奇异的特性,这就是:通过情境的中介作用,过去塑造未来;通过我们讲故事、描述和解释我们所处的情境,未来又塑造过去。我们曾经所经历的过去和我们正在经历的现在相互作用,它使我们所处的情境有了意义,在这个情境中我们理解了我们自己。"②从课程设计与开发的角度看,教师是除学生之外的最重要的参与者,所有差异都是由教师的个人知识引起的。这主要表现在教师对课程资源的选择和使用上。

康纳利等人分析了两种截然不同的教师角色:一种是基于"防教师"策略,教师被看做是课程的忠实执行者;另一种是把教师看做是课程情境不可或缺的一部分,并因此受到鼓励,勇于去探索、认识课程资源中的课程潜能。一个带着课程潜能观念的教师即使面对比较贫乏的课程资源,也能创造出一些鲜活而又引人注目的课程经验。这就是康纳利等人所理解的课程研究和行动研究。康纳利等人感兴趣的也正是这一点:如何把课程重点从对外部的开发者、政策制定者、学术研究者以及其他人的叙事转换到教师的决策上来。

课程研究就是一个教师解读和研究课程资源的过程。面对课程材料,教师需要从个人化的立场出发去解读:"这些材料对于我的课程资源意味着什么?""我能对这些材料做些什么?""无论是就文本而言,还是就我们而言,按照文本本身的术语阅读文本和按照我们自己的术语解读文本存在着张力,这种张力使得我们能够在这两种道路之间找到第三条中间道路。这种可能性既不是把文本作为开发者和实施者的某些目的的载体,也不是把文本仅仅看做我们的个人偏见的反映。相反,这实际上是一种来自于解读者和作为文本的课程资源的互动作用的结果。正像同一个人可以用不同的方式阅读任何一份文本,任何一位教师依照他或者她自己的课程情境、学生和

---

① [加]F.迈克尔·康纳利等.教师成为课程研究者:经验叙事.刘良华等译.杭州:浙江教育出版社,2004.4页

② [加]F.迈克尔·康纳利等.教师成为课程研究者:经验叙事.刘良华等译.杭州:浙江教育出版社,2004.9页

社区等,发现和创造各种文本的潜能都是可能的。我们可以思考不同的教师阅读同一文本时,每个教师都会对材料有着多元的阅读,结果对同一材料的不同阅读会导致不同的发现。"[①]在课程实施过程中,不同的教师对课程资源的不同解读是客观存在的,但是在目标模式的框架内,人们并不愿意承认它或者说看不到它的存在。而从过程取向的课程观来看,融入教师的个人化知识的课程资源再度开发是有积极意义的,是有效的课程实施过程所必需的。

在康纳利看来,这种基于教师个人化知识的不同解读应该得到鼓励,我们应该期待它的显现。作为教师,也要有这种自信:我们必须相信我们自己的个人化实践知识,积极理解我们的叙事,决定在具体的课程情境中什么才是需要的。我们并不想让其他人决定这些事情。对于处于不同环境中的不同的人来说,优秀的课程资源意味着许多不同的潜能。教师必须认识到这些课程潜能。一个真正的行动研究过程要求教师成为课程研究者,而不仅仅是一个实施者和执行者。在康纳利等人那里,行动研究就是课程研究的扩展概念,它建立在课程资源潜能的概念基础上,它就是指"富有创新性的教师自然而然的行动过程。他们尝试新课程资源,考察这些材料在课堂上的作用"[②]。从这里也可以看出,一个好的行动研究过程就是一个课程行动研究。

20世纪70年代,强调教师的角色转换是建立在课程的实践模式和过程模式基础之上。20世纪80年代以来,校本课程开发策略与国家课程开发策略反复较量的结果显示:要想课程改革获得成功,必须要关注教师和学生在课程开发过程中的意义。教师和学生都不能孤立于课程之外,而是课程的有机构成部分,是课程意义的创造者、开发者。

倡导教师进行校本课程开发和课程行动研究的基本精神在于:其一,重视具体教育情境的独特性,提倡场地研究和质的研究方法。其二,教师作为研究者和课程开发主体。其三,强调课程开发的过程与结果、目标与手段的统一。也就是说,教学过程就是课程开发过程,教师成为课程资源的开发者。

[①] [加]F.迈克尔·康纳利等.教师成为课程研究者:经验叙事.刘良华等译.杭州:浙江教育出版社,2004.156页

[②] [加]F.迈克尔·康纳利等.教师成为课程研究者:经验叙事.刘良华等译.杭州:浙江教育出版社,2004.157页

三、教师成为"平等的首席"

站在后现代主义的立场,很多课程学者对以目标模式为主的技术导向的课程观作了彻底的清算。建设性的后现代主义课程学者在批判的基础上进行了更多的重建,可以更清楚地看出课程教学观的后现代转向和教师权威作用的消解。1993 年美国路易斯安那大学的威廉姆·多尔(Doll, W.)撰写了《后现代主义课程观》一书。多尔的课程观点受改造主义教育哲学和杜威经验主义思想的影响,他从课程理论基础上"解构"了泰勒原理。多尔构建了开放的、动态、以过程为中心的后现代课程观。多尔认为,在后现代框架之中的课程不是一种包裹,它是一种过程——对话的和转变的过程,以局部情境中特定的相互作用或交互作用为基础。

多尔在《后现代课程观》一书中还重新解释了杜威、怀特海、皮亚杰和布鲁纳关于教育与课程的观点。多尔认为,把杜威与怀特海的过程思想纳入当代后现代解释学的传统,才能予以更好的解释。

以海德格尔、伽达默尔等为代表的后现代解释学强调,读者总是带着自己的"前见"或"偏见"与作者及其文本展开"对话"。多尔赋予这种对话以课程意义。"知识是我们创造的——互动地、对话地、会话地创造的——永远存在于我们的文化和语言之中。"①因为,在多尔看来,展开这样的对话,"理解我们所处的时间、地点与文化是根本。所有的存在存于时间之中;我们是这样,作者也是这样。意义不是从文本中提炼出来的;它是从我们与文本的对话中创造出来的。为此,作者与我们自己的历史情况之间的差异是一种必要的和具有生产性的差异。"②所以,作为"世界中的存在"("此在"),我们永远不能摆脱我们的文化情境。"我们陷于我们的文化和语言对我们的界定正如我们对我们的文化和语言予以界定这一'诠释循环'之中。从认识论而言,我们可以推动这一循环的界限,甚至可以扩展这一循环,但我们永远

---

① [美]小威廉姆·E.多尔.后现代课程观.王红宇译.北京:教育科学出版社,2000. 194 页

② [美]小威廉姆·E.多尔.后现代课程观.王红宇译.北京:教育科学出版社,2000. 193 页

不能突破其外。"①这样看来,课程就应该是在文本与我们之间的"相互作用"中产生,借杜威的话来说,即"交互作用"。这一框架超越了客观主义——主观主义的分离。

多尔通过"过程"将杜威和怀特海联系起来,然后将过程与当代解释学联系起来(通过"对联系的创造"),超越杜威和怀特海的过程思想。

其实,在杜威那里,已经表明了"课程"(知识)的这种"过程取向"。杜威否定了知识的绝对价值,他认为,"所有概念、学说、系统,不管它们怎样精致,怎样坚实,必须视为假设。它们应该被看做证验行动的根据,而非行动的结局。明白这个事实,就可以从世界除去死板的教条,就可以晓得关于思想的要领学说和系统,永远是通过应用而发展的,就可以责成人们务必注意这些东西,看它们有什么是表示应行改变的,找机会宣扬它们。它们是工具,和一切工具同样,它们的价值不在于它们本身,而在于它们所能造就的结果中显现出来的功效。"②在杜威看来,没有过程,没有探究,所谓知识是没有意义的;独立存在的固定知识体系是不可思议的。

怀特海同样相信"通向智慧的唯一道路是面对知识的自由"。怀特海认为,如果强加一种预定的和没有意义的模式,只会使过程变得贫乏。"观点不是完全地出现也不是逻辑地统合在一个界定好的系统里;它们是从'未经探索的联系'之中,从'半遮半掩'和'半透露的可能性'之中'逐渐创造出来的'。"③怀特海所关注的不是指向静态,而是指向不断地动态形成着的新创造。

多尔认为,如果从解释学框架中来看,杜威和怀特海系统所具有的这种创造性、形成性特点,就表现为基于对话,基于与他人的讨论的持续。这里,用罗蒂的话来讲,即"保持会话继续"。多尔则用"协调信息"一词,他认为这也是适合的后结构术语。课程就是在文本与读者之间,教师和学生之间,经验和意识之间"协调信息"。通过"协调信息",多尔试图构建他的课程乌托邦:"协调这些信息——而不是呈现一个命题、名词或真理——在我看来似乎是课程的所在或应该的所在。在'协调信息'的过程中每一方积极地倾

---

① [美]小威廉姆·E.多尔.后现代课程观.王红宇译.北京:教育科学出版社,2000. 193~194 页
② 杜威.哲学的改造.许崇清译.北京:商务印书馆.1997.78 页
③ [美]小威廉姆·E.多尔.后现代课程观.王红宇译.北京:教育科学出版社,2000. 212~213 页

听——同情地而具有批判性地倾听——对方在说什么。其意图不在于证实（甚至对自己也如此）一种立场的正确性而是要发现将不同观点联系起来从而通过积极地参与对方而扩展自己的眼界的方式。这一参与是一种转变双方的过程的活动,不论双方是文本与读者或学生与教师。我自己的课程乌托邦要看到这一互动的、解释的、重复的过程永无休止地扩散下去。"①

在这里,课程成为一种过程。课程不再是传递所（绝对）知道的而是通过多方对话探索所不知道的知识的过程;而且通过探究,师生得到共同发展。

多尔认为,这样一种解释学框架,尽管没有为杜威和怀特海所明显地运用,但它为理解他们的课程思想提供了更好的背景。如果认为意义是个人与公共对话性交互作用所创造的,那么,课程就走向了一种动态的、不断互动生成的过程取向。而那些指导我们如此众多的课程行为的目标和目的也不会只是自然地出现。"它们是文化存在于历史时刻所作出的个人决策。我们需要理解这些存在及其时刻以便创造课程。"②通过与文本、它们的创造者和我们自己的对话,我们开始更深入地、更充分地理解问题,而且理解作为个人与文化存在的自我。这种过程取向的课程观将有助于构建多尔理想的旨在"意义创造"的课程模体。

从多尔的后现代课程观来看,教学过程就是教师与学生通过不断对话与反思而探究未知领域的过程,课程就是在这一探究过程中不断创生的。

在这一课程对话过程中,教师与学生是一种绝对平等的关系。多尔的这一课程教学思想集中体现在他的教育信条中。"在教师与学生的反思性关系中,教师不要求学生接受教师的权威;相反,教师要求学生延缓对那一权威的不信任,与教师共同参与探究,探究那些学生所正在体验的一切。教师同意帮助学生理解所给建议的意义,乐于面对学生提出的质疑,并与学生一起共同反思每个人所获得的心照不宣的理解。"③多尔通过分析复杂理论、自组织、杜威与怀特海的过程观、伽达默尔的解释学等,得出结论:"所有这

---

① [美]小威廉姆·E. 多尔. 后现代课程观. 王红宇译. 北京:教育科学出版社,2000. 218~219 页

② [美]小威廉姆·E. 多尔. 后现代课程观. 王红宇译. 北京:教育科学出版社,2000. 194 页

③ [美]小威廉姆·E. 多尔. 后现代课程观. 王红宇译. 北京:教育科学出版社,2000. 227~228 页

些观点都假设权威存在于(不是外在于)情境参数之中。而且,都假设控制是来自这些情境参数之间相互作用的自动或自我控制。"①在多尔看来,"平等者中的首席"(first among equals)比较准确地界定了后现代课程中教师作用和角色的转变。作为平等者中的首席,"教师的作用没有被抛弃;而是得以重新构建,从外在于学生情境转化为与这一情境共存。权威也转入情境之中"②。这样,教师不再是他人价值的强加者,最多是解释者。在建立起来的富有批判性的社区中,师生以对话为基础,多尔所理想的课程王国就可能实现。即在那里,没有人拥有真理而每个人都有权利要求被理解。

教师在课程对话中最重要的职能就是"保持对话继续"。多尔建议,我们需要一种隐喻的、描叙的、诠释的方式讲解课程,从而鼓励学生与教师一起探究,通过与文本对话探讨各种可能性,以获得课程意义的建构。多尔指出:"一个好的故事,一个伟大的故事,诱发、鼓励、鞭策读者去阐释,与文本进行对话。好的故事应具有足够的不确定性以诱使读者参与到对话中来。"③好的故事不是完全确定的、封闭的,应该是开放的,充满悬疑和更多想象的,并激发读者"参与"到故事的意义建构中来。

按照多尔的构想,课程内在地存在着疑问性、不确定性、多种可能性,教师和学生正是在与文本互动中,从众多不确定性中寻求确定性,在学生、教师和文本之间予以协调。

在后现代框架中的课程需要由课堂社区来创造(自组织),而不是由课本作者来决定。

在课堂上发生的课程联系还蕴含了更为广泛的文化联系。我们所有的解释都与地方文化相关,而且与其他文化及其全球媒体所进行的解释相互联系。描述与对话是解释的主要工具。描述提出了历史(通过故事)、语言(通过口头讲述)和地点(通过位置的故事)的概念。对话将这三者联系起来,为我们提供一种源于地方但联系全球的文化感。所以,描述和对话总是由我们自身、我们的历史、我们的语言、我们的位置的地方性所界定,而且扩展到广阔的全球和生态网络中。

---

①②[美]小威廉姆·E.多尔.后现代课程观.王红宇译.北京:教育科学出版社,2000.238页

③[美]小威廉姆·E.多尔.后现代课程观.王红宇译.北京:教育科学出版社,2000.241页

认识到解释的这种背景特点,将有助于我们了解对话参与者的思维以及所有教学行为。作为教师不能直接传递信息;相反,当我们帮助他人在他们和我们的思维成果以及我们和其他人的思维成果之间进行协调之时,我们的教学行为才发生作用。多尔认为,这也就是杜威为什么将教学视为交互作用的过程,而学习则是那一过程的产物。

这种有意义的、相互作用的、参与性的对话在现代主义的框架内是极少进行的,教师的讲解具有上帝般的权威性而被学生重复。课程内容是超越地方性和背景性的,具有普遍性和抽象性。教师也会不知不觉地以权威者的姿态出现向学生作讲解。

在多尔提倡的转变性课程框架中,不确定性、变换的关系和自发的自组织得以强调。在后现代框架中,需要重新界定严密性概念,它强调了解释性和不确定性。从组合的角度界定严密性,即严密性应该是不确定性和解释性的组合。

因为在处理不确定性时,没有人能确信他是"正确的"。必须不断地探索,寻求新的组合、解释与模式。按照多尔的观点,在课程学习中,"不要过早或最终以一种观点的正确而结束,而是要将所有的观点投入各种组合之中。在此严密性意味着有目的地寻找不同的选择方案、关系和联系"①。另外,解释的特性及其自身的丰富性也依赖于我们如何完善地发展不确定性所呈现的各种选择方案。

严密地对待解释,需要意识到所有的评价有赖于(通常是隐现的)假设。严密性在此意味着自觉地寻找我们或他人所持的这些假设,以及这些假设之间的协调通道,促使对话成为有意义的和转变性的对话。例如,读者与文本之间的对话是双向的过程,二者都有自己的声音,在这种对话中确定性和不确定性组合在一起。不确定性在此并不意味着任意性;相反,它"承认现实化的范围"——更好的是,它还承认由此达成现实化的一系列可能性。在发展中达成哪一种现实化,则依赖于相互作用的过程本身,依赖于不确定性和确定性的组合。

在这样一种课程面前,没有人成为绝对的知识权威,教师作为平等的首席保持对话不断地继续,师生在对话和互动中生成对知识的理解。

---

① [美]小威廉姆·E.多尔.后现代课程观.王红宇译.北京:教育科学出版社,2000. 260页

第三章

脑科学研究对有效教学的促动

注重丰富的学习情境设计已成为20世纪80年代以来学校教学变革的主要路径。越来越多的人相信,学生必须以很多不同的方式接触学科内容,其中的很多方式都必须是复杂的、真实的。让学生置身于丰富的、复杂而真实的学习情境中,比单纯的"讲授—接受"式教学好得多。基于新技术的教学设计,基于课堂情境的教学设计,基于真实生活的教学设计,基于小组学习的教学设计等等,都注重为学生创设丰富的、复杂而真实的学习情境,让学生运用多种方式理解知识和表现知识,而不是单纯的知识授受与记忆。这一教学变革思路得到多元智能理论和脑科学研究的支持。

过去人们普遍认为,所有的人只存在一种智力,而且是先天固定的,与生俱来的,后天无法改变的,只有先天高智商的人才能获得成功,并且只存在唯一一种适合的最优的教学方法。相当一部分人是无法获得成功的,失败的原因在于智商问题,而不是教学问题。

20世纪80年代流行起来的多元智能理论首先否定了人类智力的单一性和先天确定性。多元智能理论认为,智能是多元的、情境化的,通常以复杂的方式统合运作;每一项智能都可以有多种表现方法;每个个体都是独特的。并非所有的学生都采用相同的方法学习。如果找到了适合每一个学生的学习方式,每一个学生都可能获得成功。

多元智能理论从智力重构的角度提供了支持。智能的本质是多元的,是可变的,人类的潜能也是可变的。人类文化环境不仅影响人的智力和潜能,而且积极建构着个体的发展。

新近的脑科学研究发现,脑是一个终身可塑的脑,丰富的环境不仅有助于脑的学习,而且在一定程度上改变着脑的生理结构。脑是一个情绪的脑,运动的脑,整体的脑,这说明适于脑的学习不是单一因素在起作用,而是整个人所处环境、已有经验、情绪状态和身体运动等因素整合作用的结果。

第一节 注重丰富的学习情境创设

学生必须以很多不同的方式接触学科内容,其中很多方式都必须是复杂的、真实的,成为丰富的学习情境创设的主要依据。学校教学要致力于让学生置身于丰富的、复杂而真实的学习情境中,教师的职责从对知识的直接讲授转变为注重丰富的学习情境创设。1996年,温特比尔特大学认知与技术小组专门提出了学习情境创设的四个视角,而且强调四个视角之间要相互联系,相互支持,形成一个整体概念,即学习者中心环境、知识中心环境、评价中心环境、共同体中心环境。这四个视角其实也是教师和学生在课堂教学情境创设中必须面对的基本问题。从20世纪80年代开始一直延续到整个90年代,有很多相关研究集中围绕这四个视角来探讨有效教学和有效学习的问题。

一、学习者中心环境

"学习者中心"这个术语指这样一种环境,"学习者将他们的知识、技能、态度、信仰带到其中,这些学习者带来的东西在这里都必须得到足够的注意"[1]。这种学习情境设计强调学习者的已有经验和文化背景的价值,力求使学习者已有经验与文化实践与当前的学习相适应,沟通新知识与熟悉情境的联系,促进新知识的有效学习。

这种术语也与1980年提出的"诊断性教学"的概念相吻合,即试图发现学生对所面临的问题的看法,给他们创造一种情境,使他们能继续思考,重新调整他们的看法。

学习者中心环境要求教师有这样的意识,即"学生一开始就将他们的信

---

[1] [美]约翰·D.布兰思福特等.人是如何学习的——大脑、心理、经验及学校.程可拉等译.上海:华东师范大学出版社,2002.150页

念、理解、文化实践带进学习中,并且在学习的过程中建构自己的意义"①。教师们要了解每个学生都知道些什么,关心什么,能够做什么,想要做什么。学习者中心环境试图帮助学生将他们先前知识经验与当前学习联系起来。在建立新知识与学生熟悉情境的联系方面,家长有着明显的优势,婴幼儿的学习也得益于这一点。教师要做到这一点不是很容易。不过,教师还是有可能做到了解每个学生的特殊兴趣和优缺点的。

以学习者为中心的环境设计,教师要有能力把学生带到学校的优点加以利用。"如果教师把学生作为有经验、有思想、有家庭和社区资源——这些事物能够被用来帮助他们掌握新知识和技能——的学习者,学生的学习就会得到促进。"②

教师要努力创设一种鼓励性的、包容性的课堂环境,所有学生都对教师和同伴有安全感,"学生不仅被接纳,而且还因其在课堂内外的不同体验而受到尊重"③。这种课堂环境把"学习者中心环境"与"共同体中心环境"整合起来。

1978年,苏联心理学维果茨基提出的"最近发展区"为促进学生的发展提供了一个很好的解释框架。"最近发展区"强调了学生能力的上限,这个能力上限随着学生独立能力的增强而不断变化。学生今天需要帮助才能完成的事,明天就可能独立完成。"最近发展区"既与"学习者中心环境"有关,也与"共同体中心环境"有关。教师必须考虑学生的各种学习经历,或者说必须考虑学生的各种"最近发展区"。有效的教学要超越课堂与书本,与学生的校外生活经验,包括家庭经验连接在一起,要努力帮助学生建立课堂内、校内以及校内外紧密联系的社会资源网络。

一个好的教师必须根据每个孩子的起点为他设想出不同的期望——教学不能像传送带,不能期望每个学生都能在同一时刻学习同一个知识。不同的学生要求不同的支持平台。下面的一个案例明显地体现了这一点。

---

① [美]约翰·D.布兰思福特等.人是如何学习的——大脑、心理、经验及学校.程可拉等译.上海:华东师范大学出版社,2002.151页

② [美]琳达·达林-哈蒙德等.教师应该做到的和能够做到的.陈允明等译.北京:中国青年出版社,2007.207页

③ [美]琳达·达林-哈蒙德等.教师应该做到的和能够做到的.陈允明等译.北京:中国青年出版社,2007.218页

研究人员正在观摩一堂课,据说教师非常出色,但见到的事情却使他们大吃一惊。①

这位教师正在教中学生的数学课,问题很有趣但也很难。让研究人员吃惊的是,这个所谓的杰出教师竟然夸奖了一个显然不那么出色的学生,那个学生口头讲述的数学解法没问题,但他没有对于自己的选择作任何说明。尽管如此,教师仍然夸奖了他,而同班同学也鼓起了掌。研究小组觉得那教师对于卓越的标准定得太低了,而这最后会对学生不利。他们本来以为那教师明白数学教学的重点应当在于解释,但显然他并不明白。

这件事发生在星期五,整个周末研究小组都在谈论怎样帮助那个教师。他们不想伤害那个教师的情感,但事关学生的学习,别无选择。最后,他们决定去了解那个教师的想法,因此周一去见了那个教师,问他觉得周五的课如何。他回答:"这是我教学生涯中最精彩的场面之一。"他解释说,上周五是那个男孩全年第一次(当时是 12 月初)敢于面对全班发言。当然,他的表现并不完美,教师自己其实也希望他能就他的解法作出解释,而不是仅仅复述其计算过程。但整体来说,这个表现已经是个巨大的胜利了。那个孩子告诉了他的父母,而且他们也打了电话表示感谢。全班也意识到这是一件大事,所以大家鼓了掌。

那个教师认真地对待下述想法:为了取得进步,不同的学生要求不同的支持平台。同时,那个教师认真地考虑了如何才能让学生都达到高标准的要求。他确信,周五第一次发言的那个男孩到了年底不但会给出答案,而且会给出解释。

学生从一开始就将他们的信念、理解、生活实践带进知识学习中,并且在学习过程中建构自己的意义。教师要了解每个学生都知道些什么、关心什么、能够做什么、想要做什么,帮助学生将他们先前知识经验与当前学习联系起来。

这里,教师最重要的角色之一就是尽量帮助学生建立起新的知识情境与所熟悉的真实生活情境之间的联系,为不同的学生提供不同的支持平台。

---

① [美]琳达·达林-哈蒙德等.教师应该做到的和能够做到的.陈允明等译.北京:中国青年出版社,2007.59 页

二、知识中心环境

有效学习情境还应该是知识中心的。完全不考虑学习者的需要和先前经验,也是很难学好新知识的。以学习者对新知识的最初理解为起点,知识中心环境与学习者中心环境就相互交叉起来。

知识中心环境重点将注意力放在能够帮助学生理解学科的那些信息和活动上。这种学习情境的知识中心视角直接涉及课程设计问题,即课程在多大程度上帮助学习者理解所学内容而不是促进学生获得彼此不相关联的事实和技能?如何培养学生对学科整体的理解?等等。对于孤立的部分的强调容易使学生墨守成规,掌握知识的全貌,才能保证整合知识结构和了解适用性条件的信息。

知识中心的学习情境要超越细节教育。试图教会学生每一件事并使之成为习惯是愚蠢的。我们应该"摒弃通过范畴和顺序图表之类练习来学习这种单一的渐进方式,取而代之的是将学生暴露于自然的问题情境中,从这些情境中产生出学科领域的主要特点。组织一些活动,使学生能够探索、解释、扩展、评价他们的进步"①。

人们对爱因斯坦的生活经历的描述中说明了这一问题:"尽管爱因斯坦对关于他的生活和工作的事情写得很少,但在他所记录的东西中包含了一个反复出现的主题:施加给他的工作的外部控制可能会破坏他对科学的兴趣和他的创造力。年轻时,他曾进入一个德国的军团化的军事学校。在那里,考试期间的压力完全制服了他,以至于他暂时失去了对自然科学的兴趣。但是,即使是在那个时期,他的兴趣仍是十分坚定的。在1949年,爱因斯坦回忆了这所学校带给他的很坏的影响:'这种压力对我产生了如此决定性的影响,以至于在我通过终考之后的一年时间里,我发现自己对思考自然科学的问题感到十分厌恶。'"②

这里,知识中心环境设计所面临的挑战是,"如何能在为促进理解而设计的活动与为提高技能的自动化程度而设计的活动之间达到平衡,这种自

---

① [美]约翰·D.布兰思福特等.人是如何学习的——大脑、心理、经验及学校.程可拉等译.上海:华东师范大学出版社,2002.154页

② [美]雷纳特·N.凯恩等.创设联结——教学与人脑.吕林海译.上海:华东师范大学出版社,2004.43页

动化程度是有效运作所必需的,没有意识参与的"①。如果处理不好这个矛盾,在阅读、写作、计算方面需要付出特别努力的学生会遇到很多严重的学习困难。

在课堂教学中,有人区分了两种不同的知识学习方式:路线学习与地图学习。这两种学习方式代表了两种典型的知识记忆系统。理解这两种记忆系统在教学中的运用有何差异的最好方法是理解去某个地方时运用路线(分类记忆)与运用地图(位置记忆)之间的差异。

路线学习属于一种分类记忆系统,通过练习和复述来储存分类记忆的信息,许多信息是相对隔离的,也是没有意义的。"我们所关心的是在需要时能回忆起来的信息和能使用的技能,无论它们的意义如何。"②初来一座陌生的城市,人们一般向别人打听去目的地的最近的路,用心记住这些指点或简单地记在纸上,忠实地按照指点行进,而且一次都没有迷过路。为了确保精确性,人们还倾向于将注意力集中于行进路线以及对路标的检查上,同时忽视大的情境,包括沿途风景等。尽管人们几乎对这个城市没有了解,但路线的获取相当便捷,也很有效,且这几乎完全建立在别人告诉他一切的基础上。

路线也是有局限性的。没有地图或其他联系程序的帮助,一旦行进路线受阻,就可能迷路。

地图学习则代表了一种位置记忆系统。1978 年有人提出,发生在我们身上的每一件事都发生在空间中。有效学习应该是这样的,即"它们有着大量的相互联系,而且它们具备非预期情境下被准确提取的特性"③。我们必须帮助学生把他们需要知道的材料和他们已经知道的联系在一起。建立自己的地图要花很多时间,但人们愿意这样做,在建立自己地图的过程中人们获得了大量的信息。当需要的时候,人们不仅能找到自己的特定路线,而且一旦第一条路线受阻,他们还有广泛的资源可以依赖。当人们对一个城市

---

① [美]约翰·D.布兰思福特等.人是如何学习的——大脑、心理、经验及学校.程可拉等译.上海:华东师范大学出版社,2002.154 页

② [美]雷纳特·N.凯恩等.创设联结——教学与人脑.吕林海译.上海:华东师范大学出版社,2004.36 页

③ [美]雷纳特·N.凯恩等.创设联结——教学与人脑.吕林海译.上海:华东师范大学出版社,2004.39 页

开始熟悉起来,获得了许多的个人了解,即使没有印好的地图,也不需寻求具体的指点,无论从哪里出发,去到哪里,采用如何路线都能够找回目的地;甚至可能会绕道去看一个当地的风景点,或者购物。这样,当人们获得了对这座城市的总体印象时,也建立了一个更大的复杂的地图。人们正是用这幅内在的地图来解决与各种路线相关的任何问题的。

事实上,在课堂教学中,路线学习是比较普遍的。学生经常被训练去记住必要的信息(路线),却很少理解所学知识的意义或含义。主要学习动机则是为了外部的奖赏和认同。路线学习是必要的,但更有效的学习应该是地图学习。这种学习由新奇性、好奇心和期望所驱动,由创造性、独特的、争论的和冥思苦想而得出的解决方案所带来的纯粹乐趣所吸引。

地图学习与路线学习的主要区别就在于,在地图学习中,"学生必须找到把新信息与其他信息联系起来的方式,这是一个极富创造的和凌乱的过程"①。地图总是复杂的与个性化的。地图建立了信息的内在组织,它所包含的信息要远远多于包裹在练习或课本中的信息。例如,有人以《马铃薯》一课的教学为例说明两种知识学习方式的主要区别和侧重点的不同:教学目标是熟悉马铃薯在植物王国中的位置及种类,还要了解马铃薯的化学组成。

路线学习——强调分类系统②

课的计划 我们会有一个预先决定的计划,计划由所有关于马铃薯的特定结果组成。关于马铃薯的相关事实可能是通过教授和课本信息来鉴定。教师扮演首要的权威,由他们对正确和错误的回答作出判断。总体来说,来自其他科目领域的信息都被看做是无关的。可能要利用大量关注于联系与复述的记忆策略,但目标仍然是对事实的记忆。测试可能是正式的标准的模式。

动机 对于那些毫无兴趣的或是不具备内在的目标的或是毫无理由去认识马铃薯的学生而言,他们的动机主要是外部动机。一般而言,想要一个高分或害怕得低分是主要的动机。

---

① [美]雷纳特·N.凯恩等.创设联结——教学与人脑.吕林海译.上海:华东师范大学出版社,2004.42页

② [美]雷纳特·N.凯恩等.创设联结——教学与人脑.吕林海译.上海:华东师范大学出版社,2004.44页

脑的激活 脑的激发可能是特定的。这里我们的意思是,除了脑的正常的整体的操作,为了达到记忆的目的,只有相当少的神经元在不断地重复工作。这样特定的努力导致了迅速的和实质性的疲劳。因此,在尝试的过程中必须进行定期的休息,除非有更大模式的某个部分能激发起学习者的内在动机,否则,整个的工作过程将不可能是愉悦的和激动人心的。

结果 许多学生会在短期内记住一些信息,在考试之后就会很快将其遗忘,只有很少的几个人能较长时间地记住许多知识。为特定记忆而进行的考试会很容易,且思维要求不高。然而,这样的考试将不能揭示出学生学到的其他东西。而且,事实上,对于那些能在更广泛、更实际的情境中或者以创造性方式应用的知识来说,学生几乎没有学到。

地图学习——基于位置记忆系统①

课的计划 要学的一些知识可能还是特定而具体的,但课程计划将会不同,原因在于,我们的目标定位在运用信息来建立地图。那只有在其他目标已经达到的情况下才可能实现,在这里,首要的关注点是帮助学生建立内在联系。因此,科目之间是彼此跨越的,我们将马铃薯用做在历史、地理、科学、文学、音乐、社会学、艺术等学科中展开探索的素材。但这不只是一个记忆的策略。我们所要达到的一个目标是真正地利用马铃薯来帮助学生理解其他学科领域。

例如,教师可能一开始把一个看上去很有趣的且发了芽的马铃薯带到班级中,同时伴随着讲述一个历史故事,这个故事或是关于马铃薯的一场战争,或是牵扯到马铃薯的一个关于极度歧视的事件。很显然,马铃薯的历史是很令人着迷的。学生是否知道,马铃薯一直是穷人家的盘中餐,可到了饥荒侵袭英国的时候,那些富人们也不得不以之果腹?全班同学可以研究饥荒及其历史和社会的含义,包括去研究饥荒与偏见、社会等级差异之间的相关性。当然,在过去,我们自身的社会和实际的学生经验之间可以描绘出一些关系。这可能会导致学生去进一步研究经济现实对过去的和现在的社会的影响这一课题。甚至于,这可能将导致学生对供求关系的规律作出更深刻的理解。不同国家的地理特征可以与考察土壤营养需求以及营养对土壤

---

① [美]雷纳特·N.凯恩等.创设联结——教学与人脑.吕林海译.上海:华东师范大学出版社,2004.44~45 页

的影响等科学探索活动联系在一起。生态问题可以被引进。通过利用艺术、音乐、文学、野外旅行和对那些在社区中积极地从事相关领域工作的人的访问,以及通过利用与生活内容直接相关的创造性的计划,我们可以丰富上述所有的这些探索活动。这样,围绕着马铃薯,我们将许多学科整合在一起——通过这种方式可以使脑中的所有相关知识联系在一起。

动机 对于地图学习来说,学生的个人好奇心是被激发起来的。这是位置学习的关键,但这并非总能轻易实现。其实,教师有很多好的机会来调动学生,这是因为,学生的个人经验是能够被激发的,而且教师可以通过提供选择来整合学生的兴趣。从许多方面看,这种动机类似于好奇心,这种好奇心是与如下因素紧密相连的,即个人对爱好的掌握以及对与爱好有关的经验的复杂性的掌握。

脑的激活 脑的整体运作直接调动了学习,这是因为,与学习相关的许多领域,包括感觉领域和情感领域,都被充分激活并投入工作。这种类型的学习把学习分散在整个脑中,这样,特定脑细胞受到的压力就小得多。这样,学生就可以在更长的时间内投入这类学习。他们会更加深入其中,也会更加兴奋。

结果 短期之内大多数学生会记住一些信息。更多的人会在很长的时期内回忆出大量信息,并且能在不同的情境中为达到不同的目的而激活这些信息。他们还将形成对其他一些问题的看法,这些问题则超出了起始学科的内容。这样,创建地图也就意味着,学生可以应用学科本身自动地去创建新的地图。会有少量的正式和标准的测试,但大多数评价是复杂的,并以一种虽具有挑战性但没有威胁的方法被整合到教育过程中。

"地图学习"与"路线学习"两种教学设计思路比较典型地说明了教师在多大程度上能够帮助学习者理解所学内容,而不是促进学生获得彼此不相关联的事实和技能。

地图学习与路线学习的主要区别就在于,在地图学习中,学生必须找到把新信息与其他信息联系起来的方式,这是一个真实的复杂的问题情境。在地图中寻找要走的路线,总是复杂的与个性化的。依赖问路得来的路线虽然是简洁的、方便的,但稍有改变就会迷路,而找不到方向。

三、评价中心环境

评价不仅仅指对学生学习的终结性评价和他者评价,更要重视学生学习的诊断性评价、过程性评价、形成性评价以及自我评价。评价成为教学一个有机组成部分，评价可以促进学生的发展。这是 20 世纪 80 年代以来有关教学评价观念的一个明显变化，这也带来了课堂实践的变化。人们对形成性评价及自我评价能力的看重，就是一个例证。

评价活动所带来的反馈应持续地作出而不是突然进行。通过评价与反馈，教师可以不断地了解学生们的思维和理解，并把对学生能力的评价与他们学习和生活联系起来。有很多研究表明："形成性评价机会提高了学生学习和迁移，因此，他们学会利用评价的宝贵机会进行回顾。小组合作完成任务的机会也能提高反馈的质量。"①有效的形成性评价和自我评价可以及时修正学生们的思维，提供回顾与改进他们学习的机会。

理想的情况是，形成性评价应当与教育方法天衣无缝地结合在一起。教师要利用及时的反馈信息调整、改进教学。设计恰当的评价能够帮助教师反思教学实践。形成性评价的一种主要形式——档案袋评价流行起来，看重的是档案袋评价"为我们提供一种形式以记录学生整个学年的学习进程，其最为重要的一点是它允许学生和老师、家长、同伴等一起讨论他们的成绩和困难"②。如果恰当使用的话，档案袋能为学生和其他人提供有关学生在一个阶段内学习进展的宝贵信息。

提升学生自我评价的能力，成为评价中心环境的主要内容。有效的学生自我评价有助于学生发展元认知能力，也能够增强学生对学习的责任感，增强教师与学生之间的合作关系。这得到了很多评价研究的证明。自我评价和同学互相评价已经成为课堂教学的正常方法。

信息技术为评价中心环境的创设提供了更多的机会，尤其是通过网络技术，学生、教师、家长以及专家可以同步或异步地相互影响，形成更广泛的学习共同体，这就为学生提供了更多的评价和反馈机会。评价中心环境与共同体中心环境通过技术可以形成更为有效的学习情境。

---

① [美]约翰·D. 布兰思福特等. 人是如何学习的——大脑、心理、经验及学校. 程可拉等译. 上海：华东师范大学出版社，2002.155 页

② [美]约翰·D. 布兰思福特等. 人是如何学习的——大脑、心理、经验及学校. 程可拉等译. 上海：华东师范大学出版社，2002.157 页

四、共同体中心环境

共同体中心环境包括把班级作为一个共同体,学校作为一个共同体,还包括与之联系的更大的共同体,家庭、社区、国家甚至整个世界。理想的状态是"学生、教师和其他有兴趣的参与者共同分享重视学习和高标准的准则,这样的目标促进人们之间互动,获得反馈,相互学习"①。

有研究者认为,在班级和学校共同体中,不同的标准和实践对教什么和怎样评价具有至关重要的影响。② 比如,数学课堂教学的标准可能是数学就是知道怎样计算,另一个更好的标准可能会是数学理解。有时候对不同的学生会有不同的期望,教师可能将学习成功的期望传达给学生,把学习失败的期望传给另一些学生。

共同体中心环境还受到整个社会的文化背景的影响。例如在日本,学生们擅长相互学习,还善于听讲,所以他们能够从人数众多的班级讨论中学习,即使他们没有更多的机会参与讨论。美国学校班级文化却与之很不相同——大多强调答案正确的重要性并通过发言获得学习。③

理想的学习应该是,学校学习与学校以外的学习连接起来。学校以外的学习情境最重要的是家庭。如果家庭能够成为一种成功的学习情境,就可以为孩子提供鼓励,指导孩子学习,尤其是在孩子幼小的时候。在家庭环境中,孩子围绕有兴趣的事情,与值得信赖的、又有一技之长的成年人或小伙伴交谈和接触,这是极有影响力的学习情境。

通过新技术,可以让学生方便地与校外专家取得联系,这也能对学校内部学习产生积极的影响。这些专家能够为学生提供机会,让他们与其他对学生学习感兴趣的人相互交流。这些专家并不一定要走进他们的教室,但会看到他们的作品,可以给予及时的评价与指导。新技术增强了学生与外界联系的能力,可以把教室与学校其他人、与家长、与商业领袖、与大学生、

---

① [美]约翰·D.布兰思福特等.人是如何学习的——大脑、心理、经验及学校.程可拉等译.上海:华东师范大学出版社,2002.167 页
② [美]约翰·D.布兰思福特等.人是如何学习的——大脑、心理、经验及学校.程可拉等译.上海:华东师范大学出版社,2002.159 页
③ [美]约翰·D.布兰思福特等.人是如何学习的——大脑、心理、经验及学校.程可拉等译.上海:华东师范大学出版社,2002.161 页

与内容领域专家以及全世界的其他人连接起来。

一些研究认为,成功的学习情境应当让置身其中的成员有这样的感觉:"每个成员的成绩对于其他成员和团队都很重要,他们都有同一个信念,也即每个成员的需求都会通过他们的共同努力而实现。"①"真正的学习社区互相学习,而且也知道怎样有尊严地互相争论。当人们相互分享他们的理解和推理的时候,他们也以各种不同的方式相互施教。分享的不仅是想法,而且也包括争论、推理和解决问题的方式。这有助于同伴开发他们的思考能力和知识储存。除此之外,学习社区各个成员的多种多样的技能和兴趣爱好让参与者得以接触各种专门知识,这也有助于社区成员的学习。课堂管理主要是开发一个基于尊严地争论的学习社区,其中学生能得益于相互的观点和知识。"②可见,"共同体中心环境"并不意味着每个人在每件事情上同意其他每个人。但每一个人都要得到尊重,都有表达自我和倾听他人的机会。

第二节 丰富的学习情境促进多元智力

美国哈佛大学的霍华德·加德纳(Gardner, H.)(也译为"加登纳")、伊斯雷尔·谢弗勒重新构建了人类的智能观和潜能观。他们确信,每一个学生都有发展潜能的可能性,不仅可能发展自己拥有的潜能,还可能发展出自己没有的潜能。学生学习失败并不是智力问题,而可能是学校教学没有提供适合学生的学习方式。

位于荷兰海牙的伯纳德·范·李尔基金会是一个国际性的非盈利组织,致力于帮助处境不利的青少年和儿童。1979年,基金会邀请哈佛大学教育研究生院评估与人类潜能及其实现有关的科学知识的状况。加德纳和谢弗勒等人是这一人类潜能项目"the Project on Human Potential"的主要研究人员。1983年出版的加德纳的《智能的结构》是该项目资助出版的第一部

---

① [美]琳达·达林-哈蒙德等.教师应该做到的和能够做到的.陈允明等译.北京:中国青年出版社,2007.57 页

② [美]琳达·达林-哈蒙德等.教师应该做到的和能够做到的.陈允明等译.北京:中国青年出版社,2007.57 页

著作,加德纳从心理学的视角提出了多元智能的框架,以挑战传统的智商概念和智能一元论观点。1985年出版的谢弗勒的《人类的潜能:一项教育哲学的研究》则是该项目资助的第二本书。该书从哲学的视角对人类潜能概念进行分析性重构,旨在打破潜能的神话,重新定义潜能的概念,并以此为基础重新反省教育者的责任。这两本书对人们重新确认人类智能、潜能及其相关的教育观念起到了非常重要的作用。

一、智力是多元的、情境化的

加德纳从心理学的视角提出了多元智能的框架,多元智能理论是基于对传统智力测验理论的批判。从智力测试产生之日起,关于智力测试局限性的争论就从未停止过。人们都试图超越单一智力,走向多元智力。多元智能理论不仅重构人类的智能结构,而且有很多追随者丰富扩展了多元智能理论的应用前景,尝试运用到学校教学情境中,为创设丰富的学习情境,为每一个学生个体拥有独特的学习方式提供了可能。

传统的智力观强调,智力是一元的,是一种单一的整合的能力组成的。多元智能理论则认为,人的智力不是一种能力而是一组能力,其基本结构是多元的——各种能力不是以整合的形式存在而是以相对独立的形式存在。在加德纳看来,支撑多元智能理论的是个体身上相对独立存在着的、与特定的认知领域或知识范畴相联系的七种智力。这七种智力分别是语言智能、数理逻辑智能、空间智能、音乐智能、身体运动智能、人际关系智能、自我认识智能。1995年,加德纳又提出自然智能,即个体辨别环境的特征并加以分类和利用的能力。按照加德纳的说法,这只是智能的大略分类。每一种智能还可以再细分,彼此之间的顺序也可以重新排列。

这种智力观强调智力是多元的、独特的。每个个体不仅同时拥有多种智力,而且这些智力在个体身上表现出不同的组合方式。即使同一种智力,也有多种表现形式,这就决定了每一个个体都成为一个独特的个体。所以,我们很难找到适用于任何人的统一的评价标准来评价一个人的聪明与否、成功与否。即使对一个人而言,也不能笼统评价一个人聪明与否,而只能说他在哪方面聪明些。

智力还是情境化的,受所处生活环境和文化环境的影响。只有考虑到一个人所处的环境,才能真正理解他的智力。多元智能理论考虑智力在不同文化下的不同表现,认为智力是不可以脱离个体的生活、工作和游戏以及该情境所提供的机会和价值观而精确地测量到的,文化和经验在儿童智力发展上具有重要意义。个体在"某一领域的进步并不完全依赖于单独一个个体在这个世界中的行为。确切地说,关于该领域的许多信息则更被认为是包含在文化本身之中的,因为确定个体成就的阶段及固定个体成就限度的是文化"①。也就是说,不同文化背景下的不同个体在智力的发展方向和程度上存在差异,"单一智能或多种智能,一直都是一定文化背景中学习机会和生理特征相互作用的产物"②。正是文化的发展以及文化的要求使人们发展智力成为可能。

1985年,与加德纳同时代的美国耶鲁大学心理学家斯腾伯格提出了"三重智力理论",挑战传统的智力测验理论。他认为,"三重智力理论"包括情境亚理论、经验亚理论、成分亚理论,将这三个亚理论结合在一起,就可以较为公正客观地描述和解释个体之间的差异。

1995年,斯腾伯格再次提出"成功智力理论"。成功智力包括分析性智力、创造性智力和实践性智力。成功智力的三个方面是彼此联系的,他认为,一个拥有成功智力的人用分析性智力发现好的解决办法,用创造性智力找对问题,用实践性智力来解决实际工作中的问题,并在真实的世界里获得成功。成功智力"只有在分析、创造和实践能力三方面协调、平衡时才最为有效。知道什么时候以何种方式来运用成功智力的三个方面,要比仅仅具有这三个方面的素质来得更为紧要。具有成功智力的人不仅具备这些能力,而且还会思考什么时候、以何种方式来有效地使用这些能力"③。在斯腾伯格看来,传统的IQ测验以及在美国广为使用的一些标准化测验,只能对学生在学业上的成绩和分数作部分预测,而与现实生活中的成败较少发生联系。

这里,斯腾伯格的成功智力理论的文化情境性也非常明显。"成功智力

---

① [美]H.加德纳.智能的结构.兰金仁译.北京:光明日报出版社,1990.29页
② [美]H.加德纳.多元智能.沈致隆译.北京:新华出版社,1999.230页
③ [美]R.J.斯腾伯格.成功智力.吴国宏等译.上海:华东师范大学出版社,1999.116~117页

所要求的心理能力也因文化而异。"①任何文化中的个体都能以适宜其生存文化环境的智力来达成自我的人生理想。这里所说的成功,不仅仅指伟人、巨匠,在现实生活中找对自己位置的平凡人都可以发展成功智力,人人都可以获得成功。

同加德纳一样,斯腾伯格也认为,智力(核心是成功智力)是可以发展变化的,尤其是实践性智力会随着年龄增长和经验丰富而逐渐发展。成功智力是可以获得的,学校教育应该而且可以培养学生的成功智力。学校教育应该开设一些不仅需要分析技能,还同时能够挑战其创造性和实践性智力的课程,成功智力完全可以加以培养和传授。但是必须承认的是,成功智力理论对学校教学变革的影响远不及多元智能理论。

二、智力具有实践性和真实性

多元智能理论强调的智力是解决实际问题的能力和创造有效产品的能力,而非纸笔测验成绩。传统的智力理论和皮亚杰的认知发展理论都认为,智力是以语言能力和数理逻辑能力为核心的、以整合方式存在的一种能力。

基于对皮亚杰认知发展理论、信息加工理论以及传统智力测验的批判,1983年加德纳提出了自己对智力概念的理解:"一个人的智能必定会带来一套解决难题的技巧,它使个体解决自己所遇到的真正难题或困难,如果必要的话,还使个体能创造出一种有效应的产品;智能又必定会产生那种找出或制造出难题的潜力,因而便为新知识的获得打下基础。"②他的基本观点是,智力是在一种或多种文化背景下,个体解决问题的能力或创造出该文化所珍视的产品的能力。1999年,加德纳在《智力的重构——21世纪的多元智能》一书中对智力的概念进行了补充,提出了更为精确的智力定义:"个体处理信息的生理和心理潜能,这种潜能可以在某种文化背景中被激活以解决问题和创造该文化所珍视的产品。"③加德纳进一步解释说,这些词语的变化

---

① [美]R.J.斯腾伯格.成功智力.吴国宏等译.上海:华东师范大学出版社,1999.98页

② [美]H.加德纳.智能的结构.兰金仁译.北京:光明日报出版社,1990.69页

③ [美]H.加德纳.智力的重构——21世纪的多元智力.霍力岩等译.北京:中国轻工业出版社,2004.42页

告诉我们:"智力并不是可以看到或者可以计量的东西,而是潜能,是中枢神经系统的潜能,它们可能会被激活,也可能不会被激活。这些潜能能否被激活有赖于特定文化下的价值观、文化中可以获得的机会以及个体通过自己、家庭和老师等人所作出的不同选择。"①

斯腾伯格也看到了智力具有实践性。斯腾伯格把具有成功智力的人描述为:"具有成功智力的人对其充当的角色能应付自如。他们懂得为了应对目前的任务与环境,其工作方式必将有所改变,然后,他们分析出这些必要的改变会是什么,并执行它们。"②可见,斯腾伯格的成功智力理论也是以"产品"为导向的智力理论。

斯腾伯格在《成功智力》一书的最后描述具有成功智力和富于创造的个体的 20 个特点③:具有成功智力的人能自我激励;具有成功智力的人学会了控制冲动;具有成功智力的人知道什么时候应该坚持;具有成功智力的人知道如何充分发挥自身的能力;具有成功智力的人能将思想转变为行动;具有成功智力的人以产品成果为导向;具有成功智力的人完成任务并能坚持到底;具有成功智力的人都是带头者;具有成功智力的人不怕冒失败的风险;具有成功智力的人从不拖延;具有成功智力的人接受合理的批评和指责;具有成功智力的人拒绝自哀自怜;具有成功智力的人具有独立性;具有成功智力的人寻求克服个人困难的办法;具有成功智力的人能集中精力达到他们的目标;具有成功智力的人既不会对自己要求过高,也不会对自己要求过低;具有成功智力的人具有延迟满足的能力;具有成功智力的人既能看到树木,也能看到森林;具有成功智力的人具有合理组织的自信及完成其目标的信念;具有成功智力的人能均衡地进行分析性、创造性和实践性的思维。

斯腾伯格描述的这 20 个特点都反映在成功智力者的个人品质和行为表现之中,它们不是通过传统的智力测验测量出来的。其中包括许多"非智力因素"。但斯腾伯格认为,根本就不存在什么"非智力因素","智力因素"与

---

① [美]H.加德纳.智力的重构——21 世纪的多元智力.霍力岩等译.北京:中国轻工业出版社,2004.42 页

② [美]R.J.斯腾伯格.成功智力.吴国宏等译.上海:华东师范大学出版社,1999.144 页

③ [美]R.J.斯腾伯格.成功智力.吴国宏等译.上海:华东师范大学出版社,1999.249～268 页

"非智力因素"的划分是针对学业智力而言的。只有"呆滞"的智力才需要再有其他"非智力"的成分参与,才能在现实生活中获得成功。对于成功智力而言,任何有助于达到成功的因素皆在其内。

多元智能理论考核的是解决实际问题的能力和创造有效产品的能力。传统的智力测验也许对学生的在校学习成绩能够进行较好的评估和预测,但对评估和预测学生在学校以外的表现和发展其作用微乎其微。不少在校学习成绩"优秀"的学生进入社会后一无所成,而不少在校学习成绩一般甚至调皮捣蛋的学生却能在离校后创造佳绩。传统智力测验是一种脱离具体情境,只用语言和数理逻辑方式表达的测试。多元智能理论则注重智力的实践性和真实性,看重的是每个人在不同方面、不同程度地拥有的"一系列解决现实生活中实际问题特别是难题的能力"和"发现新知识或创造出有效产品的能力"。

加德纳和斯腾伯格都认可,智力是多元和情境化的,智力是以产品为导向的,也是可以发展变化的。但两人的理论旨趣并不一致。斯腾伯格在谈到多元智能理论时,对其在教育中的广泛影响及其理论本身仍需要进一步进行科学论证表示忧虑。斯腾伯格认为:"这种理论具有相当的吸引力,并且在教育中广泛运用。理论往往对社会产生影响,却很少有研究去证实理论中的观点。这也许是一个很好的例子。自从这个理论提出以来,尚未有一个研究结果支持或检验了该理论。于是,在我们拥有了一个强大的理论,并已在教育界产生了重大影响的同时,在心理学上却没有任何经验上的研究以证明该理论。这样的研究其实相当重要,因为心理学曾经在历史上为这个世界奉献过诱人的礼物,但后来却发现并不那么可信。在我看来,智商测试就是一个最好的例证。"①

尽管如此,斯腾伯格还是认可多元智能理论试图重构智力本质,挑战单一能力理论和智商测验的价值,在这一点上,成功智力理论和多元智能理论是一致的。"无论我们赞成多元智能理论与否,我认为,认识到智力的多重属性,并且明白单一能力理论没有考虑到人类心理的复杂性,这一点还是相当重要的。作为一种单一智力,智商理论就不能做到这一点。我自己的理

---

① [美]R.J.斯腾伯格.成功智力.吴国宏等译.上海:华东师范大学出版社,1999.106~107页

论试图不只理解智力,而是超越智商,去理解成功智力的方方面面。"①

加德纳也看到斯腾伯格在挑战传统智力测验时的决心和焦虑,加德纳认为,斯腾伯格探讨了一些新问题,如他探究了解决问题的微观结构,还验证了两种先前被人们普遍忽视的智力。他研究了个体使熟悉的信息或问题自动化的能力,这些能力使个体可以轻松地把他们的注意力指向新的、不熟悉的信息或问题。同时,他思考了人们如何解决不同背景中的实际问题。加德纳尤其欣赏"实践智力"。在加德纳看来,实践智力"对于人们在社会中取得成功是至关重要的,但是人们却很少得到有关这种智力的教育,而且这种智力也很少得到系统的测量"②。斯腾伯格已经发现,人们有效处理新信息或者适应多样化背景的能力与成功解决标准智力测验类型的问题所需要的能力是不同的。

但是,加德纳对斯腾伯格在寻求通过专业人士所热衷的各种纸笔测验的方法来测量一些新近被识别出来的智力形式的做法并不看好。他认为,这有可能重新被纳入传统智力测验的范畴。"斯腾伯格创造一种新的智力测验方式的努力并没有以轻而易举的胜利收尾。大多数的心理测量学家是保守的:他们坚持认为他们的那些测验是经过实验证明的好的测验,同时认为任何一个将要被推广的新的测验必须与现存的测量工具高度相关,例如与我们大家熟悉的斯坦福—比奈智力测验量表或者韦克斯勒智力测验量表高度相关。"③

到20世纪90年代,众多心理学家达成共识,智力是情境化的,智力是可变的,也是可以通过学习获得的。"智力随着人们所能获得资源的不同而不同,从使用铅笔到使用图书馆或者使用计算机网络,人们所需要的智力存在着差异。"④可见,为学生提供丰富的、多元化的学习情境对学生智力的发展

---

① [美]R.J.斯腾伯格.成功智力.吴国宏等译.上海:华东师范大学出版社,1999.107页

② [美]H.加德纳.智力的重构——21世纪的多元智力.霍力岩等译.北京:中国轻工业出版社,2004.29页

③ [美]H.加德纳.智力的重构——21世纪的多元智力.霍力岩等译.北京:中国轻工业出版社,2004.29~30页

④ [美]H.加德纳.智力的重构——21世纪的多元智力.霍力岩等译.北京:中国轻工业出版社,2004.30页

具有重要的意义。

三、潜能是可以改变的，需要激发、引导和选择

在帮助那些在学校教育中处于劣势和学业失败的学生方面，加德纳选择了多元智能理论，取得高学业成就不再是唯一的高智能表现，人们可以从多个方面表现出高智能，每一个学生都存在着智力优劣，学生学业失败并不是由于智能低，而是学校教学方式不适合他的智能优势。如果学校教学能够提供适合每一个学生智能优势的教学方式，所有学生都可能学得好。

作为当代美国分析教育哲学的代表人物之一，谢弗勒在《人类的潜能：一项教育哲学的研究》一书中对潜能这一概念作了彻底的澄清。他从潜能观念更新的视角，为每一个学生都有可能获得教育成功提供了平等智能的前提。

谢弗勒认为，一个人潜能不是先天稳定的，而是可以改变的，没有的潜能也可能拥有，已有的潜能也可能消失。每个人都具有通过改变自己的某些特征从而改变自己的能力。潜能不是稳定的，潜能及其实现都会随着时间的变化而变化。实现学生已有的潜能是重要的，帮助学生拥有所没有的潜能同样重要。在学生潜能开发方面，不仅仅是一个发现和促进的过程，更应该是激发、引导和选择的过程。

教育能够最大限度地开发学生的潜能，对此，人们深信不疑。这也是教育的职责所在。但人们对学生潜能的认识很大程度上影响着每一个学生的教育成败。过去人们常常认为，学生的潜能是一种天赋，是稳定不变的，都是有价值的。每个人的潜能也都是不一样的：并非所有的学生都具有同样的潜能，某些学生具有某些潜能，而另一些学生则不具有。缺乏某种潜能的人，根本谈不上去实现它。教育就是把学生"已经拥有"的天赋潜能最大可能地开发出来。这种潜能观念将直接导致某些学生的学习失败，这部分学生的学习失败也存在着不可抗拒的先天合理性。因为他们不具有某些方面的潜能，所以教育无法帮助他们。

这种潜能观念及其带来的教育影响是致命的。如果想帮助每一个学生获得成功，让每一个个体能够实现持续终身的成功学习，必须从根本上改变人们的这种观念。

谢弗勒通过分析"潜能"概念，提出在潜能问题上存在着三个神话，稳定潜能是一种神话，潜能之间和谐一致是一种神话，潜能均有价值也是一种神

话。这三个神话使教育问题简化为一个与技术性问题相联系的事实性问题。这个事实性问题即"学生有什么样的潜能"技术性问题即"如何最为有效地去实现这些潜能"。

谢弗勒认为,三种潜能观念都会影响学生潜能的实现。"稳定潜能的神话,这种神话使我们不会担心潜能的时间变量。儿童未来的开放性就被简化为在不同的时间中没有变化的可能性;和谐潜能的神话则使我们无须担心需要作出相互联系选择的有关潜能实现的矛盾;最后,价值潜能的神话使我们无须担心要求加以防止而非实现的有害的或邪恶的潜能。"①谢弗勒对三种潜能神话逐一进行解构与重构。

首先,稳定潜能是一种神话,潜能是可以变化的。实现学生已有的潜能是重要的,帮助学生拥有所没有的潜能同样重要。而已有的潜能也会消失。"因为我们不仅要想尽一切办法实现某位或某类学生事实上拥有的潜能,而且还要努力帮助他们去获得迄今为止还缺乏的一些潜能。换句话说,我们的任务有时是为了帮助学生去实现潜能,有时是为了帮助他们去拥有潜能,两者是不一样的。目前拥有某一潜能的学生在将来可能实现它,也可能实现不了;目前缺乏这种潜能的学生在将来可能拥有它,也可能拥有不了。因此,学生潜能的增强问题就超越了在某一特定时间承认或否认他们具有潜能的问题。"②

在谢弗勒看来,如果人们忽略了这种变化的事实,把学生的潜能看成是稳定不变的和持久的,那么,就会机械地误以为教育永远不能够解决学生匮乏某些潜能的问题。在谢弗勒看来:"教育者不仅要预见到那些现有的潜能并促进它们的实现,而且要帮助学生充分实现那些现在具有的但是会稍纵即逝的潜能;教育者既要对学生未来的潜能充满希望,又要对他们现实的却可能稍纵即逝的潜能表示欣赏。教育者努力通过增加未来潜能实现的可能性来帮助学生克服现实潜能的匮乏状态。"③

---

① [美]伊斯雷尔·谢弗勒. 人类的潜能:一项教育哲学的研究. 石中英等译. 上海:华东师范大学出版社,2005.45 页
② [美]伊斯雷尔·谢弗勒. 人类的潜能:一项教育哲学的研究. 石中英等译. 上海:华东师范大学出版社,2005.10~11 页
③ [美]伊斯雷尔·谢弗勒. 人类的潜能:一项教育哲学的研究. 石中英等译. 上海:华东师范大学出版社,2005.13 页

其次,潜能和谐一致是一种神话。某种潜能与某种潜能的实现之间并不是孤立的、毫不相干的,而是内在联系在一起的。"一个在数学方面有良好潜能的女孩会成为一个与众不同的人,在数学技能方面取得实际的成就。随着原先具有的潜能的实现,新的潜能又会产生;以前被束缚的对相关问题的思考现在变得开阔起来。新的自信也会投射到其他种类的学习潜能中去。简言之,潜能的实现不仅仅是面向过去的,而且也是面向未来的,具有一种预期的性质。它既是以往潜能实现的终点,也是新的潜能产生的起点。"①

潜能可以相互增强,也有相互削弱的可能。潜能可能今天有,明天就消失了。"学习的能力并不是一种无限的、可供学习者随便浪费的资源。如果孩子们的好奇心没有得到唤醒,而是受到严重压抑的话,就会逐渐丧失掉。如果孩子们天生的问题意识没有得到保护,而是不断受到阻碍的话,最终也将失去。对于探究新的东西来说,理智的灵活性、冒险精神、自信等是非常必要和宝贵的品质,如若长期不用或滥用的话,也会失去它们原本的作用。"②

第三,潜能均有价值是一种神话。在潜能实现的过程中,人们需要作出选择,并非所有潜能都可以实现,甚至潜能之间出现排斥。由于每个人拥有不同的生活,这种生活的多样性取决于每个人自己所作出的不同选择。人类潜能的实现,往往受制于各种活动和条件。"不管在何种程度上来说,人们潜在地能成为什么以及他们事实上成为什么,都是非常偶然的。受制于人们的意图(包括个人的和社会的)、可能的资源以及理智的限度的。也正是由于这样,学生、学生父母、教师、规划人员以及所有社会成员才应该自觉地承担教育的重负。"③这里,有关潜能实现的一个前提假设是:在众多的人类实践活动形式中,只有这种或那种对学生潜能的实现是至关重要的。"我们应该努力为学生制定合适的学习计划,提供适当的训练和经验,激发他们学习和实践的意愿。所有这些事情,实际上不仅会对他们潜能的实现产生

---

① [美]伊斯雷尔·谢弗勒.人类的潜能:一项教育哲学的研究.石中英等译.上海:华东师范大学出版社,2005.11~12页

② [美]伊斯雷尔·谢弗勒.人类的潜能:一项教育哲学的研究.石中英等译.上海:华东师范大学出版社,2005.12~13页

③ [美]伊斯雷尔·谢弗勒.人类的潜能:一项教育哲学的研究.石中英等译.上海:华东师范大学出版社,2005.11页

重要影响,而且会极大地增强他们的潜能。"①但是,社会和个人能够为某种潜能实现提供的条件以及能够在多大程度上实现某种潜能是非常偶然的。

这些潜能观念直接影响教育方式。例如,如果假定,人主要是通过以天赋为基础的实践来学习的,而天赋是稳定的,那么,"通过练习,这些潜能可以发展到一定的水平;通过实践,它们的实际表现可以相应地提高到一定水平。但是最高水平是不可改变的。潜能本身不可能被改变,所以努力去提高学生根本的思维能力是没有意义的。在假定存在着有关稳定潜能发展的阻碍因素的最初时候,这种提高就被认为是不可能的。"②

在课程设置方面,如果假定潜能均有价值,教育目标必须使一切潜能得以最大限度的发展。谢弗勒认为,潜能具有不同价值取向,这些观念就忽视了不同潜能之间的价值分歧及矛盾,"没有认识到促进这些可能性中的某些方面必定会阻碍另外一些方面的发展。'最大限度地'这种最大化表达忽视了进行评价、深思与选择的必要性。"③

谢弗勒让人们看到了潜能的另外的性质:潜能是可以变化的,不同潜能之间的实现往往是冲突的,不同潜能有不同的价值取向。这就需要教育者在实现潜能时首先要考虑潜能的价值取向,"即决定选择对哪些潜能加以培养、对哪些潜能加以忽视、对哪些潜能加以抵制与排斥的责任。因此,教育不再被视为一种简单的事实性或机械性的工作,它要求教育者具有良好的道德与实践判断力。"④打破三种潜能神话之后,可以使人们更清醒地认识人类潜能及其实现的意义:对学生潜能的开发,不仅仅是一个发现和促进的过程,更应该是激发、引导、选择的过程。在潜能实现过程中,每个人都具有通过改变自己的某些特征从而改变自己的能力。

---

① [美]伊斯雷尔·谢弗勒. 人类的潜能:一项教育哲学的研究. 石中英等译. 上海:华东师范大学出版社,2005.11 页

② [美]伊斯雷尔·谢弗勒. 人类的潜能:一项教育哲学的研究. 石中英等译. 上海:华东师范大学出版社,2005.97 页

③ [美]伊斯雷尔·谢弗勒. 人类的潜能:一项教育哲学的研究. 石中英等译. 上海:华东师范大学出版社,2005.98 页

④ [美]伊斯雷尔·谢弗勒. 人类的潜能:一项教育哲学的研究. 石中英等译. 上海:华东师范大学出版社,2005.中文版前言,2 页

第三节 丰富的学习情境适于"脑"的学习

20世纪80年代尤其是90年代以来,脑科学研究有了突破性进展。人们就"基于脑的学习"进行了更为细致的研究。

脑科学研究发现,脑是一个终身可塑的脑。脑也是一个情绪的脑,运动的脑,整体的脑。有效的学习应该"浸润"在学生的整体经验中,把知识学习与丰富的环境、与情绪、与身体运动等因素都联系起来。

丰富的学习情境有利于大脑的发育,在一定程度上影响着大脑生理结构的变化。"过去我们常常认为,脑是非常稳定的,甚至不可改变的……但是积极的环境的确会使发育中的脑产生物理上的变化。"①脑科学研究为人们的成功学习提供了更多的自信和更多的学习方式。

一、终身可塑的脑:丰富的环境

20世纪90年代以来,脑科学研究有很多新的发现。"尽管我们尚不能得到一个有关大脑功能的完整清晰的模型,但我们所了解的,已经足够使我们在教学方法上产生重大的转变。"②很多脑研究发现,丰富的环境能够促进脑的发展。"人类的脑实际上终生保持着令人惊异的可塑性。在刺激的作用下,我们实际上能够生成新的神经联结,即使我们变老。这一事实意味着,应用恰当的丰富环境,几乎任一学习者都能够发展智力,没有限制。"③这种脑研究结果为每一个人的终身学习提供了足够的自信,而不必过多顾虑自己的智力、性别和年龄差异等等限制性因素。

人脑需要多方面的刺激和营养供给。人脑是一个运动的脑、视觉的脑、

---

① [美]E.詹森.适于脑的教学.北京师范大学"认知神经科学与学习"国家重点实验室,脑科学与教育应用研究中心译.北京:中国轻工业出版社,2005.36页
② [美]E.詹森.适于脑的教学.北京师范大学"认知神经科学与学习"国家重点实验室,脑科学与教育应用研究中心译.北京:中国轻工业出版社,2005.5页
③ [美]E.詹森.基于脑的教学:教学与训练的新科学.梁平译.上海:华东师范大学出版社,2008.127页

听觉的脑,还需要丰富的语言刺激和触摸觉训练,要有充足的睡眠、食物和水。要为学习而睡,为学习而食,为学习而饮。"每一个脑都是独一无二的。尽管我们都拥有相同的一套系统,包括我们的感觉系统和基本的情感系统,但是在每一个不同的脑中,这些系统却以不同的方式整合在一起。此外,因为学习实际上改变了脑的结构,所以,我们学得越多,我们就变得越独特。"①

丰富的刺激环境可以影响大脑的生理变化,这一结论得到了神经解剖学的支持。加州大学伯克利分校的神经解剖学家戴尔蒙德(Marian Diamond)在1967年发现脑具有令人震惊的可塑性。她的研究,以及随后由几十个同事所作的研究一起改变了我们先前对脑的看法。脑完全可以与环境刺激形成新的联结。到1990年,这一可塑过程更为明了了。"当我们丰富了我们的环境时,我们的脑皮层也就加厚了,脑的树突增多了,成熟的神经棘增多了,细胞体也增大了。"②具有挑战性的刺激犹如脑的营养物。频繁的新的学习经验和挑战对于脑的成熟起着至关重要的作用。1993年,有神经系统科学家证实:"那些在整个研究生阶段畅通无阻的研究生的脑中的连接比那些在整个研究生阶段经常自我挑战的人的脑中连接要少。"③丰富环境研究也发现,"复杂任务优于简单任务;多练习优于不活动;挑战性任务优于容易的任务;交互作用优于隔离"④。由此看来,促使大脑较好发育的一个最好途径就是解决具有挑战性的真实性问题。它能够形成新的树突联结,而这些新的联结可以促使我们形成更多的联结。学生需要复杂的、富有挑战性的问题以及多样的解决问题的途径,而不是单一的枯燥的书本学习。

人们还惊奇地发现,对脑而言,得到答案与否并没有什么区别。⑤ 神经发育得益于过程而不是结果。一个学生在学校里待了12年,他可能很少得

---

① [美]雷纳特·N.凯恩等.创设联结——教学与人脑.吕林海译.上海:华东师范大学出版社,2004.78页

② [美]E.詹森.适于脑的教学.北京师范大学"认知神经科学与学习"国家重点实验室,脑科学与教育应用研究中心译.北京:中国轻工业出版社,2005.37页

③ [美]E.詹森.适于脑的教学.北京师范大学"认知神经科学与学习"国家重点实验室,脑科学与教育应用研究中心译.北京:中国轻工业出版社,2005.38页

④ [美]E.詹森.基于脑的教学:教学与训练的新科学.梁平译.上海:华东师范大学出版社,2008.129~130页

⑤ [美]E.詹森.适于脑的教学.北京师范大学"认知神经科学与学习"国家重点实验室,脑科学与教育应用研究中心译.北京:中国轻工业出版社,2005.43页

出过正确答案,但是他还是可以拥有一个发育完好的脑。一个个体在玩一种新游戏时所消耗的葡萄糖会远比他在玩一个很熟练的、能得高分的游戏中所消耗的葡萄糖要多得多。在"熟练"水平,大脑是不需要付出努力的。

在数十年的有关"丰富环境"促进脑的研究中,已经形成了一些共识。丰富脑的五个关键要素是新异、挑战性、一致性、时间和反馈。① 为了得到丰富环境效应,首先,刺激必须新颖,旧的刺激不管用。其次,刺激必须是连贯和有意义的,随机输入的刺激不能丰富脑。学习还必须过度,即刻发生的改变是刺激反应学习,较大的改变需要更长的时间。最后,刺激具有挑战性和即时明确的反馈也非常重要。

真实的复杂情境中的学习最具有挑战性。要注意:挑战性过大或过小,都不合适,学生有可能放弃或感到厌倦。"在课堂中展开的有意义的、具有挑战性的和相关连的学习越多,就越有可能使各种类型的孩子都学得很好。"②20世纪80年代以来的西方各国学校教学变革的最核心的趋势就是为学生创造有效的、丰富的学习情境,改变教师讲授—学生接受的教学方式,让学生在其中感悟、探究,独立或合作完成挑战性的学习任务。

为了最佳学习,脑需要从自己的活动中得到反馈。婴幼儿的学习很大程度上得益于来自父母亲的及时的、积极的反馈。在学校学习中,除了教师对学生的反馈外,学习伙伴是学习情境中最好的反馈资源。最理想的学习小组是由不同年龄、不同地位的学习者构成的。虽然很少有"有力的生物学研究"来探索合作小组的价值,但合作小组的确实现了两个非常重要的功能:"当我们感受到自身价值或者感受自己被关注时,我们的脑会分泌快乐的神经递质:内啡肽和多巴胺。这些递质会使我们更加乐于工作。另外一项功能是小组提供了一个极好的社交和学习反馈的途径,当学生与其他同学聊天时,他们可以得到别人对自己思想与行为的明确反馈。"③由此看来,反馈不必全部依赖教师。学习者的自我反思和自我反馈以及小组合作学习

---

① [美]E.詹森.基于脑的教学:教学与训练的新科学.梁平译.上海:华东师范大学出版社,2008.131页
② [美]雷纳特·N.凯恩等.创设联结——教学与人脑.吕林海译.上海:华东师范大学出版社,2004.31～32页
③ [美]E.詹森.适于脑的教学.北京师范大学"认知神经科学与学习"国家重点实验室,脑科学与教育应用研究中心译.北京:中国轻工业出版社,2005.40页

中的相互反馈更有价值。尤其是在跨年龄、跨身份的小组中,小组工作能够帮助学习者感到有价值和被关心,当学生与其他学生谈话时,能得到有关其想法与行为的直接反馈。这种反馈必须是即时的、具体的、明确的、鼓励性的。对小组合作学习的这种生物学分析,进一步揭示了小组合作学习的价值。

可见,对于一个较好的脑的成长,有两件事情具有尤为重要的作用,即挑战性和反馈。"对于任何一个旨在丰富学习者脑的方案而言,首要的事情就是保证学习是具备挑战性的,对学生而言具有新的信息或经验。通常新异性就可以解决这个问题,但是它必须同时是具有挑战性的。其次,学生还必须能够从互动的反馈中习得经验。"①

二、情绪的脑:沟通情绪与学习的关系

通常人们都认为情绪是令学习分心的事情,到 20 世纪 80 年代以后则发生了转机。从生物学的角度来看,情绪不仅仅是前沿科学,也是非常重要的科学。情绪不仅能帮助我们更快地作出更好的决定,而且会使我们所作的决定质量更高,更有价值。

人们作出决定的理由就是目标背后隐藏的情绪以及完成目标的动力源泉。好的学习过程不应该回避情绪,而应该包容它。调动情绪是学习的一部分,而不是附加品。情绪是一种智慧的生活的产物。"我们已经学习了爱什么,何时去关心和如何关心,信任谁,自尊的丧失感,成功的兴奋,发现的喜悦和失败的恐惧。这种学习和教育的其他部分一样重要。"②

婴幼儿学习的成功,很大程度上来自于与成人互动中积极的情绪体验。最新的脑科学研究也表明③,威胁可以激活防御机制和行为,这些对于生存是很有意义的,但是对于学习却毫无用处。

神经学家正在为人类的学习与情绪的关系开发出新的领域。"学习的

---

① [美]E. 詹森. 适于脑的教学. 北京师范大学"认知神经科学与学习"国家重点实验室,脑科学与教育应用研究中心译. 北京:中国轻工业出版社,2005.39 页

② [美]E. 詹森. 适于脑的教学. 北京师范大学"认知神经科学与学习"国家重点实验室,脑科学与教育应用研究中心译. 北京:中国轻工业出版社,2005.94 页

③ [美]E. 詹森. 适于脑的教学. 北京师范大学"认知神经科学与学习"国家重点实验室,脑科学与教育应用研究中心译. 北京:中国轻工业出版社,2005.66 页

情感将我们的感觉、行为和思想联系起来,思想和情绪之间没有分离;情绪、思维和学习之间相互关联。"①思维和情感总是深深地相互联系。"当孩子们对他们正在学习的东西感觉熟悉的时候,理解就增长了。"②

较早期的"三脑合一"理论为情感、思维、记忆和行为的相互联系和相互影响提供了生理学的支持。

美国国家精神健康研究所脑和行为实验室的麦克连(Maclean)在1978年提出了一个"三脑说",他指出人脑其实是三脑合一的。

第一个脑是爬行类的脑(或 R-联合体),主要由脑干组成。它负责维持功能,包括提供食物、排除废物,维护一般的安全和舒适。"它在建立家园领地、繁殖和社会统治方面起着关键作用。R-联合体行为的最突出特征是它们是自动的,有仪式化的特质且具有对于变化的高度保守。"③它控制的行为与动物的生存行为有很多共同之处。边缘系统是进化的第二个脑,它容纳着主要的情感中心。新皮层是我们"思维"的脑。它位于脑的外部,新皮层"使得语言,包括言语和写作,变得可能;在这个意义上,它不同于其它两个'脑'。它使得逻辑和形式运算思维变得可能,使我们能预先看见和规划未来。它的能力体现为它是科学和艺术的中心。"④"三脑合一"理论表明,如果没有某种情感的参与,其它两个脑的功能也难以发挥出来。

20世纪90年代,一些神经学家致力于情绪的深入研究。1994年,纽约大学的一个神经学家认为,"情绪可以引发注意,建构意义,并且有自己的记忆通路,没有什么比它与学习的联系更为紧密的了。"⑤爱荷华大学的达玛西

---

① [美]E. 詹森. 适于脑的教学. 北京师范大学"认知神经科学与学习"国家重点实验室, 脑科学与教育应用研究中心译. 北京:中国轻工业出版社, 2005. 84 页

② [美]雷纳特·N. 凯恩等. 创设联结——教学与人脑. 吕林海译. 上海:华东师范大学出版社, 2004. 中文版序言 2 页

③ [美]雷纳特·N. 凯恩等. 创设联结——教学与人脑. 吕林海译. 上海:华东师范大学出版社, 2004. 49 页

④ [美]雷纳特·N. 凯恩等. 创设联结——教学与人脑. 吕林海译. 上海:华东师范大学出版社, 2004. 52 页

⑤ [美]E. 詹森. 适于脑的教学. 北京师范大学"认知神经科学与学习"国家重点实验室, 脑科学与教育应用研究中心译. 北京:中国轻工业出版社, 2005. 85 页

欧提醒我们:"身体是思维不可缺少的框架。"①他认为人脑和身体的其他部分构成了一个不可分离的有机体,有机体作为一个整体与环境互动。1995年《情绪智力》一书的出版,标志着人们开始重视情绪在人的学习与发展中的作用问题了。

情绪研究之所以能够在20世纪90年代成为脑科学研究的重点问题之一,归功于情绪研究领域内的三个发现,正是这三个发现改变了人们对情绪的看法。这之前,几乎找不到对情绪研究的科学支持。

第一个发现,情绪是可测量性的。神经学家把情绪和情感区分开来,情绪源自生物的自主通路。情绪是非常真实的,当谈到情绪时,我们可以运用一系列相当特殊而且科学的手段进行精确的测量。包括测量皮肤电、心率、血压以及脑电的活动。情绪具有了比较客观的特性。这些具体的信息可以在解剖中或者屏幕上观察到。

第二个发现,脑内与情绪有关的化学物质的发现。产生情绪的化学物质是全身性的,并且对全身起到调节作用。这些化学物质停留在系统内,并且控制着系统的多项活动。情绪会使人产生不同的心—身状态。这种心—身状态对一个人来说,非常重要。它们"是我们所拥有的一切,是我们的情感、需求、记忆和动机"②。情绪通过引起全身性的化学变化,进而改变我们的心情、行为直到生活。

第三个发现,是这些情绪通路和化学物质与日常学习的联系。"如果说人和活动是我们生活的主要内容的话,那么,情绪就是我们生活的联系和价值。"③情绪状态强烈地影响学习者的意义建构、动机、日常行为和认知。

从这三个发现来看,我们赖于生存的关键在于情绪。人们用钱消费的目的也是为了改变状态,为了感觉更好。好的学校应该考虑如何帮助学生产生并保持积极的情绪状态,通过拥有充满活力的社团、俱乐部、各项运动、社区服务、辩论会、戏剧艺术等多种活动,让学生保持良好的情绪状态,以促

---

① [美]E.詹森.适于脑的教学.北京师范大学"认知神经科学与学习"国家重点实验室,脑科学与教育应用研究中心译.北京:中国轻工业出版社,2005.85页

② [美]E.詹森.适于脑的教学.北京师范大学"认知神经科学与学习"国家重点实验室,脑科学与教育应用研究中心译.北京:中国轻工业出版社,2005.90页

③ [美]E.詹森.适于脑的教学.北京师范大学"认知神经科学与学习"国家重点实验室,脑科学与教育应用研究中心译.北京:中国轻工业出版社,2005.90页

进学习。

三、运动的脑：身体学习的价值

把身体运动与学习联系起来,让身体运动促进学习,也是脑科学的最新研究成果。学校常常固执地把身体运动与学习分割开来。通常的情况是,如果需要缩减课程,首先缩减的是体育课。脑科学的最新研究表明,这是非常错误的。

1996年前后,很多研究者集中于小脑的研究。过去,小脑被认为仅仅是加工由大脑传来的信号,然后把它们发送到运动皮层。现在,很多神经学家发现,控制运动的小脑与认知学习、与情绪行为都有着密切的联系。我们的脑中并没有独立的"运动中枢",运动和学习在不断地相互作用。

在1995年神经科学学会的年会上,华盛顿大学医学院的一位研究者组织了一次题为"小脑在认知中的作用是什么?"的座谈会,有800名听众到会。座谈会成员抨击了长期以来神经科学界由于偏见而带来的闭目塞听。他们提到了大约80项研究,这些研究都表明,"小脑和记忆、空间知觉、语言、注意、情绪、非言语信号,甚至决策过程有着紧密联系。这些发现有力地证明,体育、运动和游戏都具有激发认知的作用。"①

斯坦福大学的两位神经学家(Henrietta Leiner, Alan Leiner)首先提出了心理和身体之间有联系的证据。他们的研究集中于小脑,并取得了一些关键性的发现②:小脑只占整个脑体积的1/10,但是它包含了大脑中几乎一半的神经元。它有4000万个神经纤维,比高度复杂的视觉区域还要多40倍。这些神经纤维不仅将信息从大脑皮层传递到小脑,也负责将信息传回皮层。如果这只涉及到运动功能,那为什么这些强有力的连接会以两个方向遍布于大脑中所有区域呢?

美国俄勒冈波特兰市的一位神经学家吃惊地发现,一位小脑损伤的病人,他的认知功能也出现了损伤。突然间,运动和思维之间存在联系成了事实。

---

① [美]E.詹森.适于脑的教学.北京师范大学"认知神经科学与学习"国家重点实验室,脑科学与教育应用研究中心译.北京:中国轻工业出版社,2005.98页

② [美]E.詹森.适于脑的教学.北京师范大学"认知神经科学与学习"国家重点实验室,脑科学与教育应用研究中心译.北京:中国轻工业出版社,2005.96页

在对孤独症研究中也发现了同样的事实。脑成像研究表明,孤独症儿童的小脑较小,神经元也较少。在孤独症和脑损伤儿童身上使用集中式的感觉统合治疗方式非常有效。

20世纪90年代中后期,已经有足够的生物研究、临床研究和教学研究支持了这一结论:运动与学习紧密联系,身体运动可以促进知识学习。很多能将丰富的"玩耍"结合到课程中的教师都发现学生能学得更加容易。

90年代之前,许多研究者都认识到,感觉运动统合是学习准备的基础,许多教师都知道这种联系,但似乎儿童一旦过了一、二年级,这种联系就会消退。最新研究表明,运动和学习的联系能持续终生。

加拿大的一项调查研究证明,那些每天在体育课上多运动一个小时的孩子与那些不运动的孩子相比,他们在考试中取得的成绩要好得多。1996年,有研究者得出结论:"每天参与体育运动的孩子和那些没有每天参与运动的孩子相比,表现出更好的运动适应性,学习成绩更好,对学习的态度也更加积极。"①许多研究都表明,学生可以通过比赛或者所谓"玩耍"的运动来提高课程学习的效果。

学校教学应当有意地将运动纳入到日常学习中。"数学课上只用逻辑思维的观点与当前的脑研究直接对立。适合脑的学习意味着将数学、运动、地理、社会技能、角色扮演、科学和体育结合在一起。"②教师要尽可能在课堂上结合体育、艺术和运动。比如,在上课之前、之中以全班或小组方式让学生做一些伸展运动,给学生更多的活动空间。可以采用投球游戏来复习,讲故事或分享自己的经历,可以改写一首熟悉的歌词,然后用舞蹈的形式来表演,可以辩论或角色表演等等。

足够的证据表明:"艺术和运动不是装饰品。它们组成了思考的有效途径,也组成了和世界交往的熟练方式。它们应该在学校课时计划中成为更多的,而不是更少的一部分。"③将体育和运动活动列入课程计划,并不是在

---

① [美]E.詹森.适于脑的教学.北京师范大学"认知神经科学与学习"国家重点实验室,脑科学与教育应用研究中心译.北京:中国轻工业出版社,2005.100页

② [美]E.詹森.基于脑的教学:教学与训练的新科学.梁平译.上海:华东师范大学出版社,2008.141页

③ [美]E.詹森.适于脑的教学.北京师范大学"认知神经科学与学习"国家重点实验室,脑科学与教育应用研究中心译.北京:中国轻工业出版社,2005.103~104页

浪费宝贵的学习时间。让学生过多地坐在那里,才是浪费时间。

四、整体的脑:"浸润"式学习

脑研究表明,脑具有巨大的同时处理部分和整体的内在能力。"脑能应付相互联系的、相互渗透的、'整体性'的世界,如果鼓励脑这么做的话。"① 作为裂脑研究的结果,人们发现,大脑左右半球既单独又同步运作。大脑可以同时对部分和整体进行加工处理。"对一个健康的人来说,无论他是在处理词语、数学、音乐,还是艺术,两个半球不可避免地进行相互作用。"② 许多新的教学方法的一个共同之处就是,将学生置身于复杂的真实情境中,让学生进行整体的理解和学习。

最好的学习总是与学生经验相联系,最好的教师往往会利用学生带到班上来的背景和信息来展开教学,让学生"浸润"在学科中,将信息与其他学科、个人经验联系起来。脑研究证实并确认了这一点。脑研究支持如下观点,即学习者需要参与交谈、聆听、阅读、观看、表演和评价等多种活动。

表达这个过程的最好的词汇就是"浸润"。学生总是从他们正在经历的完整经验中展开学习的。在许多方面,内容及其情境脉络是不可分的。"每一个复杂的事件都会将信息镶嵌在大脑中,并把所学到的内容与学习者其他的当前经验、过去的知识和将来的行为联系起来。教育者应该采取各种方式让一个学习者能够充分接触内容及其情境脉络,因此,对教育者来说,首要的关注点应放在扩充和提高这些方式的数量和质量上。"③

与学生头脑中已有的经验建立丰富的联系,可以使学生产生一种"顿悟"之感。有研究者以平行线的学习为例来说明这一问题。④

孩子们在上学之前就和平行线打了很长时间的交道。在几何学中讨论

---

① [美]雷纳特·N.凯恩等.创设联结——教学与人脑.吕林海译.上海:华东师范大学出版社,2004.32页
② [美]雷纳特·N.凯恩等.创设联结——教学与人脑.吕林海译.上海:华东师范大学出版社,2004.74页
③ [美]雷纳特·N.凯恩等.创设联结——教学与人脑.吕林海译.上海:华东师范大学出版社,2004.5页
④ [美]雷纳特·N.凯恩等.创设联结——教学与人脑.吕林海译.上海:华东师范大学出版社,2004.4页

平行线之前,一般的学生已经看到过成千上万的平行线例子——在篱笆上、窗户中、机器玩具里,图画中等等。大多数教师不会指出学生和教师都已接触过的平行线,而是在黑板上画平行线,然后给出定义。学生会认真地把这个"新"的信息抄到笔记本上以便学习,然后为了考试而记住它。平行线突然就变成了一条新的抽象信息,并作为一个孤立的事实储存在大脑中。这一过程中,没有人努力去利用大脑中已有的丰富联系。

如果利用这种已有经验,学生就可以突然明白他们所学到的平行线在真实的生活中指的是什么,可以对它们做些什么,以及它们是如何作为一个不同于数学中的抽象概念而存在的。

完全浸润在多样的重叠经验中,也是我们每一个人学习母语方法的核心。婴幼儿学习的成功体现了这种浸润的学习情境的优势。"当我们处在孩提时代,我们听,我们观察,我们投入,我们模仿,我们做手势,并且我们在更加复杂的层次上参与到语言中去。"[1]在这一过程中,阅读、写作、说话和行动不能彼此分离。1994年,《创设联结:教学与人脑》的作者之一,雷纳特·N.凯恩(Renate Nummela Caine)在中学德语的教学经验也说明,完全浸润在所要学习的内容和情境中,可以获得很好的学习效果。

在雷钠特的课堂上,从一跨进课堂开始,教学的所有目标和任务,都是让学生沉浸在德语之中,他们都有德语名字,并且从第一天开始,他们都被要求只说德语,英语变成了外语。自然环境中则包括了所有类型的德国工艺品和德国各处的海报。他们把童话翻译成德文,并把它们表演出来,同时,他们唱德国歌曲。结果是,一年之后,在州语言竞赛中,这些班级的学生获得第一、第二、第四和第六名。[2]

学生必须以很多不同的方式"浸润"在学科和学生经验中整体感悟,其中的很多方式必须是复杂的、真实的。这种教学变革思路得到越来越多的支持。多元智能教学和基于"脑"的学习都强调了这一点。

近年来比较流行的"基于项目的学习"也是最好的例证。鼓励学生参与

---

[1] [美]雷纳特·N.凯恩等.创设联结——教学与人脑.吕林海译.上海:华东师范大学出版社,2004.98页

[2] [美]雷纳特·N.凯恩等.创设联结——教学与人脑.吕林海译.上海:华东师范大学出版社,2004.98页

能引发个人兴趣的复杂、真实的项目,将有助于把学科内容与学生实际生活的世界联系起来。在基于项目的学习中,教师和学生可以利用多种多样的方式和活动接触学科内容。

例如,如果研究的主题是鹰,学生会以很多不同的方式去进行处理。他们可能会对营巢、喂食、繁殖模式以及鹰的生态需求进行探索,同时也会对跨越几个学科领域的相关信息进行探索。他们聆听活鹰在空中飞行的录音带,他们阅读描述鹰的文献。他们把鹰作为政治象征进行研究,并且同时研究鹰在艺术中的作用。学生发展专业知识领域,或把专家请到课堂上,或对专家进行录音或摄像。学生可以用计算机模拟和跟踪程序来帮助他们鉴别鹰的位置以及它们是否繁茂兴旺。弥漫其间的气氛是那种参与有意义的、令人兴奋的探究活动的研究者和探索者团队所营造的研究气氛。[1]

在丰富的真实的挑战性环境中,人脑是一个终身可塑的脑,一个情绪的脑,一个运动的脑。基于脑的学习是一种整体式的"浸润"。"所有的学习都必须包括我们的身体、情绪、态度和良好的体格。基于脑的学习主张,我们应该更经常和更全面地讲到这些多重变量。"[2]这意味着我们要承认学习者在学习过程中的情绪、情感、信念、渴望、问题、态度和技能,这些都将有助于学生的学习。

---

[1] [美]雷纳特·N.凯恩等.创设联结——教学与人脑.吕林海译.上海:华东师范大学出版社,2004.102页

[2] [美]E.詹森.基于脑的教学:教学与训练的新科学.梁平译.上海:华东师范大学出版社,2008.167页

第四章

有效教学的情境

以计算机和网络为核心的新技术为学校教学情境的创设提供了足够大的空间。以新技术为特征的教学情境设计成为20世纪80年代以来学校教学变革力度最大的一个领域。为学生创设丰富的、复杂而真实的学习情境，让学生运用多种方式理解知识和表现知识，而不是单纯的知识讲授与接受，成为学校教学变革的基本宗旨。除了与新技术有关的变革学校教学情境的思路，还存在着不少以学生活动和表演为主的课堂教学情境创设。

第一节 网络学习情境的创设

以网络技术为核心的信息技术，挑战学校既有教学传统，也为学校教学变革提供了众多机遇。实现"数字化学习"，是世界各国在教育信息化进程中的主要改革目标之一。这将从根本上改变教师"教"和学生"学"的方式。2000年，美国联邦教育部发表了《数字化学习——让所有的孩子随时都能得到世界一流的教育》报告，这是对美国20世纪末的学校教育信息化的总结和展望。在一定程度上也反映了世界各国在实现"数字化学习"中遇到的问题和困难，也为学校教学变革提供了一个"数字化学习"的前景。

一、实现"数字化学习"战略

面对新技术的挑战，世界各国政府都在思考如何把新技术运用到教育中的国家战略。"用技术增进学习的机会"，"运用技术的教与学"，已经成为20世纪80年代以来尤其是90年代世界各国学校教学变革的发展趋势。

对这一趋势的描述,西方国家用了许多不同的名称,例如 IT in Education(教育中的信息技术)、E-Education(电子化教育)、E-learning(电子化学习)、Network-Based Education(基于网络的教育)、Online Education(在线教育)、Cyber-Education("赛伯"教育)、Virtual Education(虚拟教育)等等。

西方各国在教育的各阶段和各领域都加强信息技术的教育和应用,大都通过立法或颁布教育改革的有关政策,把信息教育课程列为正式课程,加强教师和学生对新技术的了解与掌握,注重通过新技术创设丰富的课堂教学情境。

"计算机为媒体的交往"(Computer-Mediated Communication,CMC)将在社会生活中占有越来越重要的地位,这种交往的根本特征是开放性、交互性和建构性。20世纪90年代以来在课程教学领域逐渐确立起来的"建构主义知识论"与信息技术的运用密不可分。利用网络和多媒体技术,可以建构丰富的、真实的学习情境。利用计算机多媒体可以模拟大量的现实生活情境,把真实的世界引入课堂,利用计算机网络则可以把学校与整个校外社会联系起来,以更广泛的学习共同体来促进学生的学习。

数字化的内容和网络的应用将帮助学校教学在教学方式和学习方式上发生革命性的变化。这种强大的数字化内容和网络应用技术为促进学生学习提供了更多更便利的条件和机会。例如,新技术能帮助学生形象化地观察难懂的概念,形象化和模型化的软件类似于工作场所中所使用的工具,能增进学生综合理解难以理解的概念;由于新技术具有交互功能,可以很容易地创设情境,让学生专注于学习、接受反馈并持续地推敲他们的理解,等等。

新技术能够提供大量的教材之外的可以利用的信息资源,包括数字化图书馆、网络信息以及与提供信息、反馈和灵感的人们直接进行远程联系。所有这一切将促进教师教和学生学的变化,便于学生以更真实的方式接触更多接近生活现实的信息资源。

新技术可以帮助建立学习者共享的"虚拟"社区,它能够集中大量来自世界各地的教师和学生相互学习,解决现实问题。新技术还可以更好地满足学生的个别需要和面向全体学生的有效的评估机会。同时,技术的应用还能扩大家长的参与,提高学校行政管理的成绩和效率。把技术运用到学校教学中,已成为各国教学变革的主要趋势之一,也是教学方法改革最有希望的出路。

美国克林顿政府于1993年9月正式提出"国家信息基础设施"(National Information Infrastructure,简称 NII),俗称"信息高速公路"(Information Superhighway)的建设计划,其核心是发展以 Internet 为核心的综合化信息服务体系和推进信息技术(Information Technology,简称 IT)在社会各领域的广泛应用,特别是把 IT 在教育中的应用作为实施面向21世纪教育改革的重要途径。这一举动引起世界各国的积极反应,许多国家的政府相继制订了推进本国教育信息化的计划。

美国在1996年发表了题为《让美国学生为21世纪作好准备:迎接技术能力的挑战》的第一份国家教育技术计划。1999年秋,美国联邦教育部对国家教育技术计划确定了五个新的国家教育技术目标。美国将技术应用于教育的国家战略目标包括[1]:

目标1:所有的学生和教师都能在教室、学校、社区以及家中使用信息技术。

目标2:所有的教师都将有效地运用技术帮助学生达到较高的学业标准。

目标3:所有的学生都要具备信息技术方面的知识与技能。

目标4:通过研究与评估,促进下一代技术在教与学中的应用。

目标5:通过数字化的内容和网络的应用,改革教与学。

1997年,美国联邦通讯委员会批准了一项使学校和图书馆的联网与通讯享受优惠服务的计划,降价幅度为20%~90%;克林顿总统要求国会在5年内提供20亿美元的特别拨款。同时,克林顿当局还极力督促政府各部门发挥教育资源提供者的作用:教育部支持美国教育资源信息中心(ERIC)建立了一座容纳900个教案的图书馆,并利用全国性的专家网和数据库来解答教育者提出的问题;甚至许多国家级实验室也通过联网向中学生开放。尽管如此,政府部门在教育信息技术方面的投入仍然是十分有限的。大量的投资来自工业界和非盈利机构,例如:太平洋 Telesis 公司于1994年发起一项名为"一流教育"的计划,目标是到2000年使加州9000所学校和图书馆全部联网,以半价收费提供上网服务;IBM 向10个学区的中小学免费提供硬

---

[1] 吕达等.当代外国教育改革著名文献(美国卷·第四册).北京:人民教育出版社,2004.281页

软件和教师培训；AT&T 公司投入 1.5 亿美元，建立了一个学习网，为 100 所学校提供 5 个月的免费上网服务及后继的折价上网服务。

从 1994 年起，美国联邦教育部国家教育数据统计中心开始系统搜集中小学使用教育技术的数据。结果发现，仅有 35％的公立中小学和 3％的公立学校教室能使用因特网。到 1999 年，全美国几乎每一所学校都能与互联网相连接，而且教师和学生可以在学校使用计算机和互联网。95％的学校和 63％的教室都可以上因特网；在得到指导的基础上，平均每 9 名学生拥有 1 台可以上因特网的计算机。

2000 年美国联邦教育部又发表了《数字化学习——让所有的孩子随时都能得到世界一流的教育》报告。这一报告重点分析了 1996 年以来学校教学实现信息化的进程中哪些方面已经取得了成绩，哪些方面存在着新的机遇，哪些方面面临挑战。

《数字化学习》报告中强调，技术在教育中的应用必须保持其国家政策上的优先性，必须作为教育工作的中心部分而非边缘部分。为确保数字化的内容和网络的应用改革教与学，该报告中还提出了一些具体建议："保证使管理人员及政策制定者通晓技术；提高我们对如何通过部门内部和跨部门的合作改进教与学的理解这方面的工作的支持；以技术为指导，为实现教育目标提供更好的方法；在符合版权法的前提下，继续和扩大使教学资料数字化的工作；鼓励资源与服务的综合利用，为教与学吸引更好、更多的以技术为基础的有效服务；对教育工作者和技术专家确定的数字化内容和网络应用能为教与学提供哪些方面的支持的工作给予帮助；消除获得数字化内容和网络应用的障碍；发现高质量的数字化内容及网络应用方面的开发人员和教育技术应用方面的样板；支持把数字化内容及网络应用与国家及地方的学习标准及课程体系结合起来。"①由此可以看出美国在实现数字化学习方面的决心和力度。报告强调指出②，学生和教师能使用教育技术，如把计算机与因特网联网，是 21 世纪美国及国外的学校改革力量不可缺少的一部分。因特网的全球性使用将帮助结束教师孤立的局面，成指数倍地扩大

---

① 吕达等.当代外国教育改革著名文献(美国卷·第四册).北京：人民教育出版社，2004.283～284 页

② 吕达等.当代外国教育改革著名文献(美国卷·第四册).北京：人民教育出版社，2004.281 页

学校及课堂的教学资源,为学生提供更具挑战性、更真实的、更高层次的学习经验,使学校和教师对家长及社区更富责任感。

把网络文化和网络技术广泛渗透到学校教学生活中,是西方各国学校教学变革的重要内容。

1998年,英国公立学校已享受每年只需支付1000美元就可不受限制地上网这一优惠政策。同年,英国首相布莱尔等人纷纷发表讲话,强调发展信息技术的重要性,并相继宣布了一系列促进信息技术发展的新措施。这些新措施使全英所有的中小学在2002年前与全球电脑交互网络相连,使每一个师生都能掌握必要的电脑和网络通信技术等。英国政府还拟订了一项耗资数百万英镑的规划,旨在建立一个帮助中小学生做好家庭作业的学生课余网上俱乐部,使5岁以上的学生回家后能接通网络使用电脑。英国政府的最终目标是投资2亿英镑,建立一个有8000所中小学参加的网上俱乐部。

1997年,法国出台了中小学普及电脑计划,法国总统希拉克号召在法国的学校开展大规模的普及计算机和扫除计算机盲运动。他希望所有的中学生2002年前都会使用电脑,所有的中学在2000年前与因特网联通并能正常运作。1998年,法国通过了一项为期3年的多媒体教学发展计划——"将法国社会带入21世纪"。根据这一计划,至2000年,从幼儿园到大学的每个学生都要介入多媒体学习活动。幼儿园学生学习计算机绘图与操作;小学低年级学生学习使用电子信箱,高年级学生学习使用网络服务器;初中生学习在因特网上操作等等。

芬兰教育部于1995年提出一个题为"信息社会中的教育、培训与研究:国家战略"的五年计划,规定2000年时使全部学校和教育机构联网。意大利教育部于1995年提出一个行动计划,打算2005年前为20%的小学和30%的中学配备多媒体设备与软件。瑞典于1994年建成了全国学校网,接着向议会提出了关于将新技术使用作为教师培训义务的议案。

可以预见,未来的中小学课堂将越来越多地使用现代信息技术。当所有的学生都能够自如地运用现代信息技术,随时随地地获取自主学习的资源和自主学习的机会,终身学习社会也就真正到来了。

在考虑如何使教师更有效地运用新技术方面,仍会有很多问题需要思考。例如,教师对基于新技术的学习过程需要了解些什么?有关技术本身又需要了解些什么?什么样的培训才能帮助教师恰当地使用新技术?好的教育软件和教师支持工具如何得到更好地开发?

尽管如此,新技术的一些特点在学校教学变革上已经表现出巨大的优势。新技术在以下方面具有独特的优势①:

• 由于很多新技术是互动的,现在为学生创造一种能够在做中学,能够及时得到反馈以及不断地提炼自己的理解,建立新知识的环境变得较为容易。

• 技术能够帮助人们把那些难以理解的概念可视化,比如区别热和温度。学生们能够用类似于在学校之外环境中使用的工具的可视化建模软件提高他们对概念的理解以及从学校环境迁移到非学校情境的可能性。

• 新技术为我们打通了通向巨大的信息源的通道,包括数字图书馆、可分析的真实世界数据以及连接其他能够提供信息、反馈和灵感的人。所有这些都能加强教师、管理人员还有学生的学习,增加学校和社区(包括家庭)间的联系。

新技术的这些特点与新的学习科学有很多不谋而合之处。尤其是在创设丰富的问题情境方面,新技术有助于把学生置身于更为丰富、真实复杂的问题情境中,通过学生自主探究思考,获得丰富的知识体验和意义建构。

基于互联网和多媒体技术的教学变革,以及逐渐流行起来的基于问题的学习、基于案例的学习,都离不开新技术的支持。

二、基于互联网的教学

新技术为创设真实的、引人入胜的问题情境提供了支持,新技术带来的强大可视化功能、多媒体功能、交互功能、模拟功能和超时空性等等特点超越了传统课堂中的以口头讲授为主的教学方式和书本资源的界限。

把学校教学和互联网网络联系起来,是20世纪90年代中期以后学校教学变革出现的显著特点。"美国国家教育统计中心的消息显示,至1998年秋季止,美国89%的学校和51%的教室已接入互联网。强调联网的文章充斥着报刊杂志。"WWW"已成为在线教育的新型虚拟社区,教师、管理人员和

---

① [美]布兰思福特等.人是如何学习的——大脑、心理、经验及学校.程可拉等译.上海:华东师范大学出版社,2002.全书概要,7页

家长们都迫切希望加入这个看似无限的资源库。"①美国率先开始了有关在K～12课程中运用网络技术的研究。这些研究包括网上协作（学生在网上与别人在线交流和分享信息），以学生间的交流为中心的合作项目研究以及设计和实施网上传输的技术问题，等等。

在中小学教学过程中使用互联网技术和网络资源，可以使学生具备全球性眼光，把学校教学与校园以外的"真实世界"联系起来。学生利用网络进行学习，不受课堂时空的限制，网络给了学生自由的时间和空间来学习感兴趣的内容。网络技术的运用为学生提供了一种简单、便宜和即时的接触世界的窗口。这样，"不仅超越了教室，而且超越了社区和任何实际存在的边界。上网将打破教室界限，把学生和世界联系起来。将互联网与课程整合，可以丰富和扩展现有的课程。"②互联网能让教师和学生获得更丰富的课程资源，能够方便地与专家们进行交流。互联网使教师足不出户就可以找到最新资料，这些资料包括文章、报告、调查、数据库、地图、图表、照片、短片等等。

互联网还提供了一系列的网络应用工具，如电子邮件、在线讨论平台等等。这种多样化服务也有助于学生的个性化学习。

网络教学的方式也是灵活多样的。利用网络浏览器，教师和学生只要点击鼠标，就可以实现网络环境提供的多种功能。学生们无论住在世界的什么地方，都可以通过网络对其他国家的或地方的博物馆进行虚拟访问，可以与专家学者进行远程虚拟研讨，可以搜索遍布全球的图书资料，可以共享最新的信息、观念和思想。这样，就可以缓解某些学生由于地域、经费或时空限制而缺乏受教育机会的问题。

有人把网络学习情境的关键特征概括为："交互式、多媒体、开放系统、在线搜索、不受设备和时空的限制、全球适用、电子出版、统一性、世界范围、资源在线、分布式、跨文化的交互性、多重技术、工业支持、由学习者控制、方便、自包含、轻松使用、在线支持、可信性、课程安全、环境友好、非歧视性、投资效益高、课件易改进和维护、协作学习、正式和非正式的环境、在线评价、虚拟文化，等等。"③这种网络学习情境适合所有人的学习，只要拥有网络，每

---

① 武法提.国外网络教育的研究与发展.北京:北京师范大学出版社,2003.140页
② 武法提.国外网络教育的研究与发展.北京:北京师范大学出版社,2003.96页
③ [美]B.艾碧.网络教育:教学与认知发展新视角.丁兴富等译.北京:中国轻工业出版社,2003.50页

一个人都可以拥有更多更便利的终身学习机会。

为创造网络学习情境，为更多的人参与学习提供便利条件，很多国家政府大量投资教育项目，有先见之明的城市和机构都已经运用了网络学习策略，并且在几百个独立的项目中使用网络信息技术。例如，在英国的一些街区散布着多个电子中心，并且比较成功地帮助各种各样的人们进行终身学习。"鹿特丹街区散布着60个电子中心，为约占城市总人口25%的无法通过主流教育渠道学习的人提供了方便的学习场所；同时为待在家里的残障人群提供计算机培训，满足了他们的工作需要和娱乐需要。电子中心是由市政府拨款对普通社区全面开放的小型计算机设备基地。中心可设在学校、敬老院、收容站、清真寺和社区中心。"①在这种电子中心学习，人们可以不受时空限制，也不受他人限制，相应的学习方式完全以学生个体需要为中心——这也是其成功的原因之一。

三、学生个人网站的建立

更为积极的、创造性的网络应用是在课堂中创建以学生为中心的专门网站。在课堂教学中，运用丰富的互联网信息资源，学生自己开发建立自己的网站。这比直接运用互联网资源需要付出更多的创造性劳动，更益于拓展学生的视野。在创建网站的过程中，学生需要分工合作，从众多纷繁复杂的信息中搜集、整理，形成系列产品。这种积极参与的学习方式，一方面可以让学生更为专注地学习，另一方面可以学会在项目协作中小组合作学习。在团队精神日益受到重视的商业环境中，基于计算机的小组合作使学生作好了充分准备。当学生协同工作时，他们不仅提高了解决问题的能力，也提高了社交能力。

例如，在一个网络创建项目中，助教、TIP教师指导8名学生，建立了以学生为中心的交互式天气网站。在8个星期的学习过程中，学生合作建立网站，为其他学生和教师提供有用的相关资源。该项目成功地完成了这些目标。

对学生的评估结果显示②：所有学生都同意，万维网是个获取信息的好

---

① [英]诺曼·朗沃斯.终身学习在行动——21世纪的教育改革.沈若慧等译.北京：中国人民大学出版社,2006.111页
② 武法提.国外网络教育的研究与发展.北京：北京师范大学出版社,2003.110~111页

地方。一个学生说:"你可以在上边找到信息,比你在图书馆或家中得到的多得多。"有的学生报告说他们用万维网帮助写作业,因为网上的信息比书本上的更容易获取。学生认为万维网对教育有用的另一个方面是它的交互性。学生喜欢万维网的交互性,不仅能让自己接受反馈,也允许他们回应。万维网的信息浏览非常容易,没有学生说万维网很难使用,只有一个学生注意到"等待下载很烦人",另一个说,"有时候找不到自己需要的东西,有点儿挫败感。"

助教观察到,学生在等待下载的时候变得焦虑,容易对万维网产生反感。如果搜索时,找到的相关条目太多或太少也会让学生感到沮丧。但是,参与的教师都得出诊断:"该项目激励了学生,提高了他们学习过程中的创造性和主动性。"[①]也许更重要的是,它为参与的学生提供了大量的自我丰富、自我激励的学习体验。这种创造性地使用网络资源的教学研究项目尽管有不尽如人意之处,但它在很大程度上能够开拓学生的视野,提供小组合作经验和培养学生的自主探究的能力方面的优势是不可忽略的。

在运用新技术的过程中,教师的角色定位和所起的指导作用是重要的。有研究表明[②]:教师对自己和技术的角色定位不同,教师和技术对学生的影响作用也不同。例如,当电脑被当做保姆时,教师就不见了。这时,教师常常让学生在电脑上学习,以便节省自己的时间;当电脑被用做娱乐工具时,说明教师提供的指导资料不够有趣,也不具有启发性,所以需要有趣的电脑游戏来活跃气氛;当电脑被用做学生练习的监工时,学生又不得不在孤立的状态下做练习。学生将成为被动的学习者,总在回答问题而从不提问题。

教师对计算机最恰当的定位应该是教学工具,最佳的教师角色是建筑师角色(architect)和沉思角色(muse)。"作为建筑师,教师是教学活动的策划者和建设者,需要在计算机应用和课堂教学经验之间寻找平衡。'这时,教师应尽量避免课堂教学和计算机教学相互脱节的危险'。作为沉思者,教师知道如何利用软件,以便更好地使学生得到提高。沉思的教师把学生看做是能建构意义并解决各种问题的主动的学习者。当学生成为主动的学习

---

① 武法提.国外网络教育的研究与发展.北京:北京师范大学出版社,2003.115页
② 武法提.国外网络教育的研究与发展.北京:北京师范大学出版社,2003.95页

者并看到自己独立思考的成果时,动机就变得真实而内在。"①为了有效地发挥网络的教学功能,教师在将技术与课堂教学整合时需要及时的指导,要帮助学生进入积极主动的合作学习、自主学习和探究学习状态。要努力消除技术的非教学性角色,不能让技术充当保姆、游戏工具、监工等角色。

在使用技术的课堂教学中,"理想的状况是,在技术专家或志愿者的支持下,教师既进行技术指导也进行课程指导。这样,技术指导不作为单独一门课呈现给学生,而是天衣无缝地整合进课程之中。"②"当技术作为工具应用于教学中,技术就有了丰富和扩展课程的潜力。学生使用技术,尤其是使用互联网和万维网时,能够自主地安排学习进度,创造与自己的生活相适应的学习机会。"③运用新技术,丰富信息技术学习情境,可以为学生提供有利于自我调节学习的高效学习情境,让学生学会自我调节学习和交互学习。

四、提供更多交互的在线会话

网络技术最独特的特征是交互性。"交互"可能是数字化教学技术最大的优点之一。互联网不仅是信息环境,它更是一个多方交互的环境。通过"交互",人们可以跟远程的知识站点和远方的人(如同伴和专家)交流,这种方式对教育过程的影响可能是最大的。

在线会话作为一种网络交互方式,也被应用在教学中。其根本目的在于引发各种交互,发表个人评论以及进行在线讨论。这种在线会话的发展趋势之一就是形成一种强大的网络博客文化。个人博客作为一种更为专业化、个人化的知识管理方式,拥有更强大的在线讨论和交流功能。

基于网络的自主学习者,需要具备三种核心能力④:第一,时间管理技能,养成有规律地自觉按时登录学习的习惯。第二,要成为网络高手,有组织学习手段的能力,能够高效地在网上或书籍中搜索、阅读有关信息。第三,展现个人在新环境下学习的能力和愿望。踊跃提交自己的稿件,尤其在课程讨论中,在网上,沉默就等于消失;知道如何在网上寻求帮助和帮助者,

---

① 武法提.国外网络教育的研究与发展.北京:北京师范大学出版社,2003.95页
② 武法提.国外网络教育的研究与发展.北京:北京师范大学出版社,2003.115页
③ 武法提.国外网络教育的研究与发展.北京:北京师范大学出版社,2003.103页
④ [美]B.艾碧.网络教育:教学与认知发展新视角.丁兴富等译.北京:中国轻工业出版社,2003.58~60页

了解并应用"网络礼节"规则,尽可能减少误解;能够主动寻找学习支持设施,在网络出现故障时尽可能多地使用它们。

其实,完全依赖网络的学习也存在某些缺陷。美国匹兹堡大学的Berry, L. H. 在《网页设计的认知作用》一文中指出,人们对网络教育主要有三个方面的批评。其一,网络提供的知识"通常被置于一个相互联系的背景中,力图使它们显得真实,更重要的是,使它们显得更有趣味性,从而更能保持学习者的注意力。尽管提供背景的学习是重要的,但它并没有构成能够或应该被用来促进学习的教学战略的主要部分"①。其二,许多显示在计算机屏幕上的教学内容的正确性或深度令人怀疑。"就像瑞士干酪,又宽又薄,而且哪儿都是洞。"②其三,网络中的超文本环境固有的。"当网站访问者是新手,或没有丰富搜索经验的学习者,这个问题就显得尤为突出。这种情况下,网站访问者可能会对所显示的教育内容形成错误的概念,甚至可能会被误导,体验到加里·莫切尼尼(Marchionini,1988)描述的超混乱(hyper-chaos)。"③这也表明,网络技术在教育中的应用需要相关条件的支持,关键要开发适合学生使用的技术工具,以及更有效的指导方式和学习方式。

事实上,期望和实施之间的差距在交互领域最明显:"技术资源大量存在着,并且在人类生活的其他领域成功地实施着(如工作、专业培训、银行业务和购物)。另外,人类交互和人与信息资源之间的交互是教育的精髓,通信技术能为这一过程提供多种形式的支持。但是今天,大多数教育网站中还不存在这种支持。"④这种有限的双向交互将导致教师只能提供有限的教学指导与辅导。

一项有关基于互联网的学习情境的调查研究显示,交互方式最常用的是 E-mail(65%),小组交互的工具,只用到了几种,如讨论组和聊天室,也只有2%~4%的站点使用;其他的交互工具,如 MOO/MUD 环境和视频会议,

---

① [美]B.艾碧.网络教育:教学与认知发展新视角.丁兴富等译.北京:中国轻工业出版社,2003.69 页

② [美]B.艾碧.网络教育:教学与认知发展新视角.丁兴富等译.北京:中国轻工业出版社,2003.69 页

③ [美]B.艾碧.网络教育:教学与认知发展新视角.丁兴富等译.北京:中国轻工业出版社,2003.69 页

④ 武法提.国外网络教育的研究与发展.北京:北京师范大学出版社,2003.24 页

根本不被支持。支持远程工作(如远程操作和远程创新)的站点不到2‰。该研究结果表明，大多数网站只利用了有限的通信资源。研究者认为，这份研究揭示了大多数教育网站的过渡现象。根据这些结果，需要深入讨论网络技术与教育的关系，这有助于我们从多个角度来反思教育技术如何更好地运用到教育中，从而创建出新的信息技术与教育整合的模型。

随着互联网和万维网在教室中的运用，教学活动可以通过基于知识建构的在线会话来完成。进入20世纪90年代，很多人致力于有关在线会话的教学方式及其效果研究。好的在线会话使网络交互功能在教学活动中大大增强，有助于师生的互动和学生学习成绩的提高。美国佛蒙特州的教师们从1995年起一直在使用在线会话方式来帮助学生们改善学习。下面的案例比较具体地说明了在线会话的实施过程和指导原则。

《好的在线会话:指导实践的研究》案例中展示了一个好的在线会话应该包含以下因素:每一次会话都有确定的目标，创建网络会话指导方针，让学生在创作作品时清楚表达他们的意图，详细说明思考的过程，课堂作业和网上会话相匹配，尊重多样化观点，使用探究和支持性的评论扩展会话，使其超出简单的问题/答案水平，有效地使用会议系统软件等。这些经验可以为其他通过在线讨论提高教与学水平的教育项目提供参考。

例如，案例《猫头鹰》就是一个简短的、有洞察力的事先设计好的、有目的的会话——它最初被一位热爱自己的事业但不怎么有才华的年轻艺术家发起。她对提高自己的铅笔素描很感兴趣。[1] 她对艺术作品的描述总是很简洁:"这是一张8乘11英寸的铅笔素描，是我作为每周家庭作业上交的。"

相反，她对反馈的要求却很具体:"这是一张自由素描，我选择它是因为它是我最喜欢的作品之一。如果你对如何才能使背景看起来更加逼真或者让猫头鹰看起来更突出一些有很好的建议的话，我将十分感谢。"

对"猫头鹰"的第一个回应来自一位学生：

"你想知道如何才能让背景更鲜明……并且如何才能让猫头鹰更

---

[1] 武法提.国外网络教育的研究与发展.北京:北京师范大学出版社,2003.199~201页

突出……(我希望这就是你想要的)

嗯,我想稍微改动一下,你就会获得'一石二鸟'的效果(对不起,如果这个比喻不太恰当的话)。

首先,我想若去掉星星,或者去掉一部分,你的背景就不会像原来那样和猫头鹰混杂在一起,这样就会使得猫头鹰看起来更加突出。"

这种最初的交换意见方式可以增进个人会话。艺术家能够确认问题并且能使他的个人思考和推理在在线社区上表现得更明显。反过来,回应的学生在回应时也要有目的地询问艺术家的思考和推理。艺术家还要有目的地对其他学生的回答给予反馈:"谢谢这个想法,我会试一下。当我做好了,我会张贴出来再次听取你的看法。"

另一个回应来自一位指导教师。针对这个询问,他先讲艺术家的意图,然后才提出改进建议。尽管对话很短,这个"修补"策略使得信息主要针对解决艺术家的问题。"你想让背景更生动,让猫头鹰更突出,喔……"

大多数顾问使用的另一个策略是使用支持性的信息开始和结束问答,并在中间加入批评。

"关于这张素描,我注意到的第一件事是你用勾画线条完成了一项伟大的工作,但你没有加入足够的阴影。为了得到真实的图像,你需要加入阴影以便在你的猫头鹰上创造出轮廓的错觉……"

这一评论指出了这幅作品存在的其他问题,提出了改进的特殊建议,如要仿照鸟类躯体的曲线勾画出特征以及加深夜晚天空的颜色等。他还谈到了更大方面的问题,如对比度和描影法,然后加入鼓励性的评价并再次要求学生去思考和推理:

"当看到一幅艺术作品的时候,我首先注意的是对比度较强的图像部分。自己尝试着看了几幅画,发现画画和运用媒体一样是欣赏性的。当看到眼前这张画时我首先看到的是月亮的轮廓,它的对比度最高。然后我看到爪子,黑色线条的羽毛和黑色的眼睛。告诉我这些是你想引起注意的地方吗?当你用深对比度来增加细节时,这样东西将成为你绘画中的重要部分,你要么可以放弃不管它,否则你可以选择一个重要的区域去创造对比度……"

然后,她提供了很多别的艺术家的作品,让那个学生用来作为例子来改善她的绘画：

"我忍不住要想到我画图时曾联想的一位画家。他是一位大师，几乎比你大 500 多岁，出生于 1471 年，他名叫 Albrecht Durer。这里有一张他 13 岁时画的一幅作品——http://metalab. unc. edu/cjackson/durer/p-durer52. htm

下面是我在网上发现的一张猫头鹰的素描。我想你可能喜欢看一下别的画家是如何用线条和阴影的，这张素描看起来好像是用钢笔和铅笔画的。这位画家用了所有的黑线条，但是在胸部中心有一个明显的浅色区域去勾画出轮廓。http://idt. net/-jsss/drawgal. html"

为了帮助这位学生扩展讨论，这位指导者用一些探究式的、附加的支持性信息结束了谈话：

"我想你有很好的艺术眼光并且你在这张素描上下了很多的功夫。我希望我所写的对你有帮助。如果确实是这样（也许不是），你不会介意发一个信息让我知道吧？……我很希望收到你的信息让我知道你对我的建议的感受。"

学生在一个小时之内便回复道：

"谢谢你的见解。我将考虑你的意见。我也觉得我画的天空并不够深，所以我要加深它。我用了一些星星，而且我会尝试加更多的阴影。我会在特征上下功夫。一旦重做了，我会把图画寄给你。非常感谢。"

这种在线会话网络项目的研究始于 1995 年，项目的指导思想是"提高学生在'佛蒙特框架'中规定的艺术、人类学、社会科学成绩，将技术、专业开发和社区参与作为策略，促进人们采用多种方式表示学生学习的证据以及公开报道的信息"①。到 1999 年止，已有 12 所初中和高中学校参与该项目。

这个项目促进学生、教师、管理者和社区成员，通过网络交流站点 www.webproject.org 对学生作品（参照佛蒙特标准）发表个人评论以及进行在线讨论。该网络交流站点包括下列论坛：共享学生的艺术、音乐和多媒体作品的论坛，向参与的教师、指导者和学生征求反馈和批评意见的论坛，以及进行与课程相关的在线讨论论坛等。当学生在张贴和讨论他们的作品以及从

---

① 武法提. 国外网络教育的研究与发展. 北京：北京师范大学出版社，2003. 170 页

其他的在线成员那儿得到指导性反馈的时候,教师也会参与学生作品评价的讨论。除此之外,教师还会和学生一起在线讨论教学中遇到的问题。总的来说,该网络项目有助于在教师之间,学生之间,以及学生、教师和社区指导者之间形成学习社区。

该项目的领导层和评估小组对该项目进行了验收,并在一定的基础上进行了讨论。他们对"良好"的在线会话的不同风格非常感兴趣。他们积极寻找学习者问题解决和教师有效指导的决策方面的材料,以便掌握学生和教师讨论的深度。

工作在计算机和媒体环境中的学生们,在由网络站点支持的在线讨论以及虚拟教室和图书馆环境里,在参与的教师、指导者、常驻艺术家的带领下,和其他的在线社区成员一同组成了一个丰富的学习情境和生态环境（REALs）。所有的 REALs 都具有以下一系列特征[1]:

- 提供相关的、复杂的、信息丰富的情境调查;
- 鼓励学生具有责任感以及进行有意学习;
- 创建合作学习的氛围以及进行有目的的社交会谈;
- 提供提高高水平思维过程的、动态的、富有成效的学习;
- 通过现实任务和测验成绩评估学生的进步情况。

此外,所有的 REALs 都强调学生在合作性团体中的建构知识的会话,并将之作为一种基本的学习活动。

所有的 REALs 都强调"学习者社区"概念是很重要的。学习者社区包括专家和初学者。这里的会话可以表现为[2]:

- 使学生在真实的环境里从事问题解决;
- 利用媒体环境使学生从不同的方面看问题;
- 使学生做学习的主人,在学习者组成的社区中建构知识;
- 把他们介绍到由初学者和专家组成的学习者社区,鼓励他们从专家身上获得专门知识。

但是,最初开展的主题在线讨论活动并不顺利。在线讨论的教师都说,尽管在为期两周的准备阶段中,学生们都参加了小组讨论,形成并回答了解

---

[1] 武法提.国外网络教育的研究与发展.北京:北京师范大学出版社,2003.191 页
[2] 武法提.国外网络教育的研究与发展.北京:北京师范大学出版社,2003.191 页

释性问题,同时参考课本中的文章以支持他们的观点,并且将课本中的经验和他们自己已有的经验相联系,但是这些活动在开始时并不顺利。在最初的在线活动时,学生们企图寻求关于技术的更多知识,对自己的能力能否符合要求具有不确定性,并且沉迷于一系列技术问题中。这些学生没有从他们的努力中看到明显的回报。

随着时间推移,他们开始发现在线会话不仅是一种娱乐活动,还是一种与观点丰富的学生交流的有效途径。技术被作为学习工具,而不仅仅是技术。一个中心团体的学生们报告说:同理解水平较差的同伴就正在讨论的课文进行交流是困难的,因为很多远程学校的学生在上网之前并没有在教室里改进他们面对面的会话能力,他们还强调了教室中的会话练习在寻找行为模式和思想之间的联系,确认一定数量的不同文学作品之间的联系的重要性。

从1995年开始,佛蒙特州的教师们一直在使用在线会话帮助学生改善学习。为改善远距离会话,该网络项目建立了从本地艺术家、作家、音乐家、图案设计师、教师、父母和其他学生那里获得知识为目的的在线系统。通过对相关文章的研究表明,世界上其他的教育者也正在进行类似的具有创新性的项目,而且也遇到过类似的问题。

通过对网上会话实例的分析,有助于解释会话信息是怎样的以及如何进行传输的,确定"优秀"的网络会话包含的因素。这对于提升网络会话的质量和广泛运用有很大帮助,开发交互功能强大的网络会话功能是基于网络的教学必不可少的。

第二节 多媒体教学情境的创设

基于"多媒体"教学情境的典型范例,当属抛锚式教学和支架式教学。它们是伴随着"多媒体"教育技术在学校课堂教学中的应用产生的。二者都强调了利用新技术创设真实问题情境的重要性。如果没有技术支持,抛锚式教学和支架式教学都是很难或者是不可能做到的。

美国温特贝尔特大学认知与技术小组设计开发的贾斯珀系列注重利用

新技术，为学生创设真实的问题解决情境，真实的问题或事例被形象地比喻为"锚"，在不断研究和实践过程中提出了"抛锚式教学"的思想，并逐渐形成基本操作程序。

支架式教学强调为学习者建构知识提供适合其最近发展区的概念框架，并借用建筑行业中的"脚手架"作为这一概念框架的形象化比喻，学习者通过这种脚手架的支撑作用或称"支架作用"，可以帮助学生对知识意义的建构。

抛锚式教学和支架式教学都是建立在建构主义理论基础上的。建构主义理论相信，知识是学习者个体建构的结果，要想完成对所学知识的意义建构，最好的方法就是让学习者到真实的复杂的问题情境中去感受去体验，而不是仅仅听老师讲解。

一、以计算机模拟和互动影碟技术为主的贾斯珀系列

贾斯珀项目是由美国布兰思福特教授领导的温特贝尔特大学认知与技术小组的研究项目。该项目全称为"贾斯珀·伍德伯瑞(Jasper Woodbury)问题解决历险系列"。在贾斯珀项目的研究中产生了抛锚式教学的概念和思路，并首先将其运用到数学和科学领域的学习中，接着，将研究重点转向数学领域的学习，以帮助学生提升数学思维和解决问题的能力。

为贾斯珀系列打基础的研究活动始于 1984 年。研究者在温特贝尔特大学的匹波迪学院创立了学习技术中心(Learning Technology Center，LTC)。当时他们根本没有想到创造一个像贾斯珀那样的产品，因为他们认为自己是在进行研究而不是在建设一个中心。但是，他们很快发现，像课本和每章结尾的数学应用题这样典型的教材很难创立他们想要研究的学习情境。另外，研究者希望和教师合作，这样就需要教师们愿意在自己课堂中使用的教材。因此，开发高质量的教材来支持学习就成为学习技术中心研究计划的重要部分。

学习技术中心开始运作时，启动了给贾斯珀系列提供基础的三个主要研究项目。

第一个研究项目是惰性知识项目。惰性知识是指人们刻意记忆时能够回忆起来的知识，但这种知识却不能被自发地用来解决问题。20 世纪 80 年代初期，人们就开始关注惰性知识的问题。"许多实验室和课堂中的研究表

明惰性知识总是普遍存在的,一些研究也表明,知识的惰性程度受到信息最初习得方式的强烈影响。"①通过创设新型的有效学习情境来克服惰性知识的想法成为温特贝尔特学习技术中心的主要研究方向。

另外,研究者们从温特贝尔特大学的 Logo 项目和动态评估项目研究中获得了启示。学生们有机会用 Logo 创造自己的产品,这高度激发了学习动机。这使研究者强烈感受到帮助学生们制造他们自己的产品、观点和想法的重要性,而不是帮助他们简单地学习或重复别人所呈现的事实。在教师的指导下,学生们更有计划性,减少了随机的反复试验,而且并不降低对 Logo 编程的热情。这促进了部分学生的进一步学习,并最终导致对思维相关活动的更好的迁移。动态评估项目的目的则是评估个人对学习机会的反应度和评估他们的教学敏感区。动态评估主要通过积极改变任务的不同成分及改变教学方法而实现,其目的是发现对每个孩子最有效的条件。因而,动态评估项目让我们直接面对课程、教学和评估等问题。

由此可见,利用新技术的力量将有助于克服惰性知识的有效学习情境的创设。研究者看到了希望和出路。他们开始关注 20 世纪 80 年代中期开始的计算机和视频技术。随着这些技术的迅速普及,人们能够超越原有技术的局限,尝试计算机模拟和互动影碟技术的使用。尤其是互动影碟技术使视频信息不再局限在线性的、电视般的程序上。这种技术不仅为学生提供高质量的动态视觉影像,而且不需要顾及课堂中计算机处理能力的极限。

从 1990 年开始,认知与技术中心的研究者在分布于美国九大州的一些学校试行贾斯珀项目。贾斯珀系列共包括以录像为根据的 12 个历险故事(包括录像片段、附加材料和一些教学插图等)。这些历险故事的设计旨在提高五年级以上学生的数学思维,进而帮助他们建立与科学、历史和社会学等学科的联系。1997 年出版了专著《贾斯珀项目——对课程、教学、评价和专业发展的反思》。正如作者所言,此书的写作目的之一是为了让参与该项目的 90 多位成员有可能通过合作性反思重建自己的思想、体验和经历,以使默会知识明晰化;二是为了提供他人一个分享该案例研究经验的机会。除贾斯珀项目外,该认知与技术小组还开发了少儿读写能力系列、科学家行动

---

① 温特贝尔特大学认知与技术小组等.美国课程与教学案例透视——贾斯珀系列.王文静等译.上海:华东师范大学出版社,2002.19~20 页

以及思维学校项目等。

贾斯珀系列中的历险故事以录像、影碟以及计算机软件的方式呈现给学生,创设了丰富、虚拟的数学学习情境。这些历险故事以发现和解决一些数学中的问题为核心。"每一个历险故事都是按国家数学教师委员会推荐的标准来设计的。特别值得一提的是,每一个历险故事都为问题的解决、质疑、交流以及与其他领域如科学、社会学、文学与历史等的互动提供了丰富的机会。"①一张光盘包括一段约17分钟的历险录像,录像总是以提出各种各样的挑战性问题而结束。教育技术的运用以及技术间的交互作用,不仅将贾斯珀系列中的历险故事真实地呈现在学生面前,而且为贾斯珀系列中数学问题的解决提供了一个互动的平台。

要想达到贾斯珀系列的课程目标,仅仅观看这些历险故事是无效的,最重要的体验是在解决问题的过程中获得的,学生要尝试着去解决一个历险故事。与贾斯珀密切相关的一句格言是"它不仅仅是一部片子,而是一种挑战"。当学生通力合作共同解决问题时,每一个挑战才变得有趣且意义深远。

这种由技术支持的真实的、复杂的问题情境被称为"锚"或"支架"。这种"锚"或"支架"设计的好坏,或者说,能否设计出技术支持的好的教学软件是非常重要的。所以,"教育面临的挑战是设计用于学习的技术,它既汲取了来自有关人类认知的知识,又采纳了技术如何能使工作现场的复杂任务得以解决的实际应用。"②计算机搭建的"锚"或"支架"允许学习者开展更高级的活动,参与更高级的思维和问题解决活动。

20世纪80年代中期以来,人们一直在探讨应该为学生提供什么样的支架以及如何提供这些支架才更有利于学生的学习。1985年开始,认知支架第一次用来帮助学生学习数学和写作。10年后,许多项目都使用认知支架来促进学生在科学、数学和写作中的复杂思维、设计和学习。应用于课堂的第一代基于计算机的技术采用了非常简单的电子"抽认卡"的形式,学生使用电子"抽认卡"来操练无关联的技能。如今能够在课堂中应用的信息技术和软件工具越来越丰富和先进。在这些将技术应用于教育的研究工作中,

---

① 温特贝尔特大学认知与技术小组等.美国课程与教学案例透视——贾斯珀系列.王文静等译.上海:华东师范大学出版社,2002.1页

② [美]布兰思福特等.人是如何学习的——大脑、心理、经验及学校.程可拉等译.上海:华东师范大学出版社,2002.236页

温特贝尔特大学认知与技术小组在贾斯珀系列的研究工作比较突出。

贾斯珀系列产生于1984年开始启动的若干研究项目,1990年开始,贾斯珀历险系列在学校场景进行实验研究,到20世纪90年代中后期,贾斯珀历险系列成为将技术应用到教育中的比较成功的教学范型之一。

1990年前后,认知科学家、技术专家和教育工作者形成共识:"如果学习者能够创建和操纵模拟自然现象和社会现象的模型,那么他们会对这些现象有更深入的理解。"①例如,1993年有研究者让六年级学生使用一种"思想家工具"计算机软件学习牛顿力学中的力和运动。借助于交互式的计算机媒介,学生们同时获得了动手和动脑的经验,因此对科学有了更深入的理解。与许多上物理课的十二年级学生相比,使用了基于计算机的学习工具的六年级学生能更好地理解加速度和速度的概念。②

贾斯珀系列的成功也是源于对多媒体技术支撑的"锚"和"支架"的重视。"抛锚式教学"的提出及其流行是与贾斯珀系列密不可分的。

贾斯珀系列支持学生学习的一个特点是,贾斯珀问题在本质上具有直观性、可视化。当通过手稿而非录像来解决贾斯珀历险时,如何通过文字来传达大量信息的难度就显现出来,因为要想象问题情境的全部细节具有一定困难。另外,那些只通过手稿接触贾斯珀的人要经历一段困难时期——他们不知道在哪里寻找原本镶嵌在故事中的相关数据。直观性有很多优点,如提供了注意细节线索的机会,使嵌入的大量其他资料便于拓展到其他领域中等等。研究小组认为,也可以尝试其他的问题呈现方式。在已经播放过录像的情况下,详细描述情境的书面材料同样有效,或考虑用录音机支撑问题情境,这样可保持录像的一些优势,而且更容易制作。在听众了解了广播剧所必需的背景知识时,为听众留下一些想象的空间会更好。

贾斯珀系列中的每一个历险故事就是抛锚式教学中的"锚",起到支架的作用。在课堂教学中抛出这些"锚"有助于学习共同体的建立。拥有不同背景知识的学生,可以借助录像支持能很快形成共同的理解和术语,这便于他们参与合作性活动。此外,通过这些"锚"或"支架"故事的录像,使教师们

---

① [美]布兰思福特等.人是如何学习的——大脑、心理、经验及学校.程可拉等译.上海:华东师范大学出版社,2002.238页
② [美]布兰思福特等.人是如何学习的——大脑、心理、经验及学校.程可拉等译.上海:华东师范大学出版社,2002.238页

更容易与来自各种背景的学生家庭共同分享这些课程。

接下来,教师和学生开始伴随锚的活动。学生可以随时对录像故事进行各种操作,必要时暂停或回放,以便于把握故事重要情节或线索,师生互动教学或讨论解决有挑战性的问题。

例如,温特贝尔特认知与技术小组1996年以贾斯珀经验为基础开发的少儿读写能力系列,一个为初学阅读者设计的多媒体语言和读写能力计划,这是与小行星出版社联合设计的。[1] 这一少儿系列将扩展到数学和科学活动中。在小行星识字系列中,第一个故事讲的是,一个小行星上的主人们遇到了一个名叫翁格(Wongo)的陌生人。翁格使动物们相信,如果它们想更有想象力并能讲出好听的故事,必须买他的魔帽。除了兔子之外,所有动物都上了当。兔子学习使用科学方法去检验帽子是否真有魔力。通过这些测试,动物们很快就发现它们上了当。它们得知,翁格准备带着他的帽子去星球的其他地方。这就给动物们提出一个挑战:怎样才能防止其他地方的动物免受愚弄呢?答案是去写一本书。这一引人入胜的历险故事鼓励幼儿园、一二年级的学生们编写小书,并解决在历险故事的结尾处提出的挑战性问题:为了营救小行星上的生物,以防止它落入一个名叫翁格的恶魔所设的陷阱,学生们必须写一本小书。

师生需要做的事情包括故事排序和互动教学[2]:

学生们为故事中重要情节的图片排序。

软件允许学生们按照他们的意愿任意移动排列图片,必要时收看动画(当他们记不住某个图片表示的内容时,点击图片使其运行,并重放该部分的内容)。

在过程中,教师鼓励学生展开关于故事序列的讨论。

学生们依次充当教师角色,并引导其他学生对故事的每一幕提问、概括和分类等步骤。

最后,学生可以在网上发表自己的感想或制作成多媒体故事书。

小行星出版社出版的网页中有一个特色栏目——小行星时报。时报包

---

[1] 温特贝尔特大学认知与技术小组等.美国课程与教学案例透视——贾斯珀系列.王文静等译.上海:华东师范大学出版社,2002.135页

[2] 温特贝尔特大学认知与技术小组等.美国课程与教学案例透视——贾斯珀系列.王文静等译.上海:华东师范大学出版社,2002.134页

括以读写能力为基础的种种挑战,这些往往以一个处于两难境地的问题为结尾。鼓励学生们写出自己的感想并发表出来。

多媒体故事书制作者所具有的几个特点①：

使用排序活动中的图片,让孩子们能够用自己的话构筑整本书的内容。

"图片"按钮能够使静止的图片变为无声的、动态的故事片段(这提供动态的改进支持)。

录音按钮使学生们能将想要在该页写的内容以语音的形式记录下来(录音阶段是合作性的,组内所有成员在每页必须至少加上一句话)。

写作按钮帮助学生说出单词,并从表中被选项里选出适当词条；教师或孩子能用键盘写文章。

音乐按钮让孩子们选择从"轻快"到"悲缓"的音乐片段后,教师要引导他们讨论出与故事情境最相符合的片段。

演示按钮让孩子们看到动态片段,文章内容,听到他们自己的声音和他们选择的音乐。

当所有页面完成时,书将以传统的方式印刷,这样,孩子们就可以边听电脑上的多媒体描述边看自己的书,孩子们也可以把书带回家与家人分享。

二、贾斯珀系列催生"抛锚式教学"

探索使用视频媒体来创立真实的问题解决环境的方法,成为贾斯珀系列的基本研究思路。这种注重创设真实问题情境的方法也被称为"抛锚式教学"(Anchored Instruction)的方法。贾斯珀系列中的录像故事就是"锚"或"支架"。

抛锚式教学代表了贾斯珀系列克服惰性知识问题的尝试,它创设了一种允许学生和教师进行探究和体验的真实问题情境。抛锚式教学主要由美国学者布朗斯福特(Bransford J.)等人提倡并开发出来。这种教学要求建立在有感染力的真实事件或真实问题的基础上。确定这类真实事件或问题被形象地比喻为"抛锚",因为一旦这类事件或问题被确定了,整个教学内容和教学进程也就被确定了(就像轮船被锚固定一样)。

---

① 温特贝尔特大学认知与技术小组等.美国课程与教学案例透视——贾斯珀系列.王文静等译.上海:华东师范大学出版社,2002.135~136 页

抛锚式教学的主要目的是使学生在一个完整、真实的复杂问题情景中，产生解决问题的需要，并通过学生之间的互动、交流和自主学习，亲身体验从识别目标知识到达到目标知识的全过程。抛锚式教学是使学生适应日常生活，学会独立识别问题、提出问题、解决真实问题的一个十分重要的途径。

抛锚式教学不同于通常课堂上的讲座，它在教学中使用的"锚"是有情节的复杂问题情境故事或案例，而且这些故事的设计有助于教师和学生进行探究。

抛锚式教学有以下两条重要的设计原则：一是学习活动和教学活动都应围绕某一"锚"来设计，二是课程的设计应让学生进行自主探究。所以，抛锚式教学并不是通过教师讲解把现成的知识传授给学生，而是在学生学习知识的过程中向他们提供援助。

抛锚式教学鼓励学生自主学习与合作学习。抛锚式教学对教师的最大挑战在于其角色的转换，即教师应从信息提供者转变为"教练"和学生的"学习伙伴"。教师自己也应该成为一个学习者。

抛锚式教学由这样几个环节组成[①]：

创设情境——使学习能在和现实情况基本一致或相类似的情境中发生。

确定问题——在上述情境下，选择出与当前学习主题密切相关的真实性事件或问题作为学习的中心内容（让学生面临一个需要立即去解决的现实问题）。选出的事件或问题就是"锚"，这一环节的作用就是"抛锚"。

自主学习——不是由教师直接告诉学生应当如何去解决面临的问题，而是由教师向学生提供解决该问题的有关线索（例如需要搜集哪一类资料，从何处获取有关信息资料以及现实中专家解决类似问题的探索过程等），并要特别注意发展学生的"自主学习"能力。自主学习能力包括：确定学习内容表的能力（学习内容表是指为完成与给定问题有关的学习任务所需要的知识点清单）；获取有关信息与资料的能力（知道从何处获取以及如何去获取所需的信息与资料）；利用、评价有关信息与资料的能力。

协作学习——讨论、交流，通过不同观点的交锋，补充、修正、加深每个学生对当前问题的理解。

---

① 何克抗.建构主义——革新传统教学的理论基础（中）.电化教育研究.1997(4). 25～27页

效果评价——由于抛锚式教学要求学生解决面临的现实问题,学习过程就是解决问题的过程,即由该过程可以直接反映出学生的学习效果。因此对这种教学效果的评价往往不需要进行独立于教学过程的专门测验,只需在学习过程中随时观察并记录学生的表现即可。

抛锚式教学产生的动机是对人们带入学习情境中的已有知识的重要性的认识。由于在许多教育环境中缺少已有知识和体验的储备,学生们事前也没有体验问题的机会。抛锚式教学的主要目标就是帮助学生体验在某一领域中专家们可能遇到的问题,并理解学科中的核心概念是如何帮助解决这些问题的。抛锚式教学通过为教师和学生提供同一个探究的情境,以帮助学生把知识从事实转化为有用的工具,而不是简单地把新信息当做要学习的事实。在共同的真实的"锚"的支持下,师生在共同解决问题的过程中获得知识的理解和应用,这对克服学生身上的"惰性知识"是有帮助的。

三、促进情境化知识的生成

贾斯珀系列的课程教学设计思路的产生,主要是基于对教科书设计的反思:如何在解决真实问题情境中教给学生知识和技能。而教科书注重事实和原理的呈现,每一章的后面紧跟应用练习。但是仅有这些事实知识是不充分的。

只有情境化知识才有助于应用已学知识解决问题。许多教科书的教学并不能帮学生实现知识的情境化,"教科书更多地是在阐明数学或自然法则而不是说明这些法则可在什么时候用于解决问题"①。基于此,温特贝尔特小组在1992年重点讨论了数学教材中数学应用题的一些局限。②

首先,传统的应用性问题通常不能帮助学生思考现实情境。学生们不是把真实世界的标准用到作业中,而是机械地对待数学应用题,常常考虑不到真实世界中的障碍。

第二个问题是,多数应用性问题假定只有一个正确答案。这导致对问题解决本质的概念性错误,它不经意地引导学生寻求唯一答案,而不是探求

---

① 温特贝尔特大学认知与技术小组等.美国课程与教学案例透视——贾斯珀系列.王文静等译.上海:华东师范大学出版社,2002.38页
② 温特贝尔特大学认知与技术小组等.美国课程与教学案例透视——贾斯珀系列.王文静等译.上海:华东师范大学出版社,2002.40页

多种可能答案。另外,由于典型的数学应用题对很多学生来说是很难理解的(由于阅读问题),而且意义常含混不清,因此很难提供给学生反映真实世界复杂特征的问题。许多研究者建议,教学和评价必须着眼于学生完成完整、真实任务的能力,而不是证明他们获得了作为复杂任务构成部分的那些支离破碎的技能和事实的能力。这使得数学应用题的局限更加明显。

第三个局限与人们已形成的思维习惯有关。一般来讲,应用性问题的解决主要是靠回忆本章或以前学过的章节的知识。这表明,探索问题的目的是重温以前学过的知识而不是依靠人的能力。这可能会限制人们对自身预知能力的发展。

第四个局限也很重要:它只明确了要解决的问题,而不是帮学生学会发现和提出问题。数学思想家都倾向于提出他们自己的问题。而问题的生成过程是数学思维的一部分。

随着研究的深入,他们发现,当学生在阅读和数学方面有困难时,学生生成问题的能力就很差,他们在形成相关子问题时有一些困难。在数学测试取得高分的学生中也存在同样的问题。

贾斯珀历险系列有七项设计原则,其目的是为了克服惰性知识,以帮助学生生成情境化知识。贾斯珀历险问题中包括许多支架,如以故事形式呈现问题、提供能支持合理决策制定的镶嵌数据以及提供能激励学生的角色模型等。这些支架或"锚"都是为了帮助学生学会解决贾斯珀挑战,并在当他们思考贾斯珀的相关和类似问题时,加深他们对知识的理解。迁移的支架包括以基于录像的故事材料和与每一历险故事相伴随的拓展问题,还包括帮助教师设计与社区相关的主题方案以扩大贾斯珀经验的影响。

贾斯珀历险系列的七项设计原则[①]

设计原则	期望价值
1. 以录像为主要设计方式	A. 更有激发作用
	B. 更易于探索
	C. 支持对复杂问题的理解
	D. 对阅读能力差的人更有特殊帮助,并支持阅读教学

---

① 温特贝尔特大学认知与技术小组等.美国课程与教学案例透视——贾斯珀系列.王文静等译.上海:华东师范大学出版社,2002.47 页

设计原则	期望价值
2. 基于真实问题的叙述(优于纯粹的录像演讲)	A. 易于记忆 B. 更有参与性 C. 使学生发现数学问题与日常生活事件推理之间的联系
3. 故事生成性方式设计(如,历险故事结束后,学生们必须概括出已经解决的问题)	A. 激励对故事结尾的推断 B. 教学生发现并明确要解决的问题 C. 提供不断提高的推理机会
4. 对所镶嵌数据的设计(如,所有解决问题所需的数据都将在录像中提供)	A. 允许合理的决策制定 B. 鼓励发现 C. 将学生置于相关知识的"平稳的航船"上 D. 明晰相关数据对特定目标的依赖
5. 呈现问题的复杂性(如,每一历险中包含一个至少14步的问题)	A. 克服尝试几分钟就放弃的倾向 B. 呈现真实问题特点的复杂性水平 C. 帮助学生处理复杂性问题 D. 发展对自己能力的自信
6. 与历险相关的问题成对呈现	A. 提供关于核心图式的额外训练 B. 帮助学生明确哪些知识与技能可以迁移 C. 阐明类比思维
7. 建立课程间的联结	A. 帮助将数学思考推广到其他领域(如历史、科学) B. 促进知识的统整 C. 支持研究成果出版

贾斯珀系列的关键就是为从幼儿园到中小学生提供便于探究的共享情境来组织教学环境,并找寻适当的形成性评价与反馈方法。在研究贾斯珀项目之初,还会受到技术的限制。随着计算机和网络技术的发展与普及,贾斯珀设计思路在课堂教学中的应用前景非常广阔。

贾斯珀系列比较好地探讨了如何在学校教学中克服惰性知识,帮助学生生成情境化知识,并使基于案例或基于问题的学习变得更加容易。

20世纪80年代以来,有关认知与学习的情境学习理论成为一种能提供有意义学习并促进知识向真实生活情境转化的重要学习理论。不少认知心理学家认为,情境化知识有助于知识的迁移与应用,要克服学习中的惰性知识,只有让学生在真实的问题情境中自主探究。

在克服知识的惰性问题上，除创设温特贝尔特认知与技术小组开发设计的贾斯珀系列和抛锚式教学思路外，与这种教学变革思路联系较密切的还有很多。有些并不过多依赖新技术，如角色扮演学习、课堂工作室、基于问题的学习、基于案例的学习或基于项目的学习，等等。不管采取何种具体策略，注重丰富的问题情境创设，让学生置身于问题情境中，用多样化和个性化的学习方式接触知识，已成为学校教学变革的主流方向。

第三节　角色扮演教学情境的创设

基于问题的学习、基于案例的学习、角色扮演学习等，都强调通过学生的角色扮演来创设教学情境。基于问题的学习较早地用于医学院校。"基于案例的学习"也是最早用于大学教学以克服学生惰性知识的尝试。20世纪90年代以后，基于问题的学习和基于案例的学习均被移植到中小学课堂教学中，而角色扮演学习用于中小学的居多。

角色扮演教学情境的创设，强调在真实的抑或虚拟的复杂问题情境，通过赋予学习者一定的角色，让学生更真实地融入情境任务中，实现从"局外人"到"剧中人"的角色换位，亲身体验任务完成和目标实现的全过程，从而建构起个性化的知识与能力。

一、基于问题的学习

"基于问题的学习"和"基于案例的学习"较早用于一些医学院、商学院的教学中。从20世纪60年代起，直到80年代初，只有个别医学院采用基于问题的学习。到20世纪90年代，很多医学院开始采用基于问题的学习了。例如，美国南伊利诺伊州医科大学倡导对医科学生实施"基于问题的学习"。临床医学课程的教师发现，在临床情境中，当学生需要运用与患者问题相关的知识时，他们的表现却好像全无任何知识背景。他们所学的知识处于惰性状态。为他们创设医治病人的问题情境和他们以后在实际工作中将要遇到的情境有着非常直接的联系，现在扮演医生的学生在不久的将来就会真正成为医治病人的医生。所以，他们在学习的过程中会努力去积累大量的经验,这些经验有助于他们有效地激活储备的知识。

  医学院校经常使用基于问题的学习。这种方式常是以模拟的患者(通过书面、表演者或计算机)来提供关于病症的信息。然后,学生就应该知道提问模拟的患者哪些问题,并决定下一步怎么做。为了更好地理解患者的问题,学生们必须明确他们的学习目标来指导他们获得所需的新的内容知识。

  "案例教学法"或称为"基于案例的学习",也是最早用于大学教师教学以克服学生惰性知识的尝试。1940 年,哈佛商学院的一位教师发现聘用哈佛商学院毕业生的雇主们埋怨这些学生根本没有作好工作的准备,他们的知识并不能使他们识别和明确重要问题,也不能作出合理决策。他强调"智慧不是靠口头传授的"。他提倡一种新的教学方法,使学生在解决真实的商业问题的工作环境中接触重要概念和策略。哈佛商学院的商业课教学一直应用案例教学法,这一方法在美国其他许多职业学校普遍采用。

  20 世纪 90 年代,这种普遍应用于大学或职业学校的教学方式,被越来越多的中小学所认可。基于问题的情境学习不仅能激活学习者头脑中已有的知识,并推动他们去学习新知识,而且能够使学生把所学知识与实际应用联系起来。

  美国伊利诺伊州数学科学协会基于问题的学习中心从 1992 年开始对基于问题的学习进行研究和实践。他们在小学、初中、高中都进行了相关的教学变革实践。

  他们设计的问题情境就是现实生活中需要解决的真实问题。例如,当地一所小学的老师让一至五年级的学生帮他们前任校长解决他家中花园的植物生病的问题。① 于是,学生分工合作地做开了,有的化验土壤并培植样品,有的读一些关于植物栽培的书,有的在因特网上收集资料,有的向当地的专家请教,还有的开始在恶劣的自然环境下做植物栽培实验。开始,很多大人都认为他们是在儿戏,没有认真严肃地给予帮助。学生们就怎样让大人们重视他们所做的事情,怎样才能获得大人的帮助展开讨论。最后,他们找到了一位愿意耐心地给他们讲解、帮助他们的苗圃培养工。通过这件事,学生真切地明白了做事要有毅力的道理,也懂得了人与人之间存在个体差

---

① [美]琳达·托尔普等.基于问题的学习:让学习变得轻松而有趣.刘孝群等译.北京:中国轻工业出版社,2004.2～6 页

异的道理。

该校许多老师说,他们能根据一个学生的行为,判断他是否参加过基于问题的学习。通过这种学习,"学生处理问题、解决冲突的能力要强得多。在课堂上他们的表现也不同,他们总是积极提问,而且遇到问题时总是要努力想办法,直到找到令他们满意的答案为止,从不轻易放过一个问题。"①学生也不再被动地等待教师的提问,而是有了自己去发现问题、解决问题的需要和行动。

如果为学生设计一个比较真实的问题情境,学生就会主动地去探寻解决问题所需知识,这种以解决问题为取向的学习有助于学生把零散的知识点组合成整体的知识。比如让中学生设计一条从芝加哥到印第安纳西北部的运输线路,这条运输线路要经过密歇根湖,学生们可以把路线设计在湖面上,也可以在湖底。或让中学生扮演美国国务院核安全局的科学家,让他们解决的问题是:某工厂释放了很多对人们健康造成危害的钍,附近的人们感到他们的健康受到了威胁。问学生这样几个问题:问题的关键是什么?还有其他人关注此事吗?处理这件事,我们的权力有多大?如果要解决这个问题,我们应该采取哪些措施?这种开放性的问题不仅能激发学生的兴趣,还有利于教学活动的开展。教师也可以设计许多与学科知识相关的问题情境。

基于问题的学习就是让学生在实际问题情境中学习,让他们把所学知识和实际生活联系起来,以此培养他们的学习兴趣和学习主动性,同时建构自己的知识。"内涵丰富、值得思考、富有教育意义、具有启发性的问题情境才是好的问题情境。"②教师在设计问题时,必须设计能有效地把学生的知识学习和实际生活结合起来的问题,超越学科、超越课堂、超越课本,开发并利用更丰富的课程资源。

基于问题的学习有以下三个特征③:

---

① [美]琳达·托尔普等.基于问题的学习:让学习变得轻松而有趣.刘孝群等译.北京:中国轻工业出版社,2004.6 页
② [美]琳达·托尔普等.基于问题的学习:让学习变得轻松而有趣.刘孝群等译.北京:中国轻工业出版社,2004.25 页
③ [美]琳达·托尔普等.基于问题的学习:让学习变得轻松而有趣.刘孝群等译.北京:中国轻工业出版社,2004.21 页

- 使学生成为问题情境中的角色。
- 教师围绕一个完整的问题设计安排课程,鼓励学生去学与问题相关的知识,然后解决问题。
- 教师创造一种学习情境,激发学生思考,鼓励学生提问,不断引导学生深入地理解问题。

基于问题的学习在很大程度上改变了学生的学习方式和对待知识的态度。如一位科学和物理课老师说:"我感受最深的是,学生比以往的任何教学方式下都更有积极性和主动性。他们真正把解决问题视为己任,而不像在传统教学中那样,总期望老师给他们一个解决问题的方案。在PBL学习中,学生总是自己积极努力地寻找办法解决问题,即使有时失败了,他们也马上寻找另外的办法。"[①]

基于问题的学习可以帮助学生增强学习动机,提升学习兴趣,深刻理解所学知识的价值,把学习与实际生活联系起来。在学习过程中,学生需要围绕问题的解决去收集信息,评估这些信息的可信性和有效性,设计具体的解决问题方案。学生还要不断地找寻并形成适合自己的准确界定问题,快速收集信息、分析数据、建构假设和检验假设的方法,学会比较和借鉴。这些学习经历都有助于学生提高综合思维能力,学会学习。

二、角色扮演学习

在角色扮演的学习过程中,学习者是直接的参与者,是真实的抑或虚拟的情境中的一个角色,他(她)不再只是事件过程的旁观者,而是把自身融入到整个活动的每一个环节。角色扮演学习的最高境界就是"全身心投入",进入一种"儿童游戏(学习)"状态。角色扮演学习的成功取决于丰富的学习情境的创设。

角色扮演学习首先表现为各种游戏活动,寓教于乐,寓教于生活。例如,美国一所学校学前班教孩子颜色区分的时候,同样让学生成为主角。一位家长这样描述道:"儿子学颜色的时候,每天会带回来老师的字条,让家长按要求的颜色给孩子穿第二天的衣服。颜色要求并不那么严格。比如学黄

---

① [美]琳达·托尔普等.基于问题的学习:让学习变得轻松而有趣.刘孝群等译.北京:中国轻工业出版社,2004.37 页

色的时候穿黄色衣服,只要是黄色,橘黄、金黄、淡黄、奶黄、明黄,什么都可以。这样每天孩子们穿着同色系但不完全相同颜色的衣服去上学,老师从基本色讲起,然后指点孩子们的衣服,讲同色系的其他色,衣服一天天换过来,颜色也就学全了,而且超出大人们的想象,非常丰富的色彩概念就从孩子的衣服里进入了孩子的小脑袋瓜,轻松而且简单。"①在这个学习活动过程中,小朋友的角色不是传统意义上的教师说什么就做什么的学生角色,而是可以用自己的双眼去发现各种颜色系列的无穷魅力。

其次,可以通过设计一些学科专业情境,让学生扮演一些专业角色,在体验中理解领悟。这种角色扮演学习已经成为美国中小学课堂教学所追求的基本精神。例如:在美国,每年都会组成以中学生为主体开设的模拟法庭。② 各学校选出最优秀的学生,通过校际比赛,参加区际比赛,再到州际比赛,最后参加全国比赛。学生参加这样的比赛,绝不是纸上谈兵,他们要经过几个月的律师知识的实习,翻看各种案例,模拟法庭完全像真的法庭一样。主持的法官往往都是有多年经验的老法官,所有程序都被认真执行,一丝不苟。一年一度的这种比赛,全国有无数的律师、法官,陪着一群中学生认真地"玩"好几个月,没有额外的薪金,全是自愿的。这一群连续几个月都泡在律师、法官、案例中的中学生,比赛完毕,也就对身边的法制社会不再陌生了。

在小学四年级的生物课上,老师要求学生充当生物学家的角色。③ 老师让他们收到一封小学生的来信,信中说他在自家车库的屋檐下发现了一种褐色的毛茸茸的东西,问可不可以把它当做宠物来养。随信寄来的照片清楚地显示出蝙蝠的样子。这些生物学家们必须从专家的角度向小朋友清楚、详细而又浅显易懂地介绍蝙蝠的生活习性。这个学习情境的创设突出了课堂知识学习的力量和乐趣。假如单纯听教师讲或自己看课本上关于蝙蝠生活习性的段落,学生的角色还是学生,难免单调和乏味;而在角色扮演模式学习的课堂上,学生们是在被请教,此时他们的角色是"专家"。作为生物学家的角色激励着学生去探究、去体验,最终形成有价值的知识体验。

---

① 韩小蕙等.解密美国教育:旅美华人看美国教育.福州:福建人民出版社,2005.4页
② 李训美.藏在四个故事中的教育秘密.北京:中国教育报.2007.04.17
③ 李其龙等.研究性学习国际视野.上海:上海教育出版社,2003.179页

角色扮演中的学生作为一个真实的角色积极参与到任务完成的过程中,在这种体验的过程中获得知识的理解和感悟。角色扮演学习强调的是学习者对知识的亲历和体验,而不是知识的讲授与接受。

下面的案例《面粉宝宝——模仿当父母》,学生通过真实的照看婴儿的活动,可以真切体验父母的辛苦和不易。

案例:《面粉宝宝——模仿当父母》①

养育一个孩子看上去很容易,也很有趣。这个项目将让你体验背着一个婴儿到处走动和一天 24 小时照顾婴儿的感受。这种感受不同于照看一个"真"宝宝,但确实有一些相似之处。

- 模仿活动将持续 1 周,每天 24 小时,直到 6 月 10 日。
- 把你的孩子看做一个"真"宝宝,你不能把宝宝放在衣柜里、丢在地板上、藏在衣服里、放在一边置之不理或用任何方式伤害他。上述行为都会被认为虐待儿童并且被报告给儿童保护机构。假如你被指控虐待或忽视你的孩子,你将被扣分。
- 你是孩子的父亲或母亲,有责任照顾好孩子。在接下来的 1 周里,你无论到什么地方都必须带上孩子。婴儿被保姆带走的时间,1 天不能超过 3 小时。此外,保姆必须写每天的育婴日记。
- 孩子需要爱、拥抱,一天喂养若干回,讲故事,玩耍,换尿布。你可以制订一个日程表,安排好这些工作。

整个项目 100 分:

- 带你的孩子去听人类发展课 3 次,每节课 10 分;
- 细致地照看孩子,20 分;
- 上父母培训课,每节课 10 分;
- 凡有虐待儿童的行为,每一次扣 10 分。

三、"课堂工作室"学习

"课堂工作室"是近些年出现的最具影响力的教学隐喻之一,把课堂比喻为工作室。"课堂工作室"认为,中小学课堂不再仅仅是传播信息的地方,课堂应该变成真正创造知识、制造真实产品、进行可靠研究的实验室和工作

---

① 施芳.准备去美国读书:美国教育细节.北京:人民日报出版社,2005.63~64 页

室。工作室是真实世界的一部分,它的参与者一直参与着整个真实的生产过程,是真做而不是假做,不是"与世隔绝"。在大部分高效的工作室中,由教师和学生来设定任务,预定时间,甚至于即便学生喜欢自学过程中的自主性体验,他们也有责任定期拿出学习成果,达到最后期限的要求。"现在,具有开拓性的教师们正在通过建立数学工作室、科学工作室、演讲工作室和历史工作室等,把工作室模式推广到课程的所有角落。"①

例如,在一个典型的写作工作室中,教师鼓励学生从不同的部分写起。但是,在一个常规的时间长度内(年幼的孩子每周一次,年长的孩子每三周一次),要求他们从图书馆里选定一个最利于写作的部分,完整地进行写作和发表:包括仔细检查,开展多元化的师生研讨,一丝不苟地校对和润色,然后在组内"发表"最后文稿。教师和学生达成共识,分别指定不同的写作类型。写作过程中出现一些重复是允许的,但是在一年中的一段时间内,要求所有学生根据诸如诗歌、戏剧、评注、辩论或书评等特定类型创作出精致的作品。

当工作室开始时,教师应让活动进行的时间稍短些,随着学生变得越来越独立,时间也就可以延长了。在工作室的早期,教师要保持工作室的结构简单,限定学生们选择的内容,只要能使工作室开始运转就行了。如果让学生从一开始就有选择和一个同伴进行商议的权利,那么许多学生将会自动选择和一个同学交谈而不是创作出要研讨的内容。教师要保证学生的合作建立在学生自主的基础上,可以作些临时规定,如"先自己做 20 分钟,之后,如果愿意,可以在同学之间互相讨论"。当工作室开始发挥作用时,它就颠覆了传统传播模式的课堂教学。"它使学生成为活跃的、富有责任心、可以自我激励和自我评价的学习者;而教师为了发挥更有效的示范者、教练和合作者的作用,摈弃了说话带头人的角色。课堂开始体现了最佳教学实践的理念,真正地、切实地变成以学生为中心的、真实的、合作性的并且具有挑战性的课堂了。"②可以看出,课堂工作室的成功需要学生合作学习与自主学习的融合。而且,课堂工作室强调每个学生都要做有意义的事情,并形成

---

① [美]哈维·丹尼尔斯等.最佳课堂教学案例:六种模式的总结与应用.余艳译.北京:中国轻工业出版社,2004.165 页

② [美]哈维·丹尼尔斯等.最佳课堂教学案例:六种模式的总结与应用.余艳译.北京:中国轻工业出版社,2004.167 页

真实的产品。例如,数学工作室变成了一个可以处理实际生活中的数学问题的数学家社团。通过数学工作室,教师可以有机会向学生们介绍实际生活中的数学问题,并让他们知道数学是一个能够帮助人们解决身边许多重要问题的工具。数学工作室的目的就是要把课堂上的数学知识和外面的世界联系起来,和学生的所想所做联系起来,这样,我们就可以把呆板教条的数学课堂变成由许多有独立思考能力的数学爱好者组成的活跃社团。

所有的成功的课堂工作室都类似。下面以数学工作室为例来说明 50 分钟工作室的普通时间表和活动安排。①

5 分钟的课前准备

课前准备就是这么一个过程,教师可以通过它确信每位学生都有有意义的事情去做。教师通过要求学生很快地说出他们那天打算学习什么来进入课前准备。一般在数学工作室里活动的学生的典型回答有:"我准备测量走廊并算出它的面积。""我打算完成关于通过我们学校门口的汽车速度的海报。""我打算和教师谈谈关于我的项目下一步该怎么做。"课前准备过程,可以让教师对学生有一个全面的了解,谁正在取得可喜的进步,谁需要提示和督促。同时,它也要求学生要对自己负责,保证自己每天都能取得进步。它还可以帮助学生们了解其他同学的项目,以及他们遇到的问题和解决的办法。

5～10 分钟的微型课程

课前准备结束后,教师就需要针对学生们正在进行的一些项目的相关主题进行一小段讲解。通常,这个过程需要 5～10 分钟的时间。教师可以利用这一小段时间教授学生们关于数据处理的不同方法,也可以就学生们可能感到困难的一些特殊计算方法加以说明。

微型课程为教师提供了讲解课程的重要机会。如果许多学生都正在做游戏,教师就需要简要描述一下有关概率的主要概念。如果学生们正在进行测量,那么在小课堂上讲解标准单位、误差、面积或体积之类的知识就再合适不过了。通过实际的数学学习学生们可以掌握这些数学技能的方法。总之,这些微型课程有助于工作室社团参与到一系列共享体验中,并且逐渐

---

① [美]哈维·丹尼尔斯等.最佳课堂教学案例:六种模式的总结与应用.余艳译.北京:中国轻工业出版社,2004.175～176 页

掌握数学的一些常用词汇。

30分钟的学习时间

小课堂结束后,学生们就以小组的形式独立学习。这段学习时间要占用大部分的课堂时间。学生们利用这段时间做出调研计划,并展开各种分析研究、测量和计算。他们还要把他们的研究结果有条理地组织起来,并形成可以向全班同学或者其他听众汇报的形式(书写的、口头的或者两者兼可)。在学习过程中,教师需要指引学生,并且需要适当指出他们的进步。教师还要就学生们遇到的困难和取得的进步记一些轶事便条,或者把看到的情况记一个清单。一段时期后,教师可以确切地了解学生还需要掌握哪些知识,并为个别学生或小组作一些特别的辅导。

10分钟的休息时间

对于大多数学生来说,休息是一段非常重要且快乐的时光。休息期间,一些学生会向班上的其他同学讲解他们已经完成了什么(取得了哪些进展),可以征求同学的反馈。个别学生或小组会告诉全班同学他们正在研究什么,目前已经做到了什么程度,以及接下来打算怎么做。他们也可能向同学们征求一下接下来该怎么做。当然,他们真正需要的反馈信息通常是有限的。

可以看出,这种休息时间其实是分享交流时间。当同学们相互讨论交流他们的学习情况时,也是他们相互学习的重要时刻。学生们需要许多像这样的"发表"机会,使他们有机会交流他们的数学思想、数学观点。交流形式是多种多样的,可以在课堂上作口头或文字形式的报告,也可以以书信的形式寄给校外机构或个人。美国数学教师国家委员会对这种学习方式备加推崇。学生之间能够充分交流和相互学习,总是离不开有效的合作学习和自主学习。

学校教学情境的变革都希望创设一种更为真实的、丰富的、复杂的问题情境,但与真实的生活情境相比,这种变革仍属于一种类似真实的教学情境。20世纪80年代以来,传统"学徒制"精神的回归,则表达了一种更深刻地改变教师的教和学生的学的变革思路。

第五章

有效教学的策略

有效的学习应该是真实生活中的学习。基于日常生活的真实学习,往往出自人类天生的好奇心和内驱力,这种动力推动我们去理解自己所生活的这个世界。只有这种与生活密切相关的真实学习才能够持续终身,实现终身学习的理想。而学校中的学习常常与我们天生的好奇心是相悖的,这是一种孤立的事实和没有意义的纯粹音节的学习。经常出现的情况是,学生们会发现他们在教室里学到的知识与他们走出教室所认识的真实世界一点儿联系也没有,这样的教学效果也就可想而知了。

例如,一个孩子到国外,如果有机会与他的同伴自由玩耍几个小时的话,他将有可能学会这门语言,并能够用地道的口音说出来。"但是如果有人想尽力去教会他运用这门新语言,而且采用只对教师有意义而对学生没有意义的方法来进行教学,那么学生的学习效果就会被大打折扣,甚至学习也会停下来。"[①]这种基于生活需要的真实学习能够激起学生先天的好奇心。让学生感受真实生活需要的学习路径是一条双向路径,一方面,可以将真实的生活问题引入课程,另一方面,让学生进入真实的生活,将现实生活当做学习实验室。

基于真实生活的综合实践活动,是20世纪80年代以来西方各国教学变革的核心内容。在综合实践活动教学中,不论从课程内容还是从学习方式上都超越了封闭狭隘的学科教学。在综合实践活动中,让学生关注真实的现实生活,走进真实的现实生活,做真实的有意义的事,这种教学追求与传统的学徒制精神有异曲同工之处。

---

① [美]哈维·丹尼尔斯等.最佳课堂教学案例:六种模式的总结与应用.余艳译.北京:中国轻工业出版社,2004.205页

第一节 回归"学徒制"

20世纪80年代以来,"学徒制"作为真实情境中学习的典型代表受到更多的青睐。学习理论领域对传统的"学徒制"关注较多,一些教育研究者专门研究了认知学徒制的基本特征,认为让学习者观察专家级的从业者的示范行为更有利于学习复杂知识和技能。这种示范行为和相关建议就是为学习者搭建支架,在观察基础上再引导学习者实践操作,逐渐减少支持和引导,直到学徒能够独立工作。

学徒制的优势正在于提供了一种真实的问题情境,在真实的问题情境中做有价值的事。传统的"学徒制"精神将知识学习与做真实的事紧密地联系起来。这种基于真实生活情境的"做中学"比单一的课堂知识学习效果要好得多。

一、"学徒制"精神挑战学校教学

早在1944年,就有人观察到学校中表现较差的学生在非正式环境中似乎学得很好。一篇题为"糟糕学习者的独白"的文章提供了一个在正规情境与在有意义的问题情境中学习的比较。这篇文章是从一个虚构的学生(我们称他为"鲍勃")的视角来写的。鲍勃在学校中学习很差,不得不在七年级留级。许多人会把鲍勃归为一名在学习上智商较低的学生。但是,鲍勃在学校之外的学习上取得了很大的成就。

在学校里,教师不喜欢他,因为鲍勃不喜欢读他们认为有价值的那些书。鲍勃最喜欢的书包括《通俗科学》、《机械百科全书》及商品目录。他说:"我并不像在学校里被要求坐下来读这些书,当我需要发现一些东西的时候,我才用这些书。例如当妈妈买一些二手货的时候,我会首先从商品目录里查找一下,告诉她是不是被人宰了。"[①]

[①] 温特贝尔特大学认知与技术小组等.美国课程与教学案例透视——贾斯珀系列.王文静等译.上海:华东师范大学出版社,2002.44页

在学校的正规学习中,鲍勃觉得记住总统的名字有困难。他知道他们中的一些,像华盛顿和杰斐逊,但一共有30多个,他无法直接记住他们。他的记忆力好像很差。但是在校外的非正规学习中,他知道26种不同美式卡车的马力和前后齿轮的型号,它们中许多是柴油机。他说:"柴油机的工作很有趣。上星期三的科学课上,我们用抽水机来把一个钟形罐抽成真空。当抽水机变热的时候,我对老师提起了柴油机。但她说她不知道柴油机与我们的大气压实验有什么关系,所以我只有乖乖待着。可是其他同伴看起来很感兴趣。"[1]

鲍勃还提到了他不会做教科书上的那种数学应用题。但当他与叔叔一起旅行的时候,他能帮叔叔制订各种复杂的计划。他说他能把支票和信件寄给卖牛给叔叔的农民,他在最近的17封信中只出现了3处错误,还都是关于逗号的。他说:"我希望在学校里也能用这种方式写作业。我写的上一篇作文是关于'水仙花对春天的思考',我实在写不下去。"[2]从鲍勃的独白中可以看出,鲍勃在学校里的学习表现与校外的表现截然不同。根据他爸爸的意见,他可以在15岁退学,他自己也觉得应该这样。毕竟,他也不小了,他有许多东西要学。

《糟糕学习者的独白》显示,在20世纪40年代存在的学校教学问题,在20世纪90年代依然存在。在正规的学校情境与有意义的真实问题情境中学习,所运用的学习方式和学习效果是完全不一样的。这种有价值的对比表明:"许多学生在真实的现实生活情境中能有效地学习,却很难接受大多数学校的非情境化的教学。"[3]

德国的"双元教育"就是一种比较成功的学徒制学习。这种双元制教育拯救了不少学校教学中的失败者。德国双元教育体制的核心,是产业界的深度参与及其与教育界的紧密结合。参加见习培训的学生在见习期间还有一定的收入。

德国的培训计划中,同样包含着大量的理论内容,而不是单纯的技术培

---

[1] 温特贝尔特大学认知与技术小组等. 美国课程与教学案例透视——贾斯珀系列. 王文静等译. 上海:华东师范大学出版社,2002. 44页

[2] 温特贝尔特大学认知与技术小组等. 美国课程与教学案例透视——贾斯珀系列. 王文静等译. 上海:华东师范大学出版社,2002. 44页

[3] 温特贝尔特大学认知与技术小组等. 美国课程与教学案例透视——贾斯珀系列. 王文静等译. 上海:华东师范大学出版社,2002. 44页

训。"我们教他们学会如何确定目标,包括在集体中该怎样工作,如何与他人相处;其次,教给他们一套学习方法,让他们学会如何学习关于新事物的知识。绝不能把他们培养成单纯的熟练工人,即那种只知道遵命行事的工人;我们需要的是会思考、能提出合理建议的工人。"①这种书本知识与实践培训相结合的学习方式,有助于学生深切体会到所学理论知识的价值,学用结合,提升理论知识学习的兴趣。

进入20世纪90年代以来,越来越多的人们开始关注非正式学习的一些优势,以改变传统的教学方法。在课堂教学中创设真实的问题情境成为学校教学变革的重点之一。重塑学徒制精神,把知识学习与真实的问题生活情境相结合,则成为另一条重要的教学变革路径,构成20世纪90年代西方学校教学变革的主要趋势。

二、在合法的边缘性参与中做真实的事

学徒式的学习者进入实践情境中,并不是束缚在某种单一的技术训练上,而是通过合法的边缘性参与在观看和参与中进行整体感悟。从边缘性参与到充分参与的实践过程,就是一种有效的学习。"合法的边缘性参与"这一概念框架将有助于说明"学徒制"的基本精神。

1988年,美国加利福尼亚大学伯克利分校的教育学教授莱夫(Jean Lave)和一位从事学习研究的科学研究者温格(Etienne Wenger),开始探讨认知学徒制的基本特征,并试图重新定义学生学习的本质。在随后两年时间里,莱夫他们一直在探讨学徒制的教育形式与学校情境中学生的学习之间的关系。通过对学徒制的分析,他们提出了有关学习本质的一个重要概念"合法的边缘性参与"。

在这一概念框架中,"作为边缘性参与者,学习者能够就整个事务是怎样的、需要学习些什么等问题形成一种看法。学习本身是一种即席的实践:一种学习型课程在投入实践的机会中展开,它并不是为特定的实践所特设的一套指令。"②长期的合法的边缘性参与为学习者提供从学徒到熟手的机

---

① [美]达尔·尼夫.知识经济.樊春良等译.珠海:珠海出版社,1998.306页
② [美]让·莱夫等.情境学习:合法的边缘性参与.王文静等译.上海:华东师范大学出版社,2004.41~42页

会。

莱夫分析了五个比较典型的当今仍然存在的学徒制,得出结论:"若要获得投入充分参与并在其中谋发展的学习身份,学习者必须在正在进行的实践中成为合法的边缘性参与者。不利的环境,如将新手置于与师傅、老板或经营者极度敌对的关系之中,陷入使人精疲力竭的过度复杂的工作中,或处于强制性的受奴役状态而不是参与,这些都部分或全部地歪曲了在实践中学习的前景。"①

以裁缝的学徒为例,他们的参与活动一开始,既要做裁缝每天劳动的初始准备,也要完成对完工衣服的细节加工。学徒日益进步,从成品加工渐渐返回裁剪工作。"在这种情形中,最初在部分的、边缘的、显然是琐碎的活动(跑跑腿、传递信息或协助别人)中所吸收的'方方面面'的认识,都具有了新的意义:它初步近似于实践共同体结构的一个骨架。学到的东西、各种各样的和不断变化的观点,都可以用逐渐转变这种轮廓性理解的各种方式来安排和关联起来。"②这种裁缝的学徒制比较正式,在师徒组合的实践共同体中,学徒经历了从边缘参与到充分参与的转换过程。

通过合法的边缘性参与,学徒们可以从广泛的边缘角度逐渐对共同体实践的构成汇集出一个总的观念。除了学习相关的知识与技能外,还有对整个实践共同体生活方式的理解。可能会包括以下几点:"谁参与;他们做什么;日常生活是什么样;师傅们是如何讲话、走路、工作,以及总体上如何管理他们的生活;那些不属于实践共同体的人如何与之打交道;其他学习者在做什么;要变成一个成熟的从业人员,学习者需要学什么。其内容包括一种不断提高的理解能力;理解老资格前辈何时、如何以及在什么方面进行合作、共谋及发生冲突,理解他们的所爱、所恶、所敬以及所羡。尤其重要的是,这种描述提供了示范者(这是学习活动的基础和动机),包括师傅、成品以及在变成成熟从业人员的过程中层次较高的学徒。"③

---

① [美]让·莱夫等.情境学习:合法的边缘性参与.王文静等译.上海:华东师范大学出版社,2004.23~24 页

② [美]让·莱夫等.情境学习:合法的边缘性参与.王文静等译.上海:华东师范大学出版社,2004.44 页

③ [美]让·莱夫等.情境学习:合法的边缘性参与.王文静等译.上海:华东师范大学出版社,2004.43 页

学徒作为实践共同体的一员从边缘性参与者逐渐过渡到充分参与者，在这一过程中，通过以劳动分工的方式不断改变参与的内容和方式，改变与正在进行的共同体实践的关系，改变共同体内部的社会关系，理解实践的观点就会得到进化与发展。学习作为一种实践方式，一种投入的生活就发生了。

莱夫还考察了一些比较失败的学徒制例证，以证明合法的边缘性参与的重要。如有关屠夫学徒的例子说明，受限制的参与将导致学习的失败。屠夫师傅把他的徒弟限制在脱离活动的工作中，而不是边缘性参与活动的工作中。有些超市的肉类部门的工作车间布置得使包装机旁边工作的学徒看不到熟练工切割肉类，而学徒通过观察他人和被观察可以学到许多东西。另外，当学徒进入一家商店后，被训练做的一份工作通常是操作自动包装机。如果这项工作他做得很称职，他将在那儿一直干到下一个学徒来接替他。如果没有新的学徒来，他会几乎毫无间断地将这项工作做上数年。如果来了新的学徒，他训练新学徒学习包装，然后自己才去学习另一项工作……因为劳动分工能提高效率，不只是学徒，也包括熟练工，一旦能胜任他们的分工，很少能学到所有的工作技能。

这样的学徒制是比较失败的，因为它人为地隔离了新手。这种受限制的参与在学校教育情境中同样存在。只是以比较微妙的方式使实践共同体隔离了新手，新手被阻止从事合理的边缘性参与活动。在学校教育中，学生处于合法的边缘地位，却普遍地被抑制参与社会生活。

成功的学徒制显示，作为学习者的"学徒"已经相应地转变为一个参与者，一个正在变为熟手的新手，即实践共同体中的一员。"学徒"所具有的不断变化的知识、技能和话语是形成中的身份的一部分。"如果这个人既是一个共同体的成员，也是活动的主动行动者，那么，人的概念就把这一世界中意义和行动紧密地联结起来。"①没有这种投入和行动，学习就不会发生。学习者不仅需要真实的问题情境的支撑，还需要在实践共同体中进行合法的边缘性参与和真实地做事。从边缘性参与逐渐向实践共同体核心移动，这种参与程度和参与内容的不断变化就带来学习的不断深入。

---

① [美]让·莱夫等.情境学习：合法的边缘性参与.王文静等译.上海：华东师范大学出版社，2004.61页

三、让学生获得"作品感"

学生在做真实的、有意义的事中可以体验到知识的价值,享受劳动的作品,获得"作品感"。维持人们持续地从事某件事情的主要动力就是"作品感",这是人们获得内驱力和情感愉悦的源泉。20世纪80年代以来,学校教学变革越来越重视学生"作品"及"作品感",重视学生将所学知识与自己的生活联系起来,让学生感受到学习不是虚无缥缈的,不是远离现实世界和个人生活的。

一些教师尝试着如何让学生把知识与自己的生活联系起来。例如,美国一位教师在历史教学中,使用第一手材料并鼓励学生通过不同的途径发现文本中的个人意义,借助各种各样的想象和批判超越文本,就可能将学生们的课堂变成一个振奋人心、充满活力的地方,让学生成为真正的历史学家。"第一手材料不只是一种使讲演变得丰富或者更加生动地、展现大量文本的有效方法。它是一种历史教学的中心成分。它可以促进学生们去建构历史意义、理解个人的价值、创作自己的故事、重建自己的家庭史,并且揭开邻里和社区的历史。"[1]他认为使用第一手材料进行教学,是为了将真实的历史带进课堂,为了给学生们提供进行反思、猜测和想象的时间,为了重建与我们有关联性的过去,学生们个性化的过去以及与我们密切相关的未来,"更重要的是,这些教学策略看上去成为了历史、学生和世界三者之间神奇关联的一部分。这种结合关系告诉学生们,'我可以与历史和世界产生关联。这与我的生活有着个人关系。我正开始更有效地理解这个世界,我正在享受这个过程。'"[2]

为了帮助学生们建立起对自身在这个世界上所处位置的理解,有的教师把开展家庭历史调查活动作为起点,让学生创建一个个人历史调查。这种调查的起点要求学生们就他们的"根"的问题,进行相互访谈和家庭访谈。"开始时,他们采用一些非常基础的问题,包括:你的祖先来自于美国之外的什么地方?你的名字是怎么来的?这些问题将把学生们带回家,促使他们

---

[1] [美]哈维·丹尼尔斯等.最佳课堂教学案例:六种模式的总结与应用.余艳译.北京:中国轻工业出版社,2004.223页

[2] [美]哈维·丹尼尔斯等.最佳课堂教学案例:六种模式的总结与应用.余艳译.北京:中国轻工业出版社,2004.230页

去访谈父母以及祖父母。"①这样的活动引发了一系列对他们自己的家庭、对美国历史上影响他们家庭的事件进行深刻的调查。

在调查过程中,学生们绘制了一个记载他们的生活以及他们祖先生活的时间链,并且他们还将这些鲜活的历史与国家发展的时间链进行了平行的比较。比如说,有的学生发现自己的祖先是奴隶,他们就可能通过阅读书籍去了解祖先们的生活。那些祖先曾在第二次世界大战中参战的学生们,开始阅读材料,了解这场战争是如何影响他们的家庭的。这样,所有的历史知识和历史材料都与学生们的家族、现实生活发生了联系,学习知识的过程就是了解自己和家人的过程,提升了学生知识学习的兴趣和动力,并帮助所有的学习参与者了解历史、社会学、政治科学与地理学等社会科学的原理之间有着怎样的相互关联性以及其具有哪些重要价值。

为了尽可能地把数学教学与数学在实际生活中的应用结合起来,有位教师安排了一项叫做"改善家居"的项目。② 该项目的主要做法是给学生们一项任务,让他们用自己喜欢的方式重新装修他们住宅中任意一个房间。给每个学生 2000 美元的活动预算,并鼓励他们尽量按照这个预算来开销。教师的想法是让学生们学会用周长、面积、比例尺和在实际情况下进行预算等方面的知识。当学生理解了他们所学的数学知识背后真正的意义时,他们就会喜欢学习数学。

在这项"改善家居"计划中,学生们大多选择自己的卧室。他们必须为地板铺地毯或者瓷砖,至少在一面墙上贴墙纸或者装面板,给顶棚和顶棚之外的墙刷油漆,并且装上边线或者木线条。把必需的装修材料购置好以后,可以用余下的钱再买一些东西,为他们的房间进行一些锦上添花的装饰。

任务开始前,教师给学生们列一个清单,上面写着做这项工作事先需要遵循的四个步骤:第一步是列出一个计划表。这个计划表通常有1~2页纸,要求学生们尽可能写出他们所想到的所有可能涉及到的内容。学生们考虑的方面非常多,从地毯的颜色和风格到墙纸的设计,甚至想到如果有足够的钱可买像床一类的额外家居设施。这一步骤的目的是让孩子们考虑他们打

---

① [美]哈维·丹尼尔斯等.最佳课堂教学案例:六种模式的总结与应用.余艳译.北京:中国轻工业出版社,2004.209 页

② [美]哈维·丹尼尔斯等.最佳课堂教学案例:六种模式的总结与应用.余艳译.北京:中国轻工业出版社,2004.231~232 页

算做什么,并且制定一个计划,遵循计划办事。

工作的第二步是要求学生们做出一个他们房间的实物列表和比例图。实物列表记录的是每面墙的面积,包括窗户、门或者小壁橱、地板的面积,以及房间的周长。根据这些信息,孩子们将要在图画纸上制作一个房间的比例图。

第三步是参考价格。这对孩子们来说可能是最具挑战性、最能开阔眼界的学习体验。对于买的每一件装饰材料,他们都必须找到两种价格中最便宜的价格。这就要求他们去查看销售资料,打电话到不同商店询问价格,或者亲自走出去到商场获取信息。这一步是让学生们学习在比较中进行采购的一个绝妙的经历。孩子们必须不断地更新计划、保持他们财务平衡。在进行这一活动步骤的过程中,要求孩子们裁剪一些他们想买的装饰材料图片。通过裁剪图片,孩子们、他们的父母和教师能够真正地洞察孩子们的内心。

学习活动最后一步是封闭式评论。在这个步骤,孩子们要描述他们的项目进行得如何并记录在案。是容易还是困难?花费了多少钱?2000美元够吗?我让学生们把他们最终的报告交给父母过目,并要求学生们将父母的反应记下来。在我所掌握的案例中,相当数量的学生家长被子女的工作和努力而深深打动,以至于真的允许孩子们重新装修房间。

最后,这位教师感慨道:"我实在是喜欢这个项目,因为孩子们进行操作时如此地全神贯注。他们热衷于运用他们的想象,乐于完全自主操纵房间的格局,并且可以按照他们喜欢的风格来做。学生们真正地运用了测量、制作比例和预算方面的数学技能,他们在整个活动过程中都很开心。不过,我要提醒一句,在活动期间,孩子们是怀着激动和好奇心情来到学校,带着从价格到测量、到预算等等一大堆问题。因此我们要让学生们准备好应付各种问题并且从中体会到乐趣。"①

20世纪90年代以来,学徒制及其学徒制精神的提倡,很大程度上看重了学徒制本身所蕴含的真实工作场景中学习的价值。在这里,学生是真的在做事,做有意义的事。

---

① [美]哈维·丹尼尔斯等.最佳课堂教学案例:六种模式的总结与应用.余艳译.北京:中国轻工业出版社,2004.232页

第二节 回归"综合实践活动"

"综合实践活动"一词是中国在 20 世纪末启动的新一轮基础教育课程改革中出现的新名词。这一新课程名称的改变不仅带来了课程内容的变化，而且集中体现了课程理念的变化和教学方式的变化。彻底改变教师讲授，学生接受的教学方式。教师和学生成为课程开发者，而不再是被动的执行者和实施者；教学过程就是课程开发过程。这种基于真实生活情境的综合实践活动与学徒制精神有很多相似之处。

"综合实践活动"课程及相应的学习方式在各国的教学变革实践中称谓不一，但都表达了比较一致的旨趣。日本和法国通过专门的课程来促进教学方式的转变，英国和美国则习惯于直接应用于学科教学中。理想的状态是，所有的学科教学都以一种"综合的"、"实践的"、"活动的"方式来展开。即课程内容围绕现实问题以跨学科的主题或项目组织，是综合的、开放的与灵活的；与真实的现实生活相联系，让学生在真实的生活情境中，通过多样化活动和真实的做事获得知识，形成作品，获得作品感。这种做真实的有意义的事情本身就是有效的知识学习。

一、尊重个性的"综合学习"课程

设定专门的"综合学习"课程是日本学校教学变革"尊重个性"和走向"宽松"的具体表现。在"综合学习"课程里，学校、教师和学生的课程自主权和教学自主权相当大，课程主题以校本开发为主，既关注学校和地方特色，又注重学生学习兴趣和学习需要。由于内容的综合、灵活与开放，相应的教学方式和学习方式也超越了传统课堂教学的束缚，为教师和学生留有足够的空间和时间进行探索和体验。其评价标准和评价方式也更为多样、灵活，其评价结果也更真实、可信、个性化。综合学习课程的设定可以说是日本课程与教学传统的一次比较大的变革，为日本 20 世纪 80 年代以来尊重个性，培养生存能力的课程目标提供了一个实实在在的课程空间。

1998 年日本颁布的中小学学习指导纲要规定，从小学三年级起增加"综合学习课程"。日本教育课程审议会1998年7月提交的《教育课程审议会咨询报告》中明确指出,为充实、扩展和丰富各学科的学习,特设综合学习课程,旨在培养学生的"生存能力",即独立发现课题,自主地学习和思考、判断问题,以培养儿童具备解决问题的资质和能力;掌握学习和思考问题的方法,使儿童具有自主地、富有创造性地解决问题和探究活动的态度,并能够思考自己的生存方式。

综合学习课程在课程内容、教学方式以及评价方式上都拥有与传统学科课程完全不同的特点。

综合学习课程的内容并未像其他学科那样具体规定教学目标和内容,只是提供了几个方面的主题供各学校参考。各学校可以根据自己的特点来选择适合自己的其他课题。提供的主题主要包括:国际理解、信息、环境、社会福利、健康等等。学习课题的确定要遵循三个原则:一是要具有跨学科的横向性和综合性;二是儿童要有兴趣;三是要与社区和学校的特色相关联。这种综合学习以单元的形式进行,每个单元都由一系列的活动所组成,是一个问题解决的过程,学生综合运用各种知识、技能和方法去解决问题。因此,一个单元的时间不是固定的,要根据其内容和学生决定。

在教学方式上充实个性化指导方式,根据学生的兴趣爱好,多采取课题式学习,对横向的综合的课题进行自然体验、社会体验、观察试验、参观调查等体验式学习和问题解决性学习等等。通过这种学习,掌握对信息资料的收集、调查、归纳、报告和发表讨论等学习方法和对问题的看法,把在各学科中所学到的知识和内容相互关联,综合利用,使学生切身感受到学习的意义,提高学习兴趣,从而培养自己发现问题、自主学习、独立思考、主体判断、更好地解决问题的素质和能力。

在学习形式上,还可以采用小组学习或跨年龄段的集体学习等多种不同方式。综合学习课程的教学形式是灵活的。可以分组学习,也可以组织跨年级的大组学习;可以让校内老师进行协助指导,也可以聘请校外能人和专家来校指导。

2000年12月《教育课程审议会咨询报告》明确提出了培养"生存能力"的评价观。主要强调两点:在评价内容上要从学习结果转移到学习过程上,注重学生成长状况的综合评价,即评价学生是否达到了教学目标要求,又要评价学生的进步过程以及对学习的态度;在评价方式上要多元化,不仅考查试卷成绩,还应该通过观察、调查、考察作品、笔记、写报告、参与讨论等方式全面考核。评价主体也要多元化,教师评价与学生自我评价、家长及社会人士的评价相结合。这种评价方式的变化与综合学习课程的课程目标是相一致的。

综合学习和学科学习是两种把学习组织成单元的不同模式①:综合学习是以现实的"课题(主题)"为核心,把"知识"和"经验"组织成单元的学习;而学科学习是以学科的"内容(题材)"为核心,把"知识"和"经验"组织成单元的学习。在综合学习课程中,与学科课程毫不相关的主题可以组织到综合学习中,与学科课程重复的主题也可以组织到综合学习中。

当学生开始了以基于真实生活的跨学科"主题"为中心的探究式学习时,"课程"不再是事先作好"计划"的,而是作为学习经验的积累处于不断的开发过程中。教学过程就是一种课程开发过程,教师和学生甚至学生家长、社区都可以参与进来,形成学习共同体。

下面的案例可以比较清楚地说明日本的综合学习与学科学习的不同。日本静冈县富士市广见小学四年级学生的三间教室中,开始了以"水"为主题的综合学习。②

这一学校所在的地区是富士山山麓的开拓地带。据说该小学的教师曾困惑地感到:"这里既没有山,又没有海,历史也不悠久,在这样的地区以什么为主题才能开展好综合学习呀?"

该校决定从调查饮用水和生活用水着手开展综合学习。访问市区净水处理场后,综合学习的开展发生了很大的变化。这是因为访问净水场后师生们了解到这样的事实:处于校区范围内的家庭中只有三分之一的家庭和下水道相连。为此,师生们大为吃惊。

学生家长知道这一情况后也马上参加到调查的队列中来。每个下水道口的盖子上都刻有富士山的标记,并且污水是朝着富士山顶的方向流去的。他们以此为线索,从一个下水道入口找到下一个入口处,并逐一在地图上标记出来,这样,地面下的下水道网络就很清楚地显现在

---

① [日]佐滕学. 静悄悄的革命——创造活动的、合作的、反思的综合学习课程. 李季湄译. 长春:长春出版社,2003. 107 页

② [日]佐滕学. 静悄悄的革命——创造活动的、合作的、反思的综合学习课程. 李季湄译. 长春:长春出版社,2003. 111~113 页

地图上了。

调查结果发现,配置有下水道的地区仅仅是最早开发的学校附近的地方,而其他地区的住家厕所的用水是由各住家的净化槽加以处理的,但其生活用水则不作处理,直接注入河流。

那么,为什么广见镇的下水道未能配备齐全呢?教师和学生们开展了各种活动,有的去市政府调查,有的得到下水道部设施科的协助,揭开了下水道入口处的盖子,调查散发出臭气的污水状况,有的访问学校附近的下水道施工现场,听取工作人员的介绍。

结果,他们了解到,广见镇的地基的大部分是富士山火山爆发后所生成的大岩石,因而下水道施工是很不容易的。

该地区土地起伏不平。因此,若是处在坡地上的住家,其下水道必须挖得很深,才能接到下水道干线上。通过调查,师生们还了解到该地区住宅建设发展迅速、而下水道设施滞后;城市道路规划也给下水道建设带来了困难。

此外,他们还了解到污水治理工程需要巨额费用,这是居民们不堪负担的。通过埋在地下的看不见的下水道,使教师、家长和学生共同开展的关于"污水"的学习,进一步发展到一个接一个地发现这个城市表面看不到的种种关系的学习。据说,教师自己对这一学习也着迷了。

广见小学的以"污水"为主题的综合学习案例,不是一个简单的"学科的综合"或"横向跨越",而是更广泛的学习共同体的形成,是学生与地区的"综合"、教室与地区的"综合"、教师与学生的"综合"、教师与家长的"综合"。

在综合学习课程中,以基于真实生活的"主题"为核心的课程内容不是固定的,而是处于一种开放的、不断丰富的过程中。这种课程学习本身并没有正确答案的束缚。即使一个问题解决了,马上又会出现另一个更大的问题在等着去解决。这种与主题相关的问题不断涌现,促使学生对"活动的、合作的、反思的"综合学习课程保持浓厚的探究兴趣。

综合学习课程在一定程度上帮助教师和学生摆脱狭隘的学校、学科和教室的束缚,建立更广泛的学习共同体。一些中小学校率先展开了致力于学习共同体建设。例如,日本郡山市金透小学强调培育相互学习、共同成长的关系;小千谷市小千谷小学努力创建开放式教室,让学校和教室向地区、家长、市民开放;福井大学附中迈向相互探究、创造、表现的共同体;作为"学习共同体"实验学校的茅崎市浜之乡小学。等等。

要真正做到开放教室,必须从内部作好准备,才能让学校和教室向地区、家长、市民开放。教师在教室里要尊重每个学生作为独立个体的自主,尊重每个学生的个体差异,同时在与学生的互动中去影响每个学生个体成长的轨迹,使学生健康发展。教师要致力于营造融洽的教室环境,每一个学生都能独立自主地思考,又能通过个体与个体的交融相互影响,相互学习。在全日本,首先沿着这个方向进行开拓性实践的,应数小千谷小学向"校外人士参与学习"的挑战了。

小千谷小学创立于明治元年,是日本最早的公立学校。向校外人士开放教室这一改革源自一次小小的尝试——在"残疾学生班"上,试行让家长参与上课的方式。在这个教室里,相互关心、相互帮助、相互成长的精神得到了充分的重视。这一"参与学习"的实践起始于"残疾学生班"也是很有意思的。日本课程学者佐滕学对这种家长作为教师的助手而参与授课的试点感受很深。他曾对校长说过:"就我的所见所闻,这类试点在美国的学校中是较为普遍的,近年来在世界各地的学校改革中也是一大潮流。"①日本的很多学校都提倡邀请家长到学校的做法,一般的做法主要有两种:一种是在设定的观摩教学时间,让家长到自己孩子所在的教室观摩教学,然后再到其他自己想看的教室去参观,最后家长与教师一起交流教育的状况;另一种是请家长做嘉宾到教室来上课。但是,小千谷小学采取的这种"家长作为教师的助手而参与教学的方式"还很少被其他学校采用。

在作为"学习共同体"的学校里,不仅学生之间相互学习、成长,而且为了促使学生相互学习,教师也必须要相互学习和提高,教育行政人员、家长、市民等也要相互学习和提高。可以说,小千谷小学的挑战是切切实实地迈出了走向"学习共同体"的第一步。如果去教室访问的话,一定会看到学生在相互切磋、相互影响,会看到促进、帮助这种学习的教师和家长。而且,在教师相互切磋、交流各自的观点和教学方法时,家长往往也一起参加。

福井大学附中从1997年度就开始进行按"学年计划"的综合学习,而且把改革的焦点指向了包括综合学习和学科学习在内的整个课程。福井大学

---

① [日]佐滕学.静悄悄的革命——创造活动的、合作的、反思的综合学习课程.李季湄译.长春:长春出版社,2003.150页

附中的综合学习正在解决日本中学存在的三个弊端。中学生们从准备阶段起,经过调查和讨论阶段,到最终创作出音乐剧,进入表现、发表阶段,要接触到很多的人和事,要多次地与班上的、年级的其他同学协商,要产生和发展自己对主题和对象的关心、思考和感情,还要不断地反思、推敲这些关心、思考和感情,并把自己的发现和认识作为共同的作品加以表现。在这样的综合学习实践中,体现着至今为止学校中所缺少的"活动"、"接触"、"对话"、"合作"、"反思"和"表现"等。

有人总结了日本学校学习中存在的三大弊端,综合学习课程提供了一种不同的教与学方式,可以从中获得一些启示,以克服日本学校教学中存在的弊端。这三大弊端是①:一是把学习当"坐"学来组织,认为学习只需要脑神经细胞的活动,而不需要借助任何媒介就可完成。在认识上和实践上都把学习与物、与人、与工具等媒介分离开来。二是一直把学习看做是仅由个体单独完成的行为。直到今天,在以"自己解决"、"自学自习"为理想的学习的倾向中,这种认识还在继续被强化。但是,学习与"勉强"是不同的,必须充分认识到,学习是需要通过和他人的交流才能实现的,它必须通过社会性的、合作的共同体的活动来进行。三是没有认识到学习是在表现学习、与同伴共享学习的过程中,对其不断进行反思的一种活动。日本全国学校的学习只重视"获得"这一方面,即学得规定的知识和技能,而一直轻视"表现"、"共享"、"反思"等方面。

综合学习课程允许学生对连续的、贯穿始终的主题进行持续地探究。对持续的、相互联系的、具有一贯性的主题的学习,可以使学生自己自主地、合作地进行探究、创造和表现。综合学习课程打破学科与教室的壁垒,也有助于实现教师之间的合作和共同研究。

二、基于真实生活体验的"动手做"系列

在中小学课程改革中,法国同日本一样,设置了专门的"综合实践活动"课程。学生研究主题的选择受到法国国民教育部制定的"国家研究领域"的限制。一般来说,初中的"发现之旅"课程中的某一个主题的确定需要经过

---

① [日]佐滕学.静悄悄的革命——创造活动的、合作的、反思的综合学习课程.李季湄译.长春:长春出版社,2003.156页

中央的国家研究领域、教师小组（由不同学科教师组成）选定，才能最终落定。尽管这类课程是一种"框架下的发现学习"，但与传统的学科教学比起来，在课程目标、课程内容的组织以及教与学的方式上还是有了很大的变化。在法国高中设置"框架性个人研究"课程，初中设置"发现之旅"课程，小学和幼儿园开展"动手做"科学教育改革试验。按法国国民教育部规定，这类课程属于必修课程，进入课程表，一般每周两个学时，并作为学生毕业考试的一部分。

小学幼儿园阶段的"动手做"课程与初高中阶段的"发现之旅"或"个人研究"课程在主题和方式上有所侧重，但这类课程都把学生的活动置于整个教学的中心，打破学科专业分化的单一倾向，使之成为多种知识和能力的汇集点，培养学生的自主精神、合作意识、责任感，训练资料查询能力、沟通能力和批判能力等。

"动手做"也称为"做中学"，其教学思想和教学方法源于美国。1994年，受法国国民教育部派遣，法国科学院院士、诺贝尔物理学奖获得者乔治·夏尔帕（Georges Charpak）和其他一些法国科学家、教授访问了美国，参观了芝加哥和其他一些州实施"动手做"计划的学校。回到法国后，他们向各界介绍了美国的经验，引起了积极反响。于是，他们提出在法国小学里开展科学教育，这一建议得到了国民教育部的支持。1996年，法国引入这个项目，称为"动手捏面团"（la main á la pate）。由法国科学院付诸实施。参与这个项目的有法兰西科学院院士、科学工作者、教育工作者，他们热心于儿童的科学教育。科学家与"动手做"网站保持密切联系，及时解答教师在实践中提出的问题。许多大学教师和科技人员、大学生帮助小学教师设计"动手做"的主题、实验方案，制作教学设备。1996年9月，他们组织召开了题为"改善学生的培养方式，从幼儿园起进行自然科学教育"的特雷易会议，编写了《动手做——法国小学科学教学实验计划》（以下简称《动手做》）一书，标志着法国"动手做"计划进入了一个新阶段。

1996年，有344个班开始实验（法国小学现有约30万个班）；1999年，法国有20%的小学加入了这一实验。此后，法国国民教育部委托国立教育研究所对北美的科学教育及其与法国教育的适切性进行研究，并对本土的"捏面团"实验进行评估，决定让所有的儿童都享用这种教学方法，对小学的科学教育进行改革。2000年6月，法国教育部长决定将"动手做"活动所获得的经验推广到所有小学。

小学的"动手做"活动更多地关注理科学科领域,并强调它是一种科学的实践,不像初中和高中的研究性课程涉及更多领域。在"动手做"活动的专门网站上,它所提出的课堂活动主题主要包括生命世界、物质世界、生命体的功能、空间、环境和生活环境、机械和技术、能源等。"动手做"课程设计表现为:开放的情境,真实的任务,主动的探究。

法国科学家为"做中学"的操作过程制定了十项准则,基本概括了"做中学"的教学程序及其所蕴含的教学理念。根据考察时的记录和查阅到的资料,现将十项准则的主要精神介绍如下①。

• 十分珍惜儿童的好奇心,引导他们观察周围某一自然现象、某一物品,或者考察现实世界中发生的某一件事,鼓励孩子提出问题。

• 对于提出的问题,老师并不是直接给出答案,甚至设计好实验,只是让孩子去操作、去验证老师给的结论,而是一定要让孩子自己去探究。在探究过程中,孩子们自己提出假设,设计实验,进行说理和辩论,以培养孩子互相讨论的习惯。老师不轻易否定孩子的想法,而是鼓励他们探究和尝试。

• 让孩子自己动手做实验。实验过程中,要求孩子注意观察、提问、假设、验证。实验之后,要对实验的结果进行讨论,以得到正确的结论。整个过程按教学要求和科学实验的规律分成阶段,循序渐进。

• 孩子们每人准备一本实验记录本,让他们用自己的语言记录活动以及过程中的想法。最后把正确的答案记录下来,可以在与原来的对比中得到启发。幼儿园的孩子可以用图画代替。

• 在对某一个主题进行教学时,一般应安排若干个星期,每星期至少2小时。整个"做中学"活动的内容与教学方法要有连贯性和整体安排。

• 实验活动的主要目标是让学生逐步掌握科学知识与操作技术,同时学会运用书面和口头语言进行表述,对所学的知识加以巩固。

• 学生家长和学校所在的社区应该参与"做中学"实验活动。

---

① 尹后庆.我所看到的法国"做中学"科学教育活动.上海:上海教育科研,2002(3):4~9页

• 大学和研究机构中的科学工作者、教授要运用各自的知识和条件,帮助学校开展活动。

• 教师培训机构要向从事"做中学"活动的老师提供教学理论和教学经验。

• 教师可以从因特网下载可直接使用的教学模块、活动思路以及问题答案,也可以和其他教师、科学家进行合作和对话,共同探讨教学方法。

"动手做"活动主要让学生参与"呈现问题－提出假设－动手实验－交流讨论－记录所得"的全过程。通过一些中国学者观摩的"动手做"活动案例,可以看出,尽管内容各异,形式多样,但基本上都遵循了十项教学原则和基本教学程序,呈现出明显的"动手做"教学特色。

案例一①:我们在法国南部的马孔市贝尔兹幼儿园观摩了"豚鼠喜欢吃什么食物"的教学活动过程。老师让一组4～5岁的孩子围在放着豚鼠的网篮边,让孩子们猜想豚鼠喜欢吃什么食物。孩子们提到喜欢吃生菜、苹果、面包、胡萝卜等,不吃糖果、巧克力、奶酪等。老师拿出制作好的彩图表格,上面食物名称与食物图片一一对应,让孩子们分别说出食物名称。接着老师发给孩子生菜、苹果、面包和胡萝卜,让孩子实验。生菜,豚鼠吃了;面包和胡萝卜,豚鼠不吃;豚鼠起先也不吃苹果,老师把苹果弄碎,豚鼠吃了。然后孩子们用画画来记录刚才的实验,4岁的孩子在老师准备的食物卡片中,选择豚鼠喜欢吃的贴在记录纸上,5岁的孩子用蜡笔画出豚鼠喜欢吃的食物。老师逐一审阅孩子的记录,在为食物注上法语单词的同时,让孩子说出每一件食物的名称。

另一组5～6岁的孩子讨论"豚鼠怎样寻找食物"孩子们知道豚鼠喜欢吃生菜,但是如何寻觅生菜?有的孩子说,它听见放生菜的声音;有的说,它听见了别的豚鼠吃生菜的声音;也有的说,它看见了生菜。老师让大家共同来做实验,她拿来一张绿色的纸,揉皱之后,极像生菜。她把生菜和纸同时放进网篮,豚鼠闻了一下绿纸没有吃,然后调过头来去吃生菜了。老师又把生菜拿走,只是重新放入揉皱的绿纸,豚鼠在绿纸面前东闻西嗅,还是没有吃。

---

① 尹后庆.我所看到的法国"做中学"科学教育活动.上海:上海教育科研,2002(3):4～9页

老师把纸拿走,重新放入生菜,豚鼠等了一会儿,走过去吃了。老师还让孩子把头凑近网篮,用嘴发出嚼生菜的声音,看豚鼠会不会循声过来觅食。孩子们边做实验边讨论,课堂气氛非常活跃。做完实验,老师并不总结,而是提出甚为关键的问题,比如,豚鼠不吃绿纸只吃生菜是它闻到了生菜的味道了吗?你怎么知道它是闻到或是听到?然后,孩子们也用蜡笔画出刚才实验的情形。老师认真地与孩子逐个交谈,并在孩子的记录纸上记下孩子的原始想法和问题。

案例 2:大学生参加"做中学"实验活动①

"做中学"活动得到了社会各方的积极支持,在法国已经形成了一个全国性的实验工作网络。科学家、研究员、工程师、大学教授、理工科大学学生和学生家长纷纷参与"做中学"活动,建立协作关系,给予不同方式的支持。

我们在马孔市 Pierreclos 小学观摩课堂教学时,遇见几位国家工艺技术学院的大学生正在参与教学。在小学一年级(6 岁)的教室里,女教师出示一张图片,一头大象和一只猴子分别站在跷跷板的两头,让学生讨论"如何才能使跷跷板的两边平衡"。利用大学生制作的木制小跷跷板,教师和大学生分头与各小组学生探讨平衡问题。他们不断地移动圆木这一支点的位置,观察和讨论由此带来的影响,还让学生去感知不同的作用点在门开关时用力的大小。随后让学生用图画记录实验结果,之后又让学生根据动手实验的结果,去对照记录单上 3 幅跷跷板图,作出对与错判断。在另一间教室,大学生正在指导 7 岁的小学生,用大学生预制的木头、圆铁筒、螺丝钉制作一个狂欢节小人的架子。

学校老师告诉我们,国家工艺技术学院与小学合作已经 3 年,合作形式主要是大学生参与论证和研究小学教师提供的教案,使教案在科学性上更趋完善。据了解,两校合作每年能形成 10～15 个教案,有的教案已作为典型案例向广大教师推荐。同时,大学生还帮助制作教具,如风车、水轮等。老师反映,他们提供的教具十分有用,孩子们也很喜欢,会带回家经常摆弄。大学生虽然也会在课堂辅助教学,但并不代替教师讲课,因为"老师更知道如何用孩子的语言与孩子交流"。对小学教师来说,大学生的参与使得他们

---

① 尹后庆.我所看到的法国"做中学"科学教育活动.上海:上海教育科研,2002(3):4～9 页

"不再害怕科学知识的欠缺,不再怕孩子们提出问题"。对小学生来说,大学生作为大朋友出现,令他们非常兴奋,学习变得更有吸引力了。

　　大学生参与科学教育完全出于自愿。他们根据小学的需要,通常每周都安排与教师、儿童共同活动,每学期约有30小时用于活动。他们非常了解自己的角色:帮助教师备课,提供科学知识方面的支持;倾听儿童的问题,使教师有更多的"耳朵";辅导儿童的实验,鼓励他们动手动脑,找到问题的答案。当我们问及参与活动有什么收获时,大学生们有的说通过与孩子的交往,可以锻炼表达能力,学习用浅显的语言解释科学问题;有的说可以据此了解周边的生活和不同的心理状态与思维方式;有的说可以激发自身对科学的兴趣,对科学研究的追求,因为任何人都不是万能的,当你不知道答案时,就得不断进行研究。

　　法国"动手做"计划还注重发挥网络的作用。1998年初为教师建立了"动手做"网站。这个网站由法国教育部和科学院国家科研中心共同拨款建立的,网站为教师更好地开展"做中学"的教学实践提供有效的帮助,不带有任何商业营利性质,所有在线的科学家都是自愿义务工作的。

　　网站的信息主要分为三大部分:一个有关"动手做"工程的"信息网络";一个提供"动手做"课堂活动、科技文献和教学资料的"资源中心";一个教师与科学家进行交流的"交流网络"。网站有助于沟通中小学教师之间,教师与科学家之间,学生与科学家之间,科学家与科学家之间的联系。

三、做研究中学会研究的"框架性发现学习"

　　法国初中的"发现之旅"与高中的"框架性个人研究"在课程形态和教学实施的追求上基本一致。

　　首先,主题确定强调学科整合

　　在法国,人们普遍认为这类课程就是"学科综合"、"多科性"等概念的代名词。"学科整合"可以鼓励学生整合知识,创建各个学科之间知识和能力的联系和迁移,让学生面对真实的生活情境和问题。如在发现之旅的过程中,不仅可以整合学生的已有的知识经验,还可以实现各学科之间的知识整合以及校内外多样化资源的整合。

　　法国国民教育部确定初中和高中的"国家研究领域",是学校课程的有机构成部分。"国家研究领域"每两年更换1/3。2002年出台的"国家研究领域"中规定,初中的"发现之旅"有四个"国家研究领域",分别为自然和人体、艺术和人文、语言和文明、创造和技术等。普通教育高中的"框架性个人研究"国家领域有三个专业领域,以显示其专业特征。包括文学专业、社会经济专业、理科专业。每个专业都规定相应的"国家研究领域"(详见下表)。

法国高中和初中的"国家研究领域"(2002 学年)①

普通教育高中的"框架性个人研究"国家领域			初中的"发现之旅"国家主题
文学专业	社会经济专业	理科专业	
界线	作为文化实践的娱乐	增长	自然和人体
艺术—文学—政治	企业与其领地策略	图像	艺术和人文
表述战争	精英	自然和技术的危险	语言和文明
记忆/回忆录	书面媒体	科学和食物	创造和技术
断裂与持续性	断裂与持续性	断裂与持续性	
交流	交流	交流	

在"发现之旅"主题选择和确定时,要考虑到三个层次内容的要求:领域、课题、主题。领域是由国民教育确定的一种思考的框架,从中可选择确定相应领域的研究课题。课题是几种学科大纲交叉的结果,由教师小组构思形成。一个课题至少结合两门学科,以问题或概念的形式呈现发现的旅程。主题则是向学生提出的"问题"或学生自己定出的"问题"。学生独立或以小组形式研究这些主题。主题是对课题的具体演绎。

例如②:

领域——自然与人体

课题——人与沙漠(法语、历史地理)

主题——沙漠游历故事、沙漠的发现、游牧者和游牧生活、沙哈拉的最初探险者、沙漠和圣经、沙漠神话等

从这里可以看出,三个层次的界定使"发现之旅"主题逐步具体清晰,领域不是预先设定,而是作为一种框架,选择介入的视角和问题可能有多种不

---

① 李其龙等.研究性学习的国际视野.上海:上海教育出版社,2003.64 页
② 李其龙等.研究性学习的国际视野.上海:上海教育出版社,2003.63 页

同,同时还要考虑多学科整合和学生的需要,这样,可以避免发现主题的无意义和随意设置,使主题服务于一定的教育目标,使学生的"发现之旅"更有意义。同时,也为教师和学生留有一定的选择权和自主权,使发现之旅易于实现,也让学生对"发现之旅"保持一定的兴趣和投入。

其次,注重培养学生的自我探究能力和互动沟通能力。

从法国这类课程实践来看,人们更重视学生参与"发现"的过程。在发现的过程中,通过小组或集体的分工合作、探究、讨论等形式,可以提高具体分配任务能力、个体互补能力,接受他人的差异和向他人学习的能力,学会宽容和合作。学生在合作的同时还要学会自我思考、自我确定和自主选择,积极发表看法,树立自信心。在这种强调以过程为导向的研究性学习中,评估就不可能通过一次性考试来完成。评估不仅要注重学生完成的最终产品,而且要考虑学生为获得这一产品而经历的整个过程。

法国国民教育部强调,应当通过学生整个学年进行的研究活动,来评价其处理问题、管理和运用信息的能力以及对话能力;对最后成品的评价重点要放在其质量、创造性、清晰度、既定目标与所获结果的适切性等方面;对论文答辩的评估,要注意学生表达的清晰程度、自如程度以及对所运用知识的熟练掌握程度等。

就法国的情况而言,这类课程评估多采用成长记录袋方式进行评价。这种成长记录袋里最重要的就是记录学生个体和集体研究与发现过程情况的"航行日志"(在小学称"经历手册")。完整的成长记录袋内容由三部分组成:一本航行日志,记录学生整个研究过程中的情况,包括研究计划的进展、遇到的困难和学生小组或教师提供的解决方法等。教师可以据此评估学生对研究的介入情况、使用的方法和个人进展状况等;一份关于已完成的研究工作的简短的书面介绍,其中重点阐述选题理由、研究进程和个人研究小结;一份具体的成品。

法国各个学区和学校按照以上标准可以建立更为具体的评估标准。

例如,法国南特学区认为,评估的标准应该涉及四个方面,即作品、书面综合、口头答辩以及步骤、投入和自主性。具体评估标准如下①:

• 作品:问题的清晰度;问题的科学意义;科学内容的确实性;作品

---

① 李其龙等.研究性学习的国际视野.上海:上海教育出版社,2003.75 页

表现形式的质量;对计算机技术的掌握等。

• 书面综合:研究主题选择的适切性;对所完成研究所持的客观态度;使用文献资料的质量等。

• 口头答辩:

——陈述:关于内容,包括引言介绍、框架、对研究主题的理解和把握、对科学内容的把握、所提论据的质量等。关于形式,包括声音的高低、总体态度、活力、语言的妥切性、时间的把握、使用交流工具的质量等。

——回答:对所提问题的理解、回答的迅速性、所作回答在科学性方面的适切性等。

• 步骤、投入和自主性:动机、自主性和创新性、对与教师交谈的准备和利用、工作的分配和小组工作。

法国另外的一个学区规定初中"发现之旅"课程的评估要强调两个方面:学习行程和最终作品。每个方面包括三种能力的评估,即学习行程包括:会收集资料、投入学习、投入小组研究。最终作品包括:完成一件作品,建构知识,会自我表达,并对这些能力及其标准作了详细的解说。①

"会收集资料":这是被无数次提及的基本能力,但很少被评估。可以分为个体恰当的资料收集能力和具体运用能力(对信息的筛选和分级,在最终成果中资料的使用质量等)。

"学生投入学习":目标在于让学生逐渐意识到学习的意义,并逐渐变得更加自助。人们希望在整个"发现之旅"中观察到学生的积极变化:经过一定的初步、合理的摸索之后,学生应该具体提出最终的目标和必要的研究阶段,并将行程进行到底。因此,使用"航行日志"是必不可少的。这份资料应该可以帮助教师跟踪学生在计划步骤上的发展(或缺乏发展)的情况,显现学生如何完成任务。"航行日志"中可以表述(或形象地呈现)自我评估标准的构成因素。一般来说,要注意让学生理解评估的标准。

"投入小组研究":这一指标可以在这样一些背景中进行观察,如把从一个研究领域细分出来的具体研究课题分配给一些学生小组,或者为了完成所有学生参与的某一课题,而将一些任务分配给学生小组。在这里,"航行

---

① 李其龙等.研究性学习的国际视野.上海:上海教育出版社,2003.76页

日志"是有用的,也可以直接观察学生在自主研究时间中表现出的行为。人们致力于通过所提建议的质量和所作工作的实际有效性来评估研究小组中每个成员的贡献。评估最终是个体性的,应该考虑个体对集体作品的贡献。

"完成一件作品":对这一重要标准的观察没有什么特别的困难。

"建构知识":这是"发现之旅"的基本目标之一。应该避免对所有引文的汇编和简单并列不同学科的论述。因此,要注意让学生掌握具体知识(使用确切的语言提出问题,论述体现条理性)和不同学科知识的衔接。要绝对避免并列呈现不同学科的评估。

"会自我表达":语言的掌握应该是"发现之旅"一贯的目标。一旦学生最终的作品不是口述性的或是集体性的,就应该考虑让每个有关的学生作口头介绍。口头介绍,包括语言的掌握水平,构成学生掌握知识和技能的优先指标之一。每个学生的口头表述大约为3分钟,这项活动可以放在最后两节课进行;每个口头表述包括两部分:大约1分钟的个人介绍和师生交谈。

这种课程评估涉及面比较广,可以说,知识与技能、过程与方法、情感态度价值观几方面都涉及了。法国教育界认为,在课程开始之前,这些评估标准不仅要让教师了解,还要让学生了解,这样才可以引导学生更有效地进行"发现之旅"等课程的学习。

第三,看重"个人研究"过程设计

法国初中和高中的研究性学习课程的组织实施比较类似,主要表现为对"个人研究"过程的设计。这种"个人研究"过程大致包括以下三个阶段:研究课题的选择与确定;研究课题的计划与实施;研究结果的交流与答辩。

研究课题的选择与确定:在前一学年末,由教师教学小组从"国家研究领域"中选择两三个主题,开学以后,学生在这些主题中进行选择,并要征得负责教师的同意。主题相似或相互关联的2～4名学生可以组成一个小组,也可以独自一人进行研究。教师要引导学生按照自己的能力和需要选择并确定自己的研究问题,注意主题的现实性、可行性,不要选择面面俱到的宏大主题。

研究课程的计划与实施:在这一过程中,学生或学生小组更多地进行自主研究,向教师提交详细的研究计划,按照研究计划付诸实施,并做好"航行日志"记录,完成最终的作品。必要时,可调整研究计划。

研究结果的交流与答辩:这是整个研究过程的最后一个步骤。学生要对自己的研究成果进行口头交流答辩。这种交流一般分为两个步骤:首先,个人简洁陈述。每个学生都要为自己的选题和研究方法作出辩护,即使研究活动是以小组形式完成的。学生们要对研究动机、研究步骤、运用的知识和获得的知识作一个综述。陈述时不能照本宣科,应该用自己的语言来清晰表达。口头表述的质量将是一个决定性的标准。其次,师生之间展开简短对话,以验证研究成果的可靠性和真实性。

"个人研究"最后提交一件具体的成品,不拘形式,可以是科学论文、文学或艺术作品、展览、音像制品等。

总的来讲,法国的"动手做"课程系列强调学科整合和学生自主探究。同时,相关学科的教师要担负起指导和监管学生的责任,由两名责任教师和其他任课教师进行交流与合作,协同工作。从主题确定、内容框定、课程设计到最后的总结,责任教师要始终发挥全程跟踪指导、协调督促的作用。这一过程中,资料员的作用受到极大重视。他们被要求和教师一起对学生的研究活动进行指导,帮助他们掌握必要的资料查询和使用技能,如初步掌握专业参考著作和文献的查询技术,如目录、卡片的编排和使用;资料的选择、分类,参考资料的摘抄,卡片的编写等;使用资料查询软件,学会上网查询;选择恰当的信息,并加以归类、组织;列出参考书目等。

法国和日本都采取专门设课的方式促进课程组织方式和教学方式的变革,并强化"国家研究领域"和教师的指导作用,这在一定程度上表明了如何在国家课程开发策略占主导的课程框架中进行校本课程开发,扩大教师和学生的课程与教学自主权的现实选择。

第三节 回归"探究式教学"

英美等国的课程和教学传统不同于日本和法国等国,长期以来,以学生活动为主的"探究式教学"占主流,学校和教师拥有很大的课程自主权。20世纪80年代以来,英美等国强调设置"国家课程"和追求"高质量教学"。相应的改革措施多强调严格学业标准,强化统一考试,教师业绩要与学生成绩挂钩等等。尤其是在英国,有些教师面对"国家课程"的实施,不得不更多地采用直接讲授的教学方式,部分放弃以个人或小组活动为主的"探究式教学"传统。

但是,20世纪80年代以来的国家课程开发机制与校本课程开发机制在教学实践中并不是对立的,各国都在两种课程开发机制之间寻求一种恰当的平衡,以适应本国的课程与教学实践情况。各国的学校课程在"国家课程开发"与"校本课程开发"之间得以构建,教学实践行走在"严格"与"宽松"之间。

英美等国的教学传统是以学生为中心,比较尊重学生的天性。探究式教学认为,人类存在一种与生俱来的好奇心和探究热情,这是人类的一种基本特质,它使人类作为一类物种得以存活,并使人类的文明得以不断发展。在学校情境中进行探究式教学,就可以把教育与学生本能的学习冲动、好奇心、求知热情统一起来,这样,学生在学校情境中的学习就变成了人类所特有的获取知识的方式的延伸。很多证据表明:"课堂教学围绕着让学生仔细考察真实现象、探究不仅由老师还由学生自己提出的有意义的问题来设计,能促进学生情感的投入、记忆的保持和知识的理解,这无疑对讲授法的教学提出了挑战。"[①]如果过多地强调知识的讲授与接受,虽然可以最迅速快捷地将重要事实、概念和相关的思路呈现给学生。但是,这种学习情境中获得的大部分知识容易被遗忘,更重要的是,学生就感受不到求知的乐趣和知识的价值,产生厌学情绪。

一、在真实的问题情境中探究

英美的学校教学传统受杜威思想的影响比较大,学校教学中大都重视学生生活经验的参与,在"做"中学和探究中学,而不是纯粹书本知识的教与学。

杜威比较早地论证了这种在真实生活情境"做中学"的教育价值。杜威认为:"从儿童的观点来看,学校的最大浪费是由于儿童完全不能把在校外获得的经验完整地、自由地在校内利用;同时另一方面,他在日常生活中又不能应用在学校学习的东西。那就是学校的隔离现象,就是学校与生活的

[①] 美国国家科学基金会教育与人力资源部中小学及校外教育处.探究:小学科学教学的思想、观点与策略.罗星凯等编译.北京:人民教育出版社,2003.9页

隔离。当儿童走进教室时,他不得不把他在家庭和邻里间占主导地位的观念、兴趣和活动搁置一旁。学校由于不能利用这种日常经验,于是煞费苦心地采用各种方法和手段,以激发儿童对学校功课的兴趣。"①杜威把这种与生活脱节,与学生经验脱节的学校教学看做是一种巨大的浪费,是非常有道理的,也道出了知识学习的症结所在。

杜威把最好的教学界定为,要"牢牢记住学校教材和现实生活二者相互联系的必要性,使学生养成一种态度,习惯于寻找这两方面的接触点和相互的关系"②。只有沟通知识与生活的"做中学"才可以促进学生的知识学习。因为"需要做的事情是提供机会,借此使儿童获得并和别人交换他自己所积存的经验、他的知识范围,校正和扩展他们的新的观察,以便保持其想象不断前进,以便在对新的、庞大的事物的确定、清晰地了解中寻求精神上的支点和满足"③。基于这样的理解,杜威把学生从事烹饪活动与学习植物、地理和化学等学科联系起来。在杜威看来:"所有进入厨房的材料都来源乡村,它们来自土壤,是通过阳光和水的影响培植起来的,并象征着许许多多各不相同的地方环境。通过这种联系,从校园扩展到更广大的世界,儿童就会最自然地被引导到科学的学习上去。这些东西生长在哪里?它们的生长需要什么条件?它们与土壤有什么关系?不同的气候条件有什么影响?如此等等。"④

杜威还举例说,很多儿童在知道教科书中的密西西比河与流经他们家旁边的小河有关时都感到惊讶。他认为:"尽管地理课仅仅是教室中的事情,但它多少可以启发很多儿童认识到,整个说来它不过是他们每天看到、感受到和接触到的事实的更正式更明确的说明。"⑤当学生有真实生活经验的支持时,尤其是通过获得与真实的生活相联系的体验而产生的学习才是一种最持久、有效的学习。

---

① [美]杜威.学校与社会·明日之学校.赵祥麟等译.北京:人民教育出版社,2005. 58页

② [美]杜威.民主主义与教育.王承绪译.北京:人民教育出版社,1990.173~174页

③ [美]杜威.学校与社会·明日之学校.赵祥麟等译.北京:人民教育出版社,2005. 98页

④ [美]杜威.学校与社会·明日之学校.赵祥麟等译.北京:人民教育出版社,2005. 62页

⑤ [美]杜威.学校与社会·明日之学校.赵祥麟等译.北京:人民教育出版社,2005. 58页

杜威的"问题教学法"实质就是一种探究式教学。"问题教学法"的五个步骤和探究式教学的基本追求是一致的。问题教学法强调要有一个真实的经验的情境,学生在这个情境内部产生一个真实的问题,然后他必须负责地有条不紊地探寻解决问题的方法,并加以验证。"如果他不能筹划他自己解决问题的方法,自己寻找出路,他就学不到什么;即使他能背出一些正确的答案,百分之百正确,他还是学不到什么。"①所以,只有当学生感受到问题的价值,并亲自参与问题解决的过程,才能算是真正的思维和真正的知识获得。

探究式教学包含着多种形式和方法,突出特点应该是强调学生亲自参与、自主探究与自我建构。在探究式教学活动中,学生应有机会提出自己的问题,有充足的时间思考问题、互相交流以发展他们的概念,并为自己的发现辩护。强调动手的学习活动是否就是探究活动,要看教师为培养学生的好奇心并让他们自己寻找各种解决方法而给予的弹性程度而定。这有别于由教师提出问题,并引导学生采用相同的方法找到共同答案的教学情境。

通过探究式教学,可以让学生以多种方式对相同的信息进行交流,加深对知识的理解。在探究活动中,不仅可以培养学生的认知能力,还可以培养学生的社会能力,如互助合作、沟通交流等能力。学生们要共同讨论工作计划,互助合作。他们在学习中要做笔记,笔记内容包括文字、图片记录以及一些想法和见解的说明。还要做好向班上其他同学公开报告自己工作的准备,其他同学则充当挑刺的角色。此外,探究还要求学生接触书面材料,把自己的"发现"与可靠的科学知识进行比较,通过阅读和理解这些材料,学生加入到研究相关主题的更大的科学研究群体当中。

探究式教学运用在科学教学中也不都是"亲自动手"的问题,探究式教学需要学生对自己的学习承担更多的责任,"教师在教学过程中应该允许学生拥有适度的自主权,即让学生有机会去接触他们感兴趣的问题,并寻找合适的途径去解答这些问题。但这并不意味着每个学生都从他(或她)自己的问题出发去进行工作或者独立地进行科学探究。富有成效的探究活动可以由全班同学就同一个问题展开探究活动,或是分小组探究不同的问题。"②在

---

① [美]杜威.民主主义与教育.王承绪译.北京:人民教育出版社,1990.170页
② 美国国家科学基金会教育与人力资源部中小学及校外教育处.探究:小学科学教学的思想、观点与策略.罗星凯等编译.北京:人民教育出版社,2003.34页

探究式教学中,"学习是由学生所做的事","而不是别人做给他们看的事"。学生可以参与各种各样的活动,动手操作、查阅有关资料、开展班级讨论、观看影片录像等等。

20世纪90年代的英国中小学教学实践中,尽管存在直接教学与个别化教学之争,但由于英国教学传统的影响,英国中小学的教学普遍重视真实问题情境的创设和探究式教学。有学者发现①,英国中小学教室里总是摆满了琳琅满目、各式各样的教具和玩具。学生在课堂上的主体活动相当一部分就是在教师的指导下操作这些教具、玩具。物理、化学、生物等科学课程的教学伴随有大量的演示实验和分组实验,英语、历史、地理、社会、外语等课程的教学则大量借助现代化视听教学手段。

与此同时,学校还常结合教学内容举行各种参观、见习、实习等活动。例如,讲生物课会带学生到自然博物馆参观;讲历史课会带学生到历史展览馆参观;讲天文知识会把学生带进天文馆;讲宗教知识会把学生带进教堂。在北安普敦市的一所案例学校,我曾亲历了该校为结合历史课和地理课教学而举办的"中国周"活动。在这一周里,学校里充满了中国文化的标志和特征,整个校园里弥漫着中国文化的氛围。不仅如此,学校还把全部四年级的学生带到约100英里外的伦敦市"中国城"(华人居住区)和维多利亚博物馆的中国展厅参观。这种教学形式,比起抽象讲授的效果不知要好多少倍。

除此之外,英国中小学在课程设置上也非常突出实用性知识和技能教学。有一门课叫做技术课程,主要内容和目的是培养学生的动手能力,让学生掌握日常生活中必备的技能,如电工、水工、木工技能,家电操作和简单维修技能,汽车原理和驾驶技术等。为配合这门课程教学,普通中学都设有实习车间。实习车间拥有各种常规工具和普通车床。由于高度重视教学实践环节,中小学生的动手能力普遍较强。

作为促进者或指导者,教师的责任就是创造丰富的、真实的教学情境,让学生沉浸其中,学生可以在这种环境中学会如何组织和使用教学材料。教师还要营造一个能够提供支持的社会环境,使学生以小组或大组的形式进行合作,积极参与对话并学会尊重别人的看法。

---

① 司晓宏.教师围着学生转.北京:中国教育报.2000.6.5

二、探究式教学的本质是"亲历"

探究的本质是"亲历"。直奔主题的讲授——接受式教学则只重视对"知识结果"的获得（以记忆和复述为目的），不重视学生对认知过程的"亲历"和全方位"体验"（把知识融入日常生活）。严格意义上讲，不能称其为"学习"，只能称其为"记忆"。

美国学校很注意让学生从社会中、从大自然中获取知识，学生们经常出去旅行，家长出游带上孩子，学校也会积极支持，并不认为会耽误学习，反而认为这是最生动的学习，可以开阔眼界。中小学生经常会到社区公园、艺术馆、科学馆、体育馆等场馆去上课。学生不仅是参观者，也是各种活动的体验者。获得知识的过程中始终伴随着兴趣和情感的投入，知识的价值在解决现实生活问题中体现。

为了帮助学生获得更丰富的学习体验和生活经历，教师应该围绕社会生活中的现实问题去开发课程，帮助学生们领悟所学知识的重要性，让学生体会到寻求知识的乐趣和知识在生活中的价值。

一位美国小学教师注意到，她任教的三年级学生对那些栖息在操场旁边一块空地上的昆虫感兴趣的时候，她开始帮助他们学习如何就小虫子展开调查、收集相关数据。在把小虫子从一个生物供应机构预定出来之前，她要求学生们为小虫子准备一个适合的栖息地。学生们花了不少时间，在空地上寻找小虫子天然的居所，然后再用玻璃容器建造一个相似的环境。这种玻璃容器里头填满了泥土、树叶和青草。在整个过程中，学生们自始至终有兴趣地进行思考、观察、探究、实验等。

这位教师描述说，"学生们用了两个星期的时间来观察小虫子，并记录下它们的行动，然后列举出他们希望回答的问题。在学生们提出的问题中有这样一些：它们是怎样生产虫卵的？它们真的喜欢黑暗的环境吗？它们能长成多大？它们的寿命有多长？学生们组成小组，一起决定哪些问题是他们最感兴趣的，从而要去探索的。小组成员们有充分的时间决定他们如何进行调查，而且在接下来的一周之前，实施这些调查。选择调查陆地昆虫生命循环的学生小组，在泥土里找到了虫卵，而且在他们等待虫卵孵化出来的时候阅读了很多关于昆虫的书籍，从而增加了他们的知识'储备'。另外一个小组正在研究虫子们喜欢吃什么，并准备用不同的食物加以测试。两个小组都想知道,哪种环境是虫子们适宜的环境,而且他们正通过改变湿度、光线和温度来进行实验。"①在这个案例中,这种真实的科学探究以学生们的兴趣和天生的好奇心为起点,而且教给学生们的内容远比关于昆虫的材料还要多得多。学生们成为研究者,收集数据、操作变量、提出问题、寻找答案,并提出更多的新问题。学生们开展合作性工作,学会"合作与分享",如同真的科学研究过程一样。

世界历史是美国高中课程中的主课。世界历史考试不及格的学生无法拿到高中毕业文凭的。世界历史被放在一科名为"社会学习"的课程中。"社会学习"包括历史学、地理学、政治学、经济学以及各国文化(即宗教、语言和习俗)。这门"社会学习"课程内容无所不有、包罗万象,与现代人的社会和政治生活息息相关,它成为许多美国中学生非常喜爱的科目。教学方法上注重与个人生活体验相联系,并通过一系列活动获得更丰富的体验。

在美国,一般不赞成孩子过早地学习更多的学科知识,为避免早学、多学给孩子带来无谓的负担,许多学区和学校不鼓励,甚至原则上不允许小学阶段的插班跳级。年龄越小,对插班跳级越谨慎,控制越严。例如,一位中国孩子5岁时到美国,在国内幼儿园里已经学了不少小学的东西,到美国后,又让他每天自学一些数学。在一年级时已远远超过了同班的美国小朋友。上数学课时,则感到很无聊,常常调皮捣蛋,扰乱课堂,有时甚至出难题企图刁难新来的老师。美国小学的数学课本似乎很浅显、很简单,家长借来小学六年级的数学课本,孩子一样应付自如。后来,家长干脆让他每天自学这本六年级的课本。一年级第一个学期结束后,就向学校提出来,能不能让孩子插班到三年级去上数学课?不久,家长就收到老师的来信。

我们更强调的是孩子对那些隐藏在数学后面的概念的理解,从而在口头上以及书写中能够使用他们所学的东西进行交流,而不是对算术的死记硬背功夫。我们的目标是培养孩子成为解决问题的能手,学会思考,让孩子把自信建立在他们自己的能力上,从而去珍视数学(value mathematics)。我们的课程是让孩子积极参与到学习中,通过循序渐进的、适当的教学活动去学习具体的操作计算。矿矿在中国学校

---

① [美]哈维·丹尼尔斯等.最佳课堂教学案例:六种模式的总结与应用.余艳译.北京:中国轻工业出版社,2004.207~208页

里学到的一些算术技巧,例如乘法和除法,对美国大多数的一年级学生来说,不被看做循序渐进的、适当的活动。我们运用的是绝对具有乘除法功能的组合法教学,从而希望孩子在记住计算的数字之前已经能理解乘除法的实际意义。①

多年以后,这位家长也意识到超前学习的危害:"矿矿在高中时完成了大学的微积分,美国'高考'SAT－Ⅱ的数学几乎满分,但上大学后,谈'数'色变,与数学绝缘。这个老师,似乎13年前就预料到:矿矿上大学后,会尽一切可能避免选修那个曾经给他带来无数荣耀的数学课似的,选了'珍视数学'这个词。"②可见,"数学"不能简单地理解为"算术"(计算技巧的训练),更重要的是要学会数学思考、学会数学交流。很多曾经快马加鞭、大跃进式地学"算术"从而在美国孩子面前大出风头的中国孩子,最终多对数学敬而远之、甚至望而生畏。让学生过早地多学、多记,在很大程度上剥夺了学生在生活中、在真实事件中体验知识的机会和过程。

三、探究式教学是一种"综合主题式"教学

这种强调围绕综合性主题的探究式教学比较适合学生的认知特点,学生是不会考虑知识类别问题的。他们只是凭着好奇心去学习,他们是自然地、综合地学习。"当你出去散步时,大自然不会在前一个45分钟里只把鲜花展现在你的面前,而下一个45分钟只展现动物。"③如果学校教学只注重支离破碎的信息,而不是注重真实的、综合的问题,学生就很难获得对知识的综合理解。一个缺乏整体感的教学方法无法触及孩子的内心深处,也无法培养和提高每个学生对世界的奥秘和神奇的欣赏能力。

1994年有人通过调查研究发现:"具有讽刺意义的是,对当今割裂课程的那种拼凑零碎知识的学习方法,学生和教师们似乎均不满意。当我们向全国各地的教师提出这样一个问题,即哪种教学方法较好,是把各科知识

---

① 黄全愈.培养智慧的孩子:天赋教育在美国.长沙:湖南少年儿童出版社,2006.91页

② 黄全愈.培养智慧的孩子:天赋教育在美国.长沙:湖南少年儿童出版社,2006.93页

③ 吕达等.当代外国教育改革著名文献(美国卷·第四册).北京:人民教育出版社,2004.56～57页

'孤立'还是'综合'地教给学生？十个教师中有九个赞成用综合方法。"①有创新精神的教师不喜欢采用零敲碎打的方法去教学,他们常常把他们所授课程内容综合成某个具有现实生活基础的主题,如太空旅行、雨林、移民等等。

下面的案例介绍了一个中国孩子在英国学校经历的几个教学片断,从中也可以感受英国中小学围绕综合主题的探究式教学。

片断一:《达特穆尔活动与达特穆尔专辑》②

——集语言能力、文化知识、野外生存、科普测量等为一体的综合性教育活动

闻名遐迩的达特穆尔③草原沼泽地位于英格兰西南部,方圆近百公里,带有浓厚的英格兰乡间特色:其中既有郁郁青青满目翠绿的树木、植被,也有无数暗淡低矮的沼泽地丛林,更有那淡绿色的令人生畏的大泥潭以及神秘莫测的奇岩怪石……小说家柯南·道尔以此为背景创作了流传甚广的福尔摩斯探案故事《魔犬》,更给此地增添了几分神秘的色彩。早春时节,学校的六年级决定在达特穆尔进行一次活动。这天一早,该年级全体同学乘车进入该地区某一指定地点,然后师生们分为若干小组,每组5~6人,配一张地图,任务是从不同方向寻找图上标示的目的地。每组有一名教师,这位教师只负责安全保障,至于怎么走,往哪走全由学生决定。半个多小时后,各小组陆续到达了目的地。在这段时间里,大家学会了看地图识方向,从分辨地图上的村庄,河流,草场和大小道路,到根据自然环境提供的各种特征、条件辨认方向,大有收获。各小组汇集之后,第二个活动便开始了:观察四周的地形地貌,测量各种植物的生长情况,一一登记在各自的本子上。随后同学们在对面山顶上的一处巨石废墟进行观察并进行随意的想象。接下来,同学们一起冲上山顶,任务是寻找石头废墟里非常独特的石块,结果同学们找到的石块有的刻有文字,有的留有凿痕凹印,原来这里曾经是很久以前人们建造的一所石房。这一切给同学们留下了很深的印象。

---

① 吕达等.当代外国教育改革著名文献(美国卷·第四册).北京:人民教育出版社,2004.57页

② 舒伟.英国基础教育富有特色的教学活动.长春:外国教育研究.2000(1):48~51页

③ 达特穆尔是位于英格兰德文郡的一块高地,是受保护的国家公园,面积954平方公里。

下午进行的第一个活动——各小组到方圆两英里的地域里寻找事先藏好的装有印章的盒子。这时每人发一份英语文字材料,上面简要地介绍了盒子的所在方位、地貌特征等。各组同学互相协作,首先读懂文字内容,确定方向、路线,然后根据描述的特征去找出盒子,找出最多盒子的小组便是优胜组。同学们在竞争意识的激励下,积极阅读,快速阅读,在寻找的过程中又不断地验证阅读中的误差,收获很大。接下来的活动是通过橘子的漂流来测量河水的流速。各小组进行分工,有的在上游,有的在下游;上游按时漂放柑橘,下游认真辨识本组的柑橘,然后记录漂流时间;有条不紊,俨然是一个个科学测量小组。整整一天,同学们情绪饱满,心情愉快地参与每一项活动,动脑、动手、动腿,有个人思考,更有群体合作。

回校后两周内,同学们进行了综合整理和后期写作活动。很快,每个同学都拿出了一本自己的达特穆尔活动专辑,有封面封底,还有目录;尽管看上去有些稚气,但内容丰富,图文并茂,体裁多样,各有千秋,无论文字还是图画都鲜明生动,可以看做是一本达特穆尔地理风情文化资料集。其中主要内容有:

- 达特穆尔沼泽地的地图,用特殊颜色和标记标出的房屋,河流,丛林和道路;本小组的出发点及行走路线。
- 对一种常见的草原或沼泽地植物的描写,包括植物生长的自然环境和该植物的外部特征。
- 对某一些地点观察到的各种自然现象的描写。
- 对本小组寻找印章盒过程的叙述。
- 一篇测量水流的报告,包括活动的目的,使用的工具,具体操作手段,最后测量结果。
- 通过手工制作用各色布块剪贴出来的沼泽地植物。
- 一封感谢信,属应用文写作,感谢组织这次活动的几位老师。
- 一篇虚构故事,以沼泽地的古老传说为背景,想象自己迷了路不得不独自寻路回家的历险故事。(这项活动无疑启动了孩子们的想象力和创造力,各种奇思异想构成了各种奇妙多彩的故事。我儿子一口气写出三大篇英文,并配上图画,讲述他在神秘的沼泽地里的奇遇!)

片断二:《"每人两幅罗马画"》①
——培养独立学习,独立解决问题的能力

一天下午,孩子放学后告诉我们,下周安排学习罗马历史,老师要求学生收集和查找有关罗马历史的资料,而且每人要画出两幅有关罗马历史文化的画交上来。要查资料自然得上图书馆。我们带孩子来到社区图书馆。在家长的协助和指点下,他很快学会了办理借阅手续以及如何查找所需资料。他找到了所需的有关罗马历史文化的书籍,完成了老师要求的任务。从那以后,无论上什么课,无论是老师要求还是他自己需要,也无论是课内参考还是课外阅读,孩子都自己上图书馆查阅或借阅。若是遇到几本同一题目的书,还要比较一番,评论一番才决定取舍。

这种探究式教学更多地强调一种综合主题式的教学。直接让学生面向社会,利用多样化的社会资源,包括图书馆丰富的文化资源。更重要的是,学生在亲自探究中学会独立学习,独立研究问题和解决问题,学会在亲历和体验中获取知识,既不依赖教师讲授,也不需要死记硬背。

总之,探究式教学相信,知识的获得过程不是一个授受的过程,学生只有亲历了认知的道路,才能获得知识。学生不再是简单地接受和复制所学知识,而是与自己的真实生活联系起来,在全身心参与中获得深刻的体验和理解。

不论是日本的综合学习时间、法国的"发现之旅"等专门课程设置,还是像英美等国提倡在所有学科内展开探究式教学,都强调直接围绕现实生活问题进行跨学科的主题式学习。学生在教师指导下自主地或者合作地对真实问题进行探究,学习成果不再是单一的书面作业,更多的以多种多样的方式表现出来的有价值的产品。这种教学都强调让学生在真实的探究主题或问题情境中亲历知识获得的过程,让学生参与多样化的活动,在做中学,在探究中学,在整体感悟中学。

附录:

美国一些州或科学探究研究所等机构还致力于小学科学课堂探究式教学的判别指标的研究。人们可以从三个方面来判别探究式教学的指标:学生在做什么?教师在做什么?课堂情境应当怎样?当然,并不是所有的科

---

① 舒伟.英国基础教育富有特色的教学活动.长春:外国教育研究.2000(1):48~51页

学探究课堂都是一个模式,形式并不能保证真正的科学探究活动出现,关键还是探究活动本身。探究式课堂教学一定要让学生的思维真正投入到对有趣现象的调查和研究中,要允许并帮助学生找到最适合的学习方式。真正的探究式教学在不同程度上应该具有一些共同的、最根本的特征。

探究指标1:学生在做什么?①

下面是摘自美国佛蒙特州小学科学计划及连续评价计划的指标,建立在对学生进行"动手、动脑"的课堂科学探究活动的观察之上。目的不是要把指标制成评价项目单,而是要表明我们在科学研究过程、学生科学素养以及科学知识的发展这些方面的价值取向。

当学生进行科学探究活动时,观察者将看到:

· 学生把他们自己视为学习活动的主动参与者

1. 他们盼着"做"科学。
2. 他们表现出学习的愿望。
3. 他们寻求合作,与同伴一起工作。
4. "做"科学时,他们充满自信;表现出愿意修正自己的观点、敢于冒险以及健康的怀疑/批判精神。
5. 他们尊重他人,尊重不同的观点。

· 学生接受"学习的邀请"并乐意参与科学探究

1. 他们表现出好奇,为观察结果陷入沉思。
2. 他们懂得利用机会和时间来检验自己的观点,并对它们加以坚持。

· 学生自己设计并实施探究活动

1. 他们设计对比实验来检验自己的观点,并不坐等别人的指导。
2. 他们制订方案开展探究来证明、拓展或扬弃自己的观点。
3. 实施探究活动时,细心地操作各种材料,观察、测量并记录数据。

· 学生运用多种方式进行交流

1. 他们用多种方式表达自己的观点:笔记、报表、图线和图表等。
2. 他们以交谈或笔谈的形式与父母、教师以及同伴就科学问题进行交流。
3. 他们交流时使用科学术语。

---

① 美国国家科学基金会教育与人力资源部中小学及校外教育处.探究:小学科学教学的思想、观点与策略.罗星凯等编译.北京:人民教育出版社,2003.77~79页

4. 他们交流业已形成的对概念的理解。

• 学生提出解释和解决方案并建立起概念体系

1. 他们提出解释,这些解释同时基于先前"储备"的经验和正在进行的探究活动所获得的知识。
2. 他们利用探究活动来令人满意地解决自己提出的问题。
3. 他们对信息进行筛选,选出重要的信息(哪些有用,哪些无用)。
4. 他们愿意对解释进行修正,把接受新观点视为知识的获得(构建理解)。

• 学生提出问题

1. 他们用语言或行动提出问题。
2. 他们利用问题引导探究活动,从而在探究活动中产生或提炼出更多的问题和观点。
3. 他们重视并乐于提问,视之为科学的一个重要部分。

• 学生运用观察结果

1. 他们仔细观察,不仅仅是看看而已。
2. 他们注意细节,寻求模型,探测关系与事件;他们留意变化、相似和区别。
3. 他们把观察结果与原先持有的观点相联系。

• 学生对自己的科学实践进行批判性的讨论

1. 他们创建质量评价指标,并用它来评价自己的工作。
2. 他们做报告,肯定自己的成绩,找出需要改进提高的地方。
3. 他们与成人、同伴一起进行反思。

探究指标2:教师在做些什么?[①]

在进行着科学探究活动的课堂上,教师要减少直接灌输,工作的重点要转向示范、引导、推动以及对学生工作进行不断的评价之上。教师必须根据评价他们所搜集的信息不断调整教学策略。

教师的角色变得更为复杂了,包括要创建、维持学习的必备条件,使得儿童能够在其中建构理解。鉴于此,教师要负起发展学生的概念以及维持学习情境的责任。

除了掌握那些在探究课堂中要求学生掌握的技能之外,教师还要掌握

---

① 美国国家科学基金会教育与人力资源部中小学及校外教育处.探究:小学科学教学的思想、观点与策略.罗星凯等编译.北京:人民教育出版社,2003.79~80页

支持学生学习科学概念的技巧。

进入科学探究课堂,你将看到:

• 教师做出行为和技能的示范

1. 他们向儿童展示如何使用新的工具或材料。
2. 他们引导学生在探究活动中承担起越来越多的责任。
3. 他们帮助学生策划并实践与记录、证明和下结论有关的技能。

• 教师对知识学习的支持

1. 他们帮助学生在理解知识的过程中提出试探性的解释。
2. 他们为学生学习知识介绍适宜的工具、材料和科学的观点。
3. 除了科学语言和数学语言之外,他们还使用适当的知识性术语。

• 教师应用多种评价手段

1. 他们能敏锐地感知学生的思考与学习情况,了解学生理解的困难所在。
2. 他们与儿童交谈,向儿童提问、提建议以及互动交流。
3. 他们四处巡视,保持与所有学生的接触。
4. 运用适宜的线索和提示引导学生进入下一阶段的学习。

• 教师作为推动者的行为

1. 他们使用开放式问题来激发学生探究、观察和思考。
2. 他们耐心倾听学生的观点、解释和疑问,以便发展学生的技能和思维。
3. 他们让学生观察新的事物,作新的尝试,鼓励进行更深入的实验和思考。
4. 他们组织并鼓励学生之间的对话。

探究指标3:学习情境怎样支持科学探究?[①]

所有探究活动都要使学生在下列三个主要方面有所发展:知识和概念性的理解与发展;"做"科学的技能和活动能力;态度和思维习惯。要让学生在探究活动中得到上述这些领域的发展,必须为他们营造特别的课堂环境。

走进科学探究课堂,观察者可以发现:

• 学生在一个适当的、有物资支持的环境中进行探究活动

1. 教室的设计适合以小组为单位的互动和探究活动。
2. 把学生问题的列表放在显眼的位置,让教室里所有的人都看得见。

---

① 美国国家科学基金会教育与人力资源部中小学及校外教育处.探究:小学科学教学的思想、观点与策略.罗星凯等编译.北京:人民教育出版社,2003.81~82页

3. 可以方便地在书桌或壁柜里找到各种常规用具。

4. 容易获得与所要探究的内容相关的各种材料。

5. 用多种方式展示学生的工作，以便于回顾与反思。

• 学生在宽松、相互支持的情感氛围中进行科学探究

1. 他们的思考受到鼓励和发扬。

2. 他们可以自由地表达自己的观点和主张。

3. 他们可以轻松地与同伴、教师进行交流。

4. 他们被鼓励与同伴（以个人或小组的形式）分享各种信息，交流各自的观点。

5. 他们知道自己在做些什么以及这样做的原因。

• 学生在鼓励交流的各种组织方式下进行探究活动

1. 同桌之间，以小组或大组为单位，或是全班一起进行探究活动。

2. 学生有许多处理反馈并相互学习的机会。

3. 学生成为"学习群体"的一员，相互支持、相互影响。

第六章

有效教学的组织形式

在学校教学中实现自主学习和个别化学习,可以说是近代以来变革班级授课方式的理想。班级授课方式的统一授课和忽略个别差异的问题不断地激起人们的改革愿望,在学校教学中让学生自定步调、实现自主的个别学习的改革尝试持续不断。

从20世纪以来欧美教学方法改革史中可以发现,对班级教学的改革大致有两条思路:一条路是"温和的",旨在补救班级授课制暴露出来的弱点,力求融个别教学之长于班级教学之中,比如"分组(分团)教学法";另一条路是"激进的",企图用当时以新面貌出现的个别教学替代班级授课制,比如"道尔顿制"。

20世纪初美国的道尔顿制、文纳特卡制、设计教学法等改革都试图摆脱统一的班级授课制和教师讲学生听的束缚,让学生自定学习步调,进行自主的个别化学习。

技术支持下的个别化教学的探索始于20世纪50年代末,当时的教学机器使学生部分地摆脱了教师的束缚,实现自定步调的学习。新的信息技术为每个学生提供了更多更好的自学条件和个别化学习机会,特别是对计算机和多媒体系统的使用有助于设计个人化的学习道路,每个学生在个别化的学习道路上可以按照自己的速度发展。

到20世纪80年代,英美等国以面向个体为主的个别化教学转向以小组教学为主的个别化教学,小组教学成为个别化教学的主要组织形式。其中,班内分组教学被广泛接纳和采用,尤其是"合作学习组"最为常见。

多元智能理论和脑科学的研究也证明,走向个别化教学成为必要和可能。每个个体都具有独特的智能和独特的脑,基于多元智能的学习和基于脑的学习都不支持统一的班级教学。班级授课方式与新的教育精神也不相符。新的教育精神强调"自学",要实现每一个人有效的"自学",使个人成为他自己文化进步的主人和创造者。

第一节 分组教学的两难

为适应学生个性差异对学习者实行分组教学,这是一种比较流行的方法。分组教学以"组"的方式教学,既可能照顾学生的个别差异的问题,又可以保持"班级教学"的规模效益。因为社会不可能为每个学生单独配备一名教师进行个别教学,学生必须分组教学。分组的目的大多在于减少在一起学习的学习者的差异。最方便的方法是把水平相似的学生分成组内成员差异不大的组。人们在采用分组教学时,更多的是强调"班内分组教学"。

这种以同质方式分组教学,与班级授课存在着同样的困境与危险。分组教学常常面临两种命运。一种命运就是,像班级授课一样,只是规模缩小了一些,并不能照顾到每个学生的个别差异。另一种命运就是,为了真实地照顾到每个学生的差异,不得不分成更小的组,最终只能以鼓励学生"自定步调"地展开"自学",走向个别化教学。

一、分组教学的基本策略是同质分组

"班内分组教学"的分组方式主要有两种,即"同质分组教学"和"异质分组教学"。前者可称为"分组教学(或分团教学)",后者可称为"合作学习"。异质的小组合作学习方式是在20世纪80年代以来流行起来的,之前大多采用同质的分组教学。

分组教学的基本策略是"同质分组",教师可以针对不同的小组水平提出不同的教学要求和教学任务。这种分组教学的实现往往需要以学生自主学习作为支持。没有学生"自学"支持的分组教学,仍然无法改变班级授课的教学模式。

在实际的教学活动中,教师在同一时间内面对不同的层次水平进行教学,教师不可能一对一地实施个别教学。教师面对的总是多个学生,时间有限,教师又分身乏术,即使同一层次的学生也存在很大差异,教师根本不太可能照顾到全班每一个学生。因此,分组教学往往伴随着"学生自学"或"自动作业"。

分组教学有时显示为"分层教学"或"复式教学"。即将一个班级按成绩或能力划分几个小组,同一水平的学生结成一组。也就是说,小组内成员的学习成绩、能力水平,甚至兴趣爱好等大致相当。也可称为"内部分组"。

分组教学的原始形态应该说是"外部分组",这是应用较广的一类分组教学形式。这类分组,打破传统的年龄编班,按学生能力和兴趣编组。又可以细分为两种:跨学科能力分组和学科能力分组。

跨学科能力分组是把某一年级的学生按智力高、中、低或测验成绩的好、中、差分成若干组,教师在教学内容和教学方法上区别对待。

跨学科能力分组是最古老的一种分组方式,被许多国家广泛采用。每个学生按照他在各门学科上的一般能力和平均成绩进行分组,确定一个学生学习能力时,该学生在各门具体学科上学习能力的差异被忽略不计,而他在所有各门学科上的学习能力都被看做具有同一水平的。

学科能力分组就是按某一年级学生在个别学科上的学习能力或成绩,在一定学科上分为不同水平的若干小组。这种分组的特点是顾及到学生在不同学科上不同的能力和发展水平。例如,可以根据学生在一门学科上的不同学习水平,把他们编入 ABC 等组中,A 组为最高水平,依次为 B 组、C 组乃至 D 组。按这种分组法,某学生在数学科目上可能被编入程度最高的能力组里,而在英语科目上可能被编入程度最低的能力组里。

一种比较复杂的学科能力分组,称为"FEGA"分组模式。FEGA 是四种学程的德文缩写。F＝Fortgeschrittener Kurs,即高级学程;E＝Erweiterter Kurs,即扩充学程;G＝Grundkurs,即基础学程;A＝Aufbaukurs,即接合学程。相应地,把学科内容分为高级学程、扩充学程、基础学程和接合学程等四个不同水平,学生被划归四个不同水平的同质小组中。这些小组的学习速度适合于他们的学习水平。每半年调整学习小组一次。学生可根据当时达到的学习状况转换到高一水平或低一水平的学习小组里。被编入基础学程的学生只学习基础材料,即达到毕业所必要的基本学习内容。编入扩充学程的学生修习基础学程加补充材料。高级学程的学生比扩充学程的学生学更多的补充材料。编入接合学程的是学习能力最差的学生,他们被编入特别小的组里学习,并每周增加教学的时数,以使他们获得更多的帮助。

学科能力分组还有一种灵活分组模式。灵活分组又称"灵活的内部分组"①。灵活分组是 FEGA 分组的替代措施。这种分组形式具有灵活变动的特点，根据学习进展情况，学生被编在同质的小组里学习，经过一定的时间间隔，再回到异质的小组（班级）里学习，两种形式交替进行。灵活分组也采用基础学程和附加学程的方式，不同于 FEGA 分组制的是，基础学程的教学不是在若干同质的（能力相同的）小组里进行的，而是在异质的小组（班级）里进行。经过一段时间的小组学习之后，进行一次测验，了解预定的学习目标实现的情况。然后根据学生不同的学习情况，在限定的时间段里把学生分配在三种同质的学程里：对所有已经达到基本学习目标的学生提供附加学程，并规定附加的学习目标；对 1~2 个学习目标未达到的学生提供复习的附加学程，经复习和测验及格后，按附加的学习目标学习；对尚未达到任何基本学习目标的学生提供全面复习的学程，在其他方法和媒体的配合下进行全面复习。

这种灵活分组模式试图最大限度地照顾学生的个别差异，不仅考虑了各门学科之间有不同的学习速度，而且考虑一门学科的不同部分和不同学习材料之间也有不同的学习速度。要想适合每一个学生的学习需要和学习速度，既要把学生按某种学科水平编入适当的小组里，又要在不同学科内容和学习目标上重新编组。

可见，对学生进行分组可以有多种维度，既可以根据能力（或成绩）分组，也可以根据兴趣分组，既可以各组之间学习同样的内容，也可以学习不同的内容，既可以固定分组，也可以动态调整，等等。这些因素导致分组教学中出现所谓"班内分组教学"与"年级分组教学"、"同教材分组教学"与"异教材分组教学"、"显性分组教学"与"隐性分组教学"、"能力分组教学"与"兴趣分组教学"等不同概念之间的纷争。

不管何种分组方式，在照顾学生个别差异的同时都会带来一些负面影响。学生分组更换频繁，不利于学生之间的交往与合作，也会给教师带来更多的组织学生工作和设计学习材料的负担。更重要的是，对学生进行分类、分组，容易造成标签效应。

---

① 孙祖复.分组教学模式种种.外国教育资料，1992(1)：1~6 页

二、分组教学的实质是促进自学

从本质上看,年级分组教学只是班内分组教学的扩展,其教学价值也大多类似。年级分组教学即分快、慢班教学,所受的批评最多。首当其冲是受到学生家长、尤其是慢班学生家长的反对,认为它增加了学生心理与生理上的负担,也损害了教育机会均等的第一原则。尤其是以能力分组受到的批评最多。在教育及心理研究文献中,能力远没有一个共识公认的解释。在一个地方它指智力测验上所反映的智力水平;而在另一个地方它只是通过某次综合测验或各门学科测验的平均成绩反映出来。因此能力分组教学,常常是指按某次考试成绩的高低将学生分成好、中、差各组。亦是说,能力分组教学的简便形式,是"成绩分组教学"。

相比之下,兴趣分组教学更容易让各组学生获得心理上的接受和支持。也有益于让各个学生看到自己的特长与亮点而增长成功的信心。但是,兴趣分组教学面临种种现实的障碍:由于各个学生的兴趣可能不一,随着各个学科教学的交替,学生座位也将轮番变换,不便于教师组织教学。而且,各个兴趣小组只反映学生对某门学科的"兴趣程度",并不能保证各小组学生在能力水平上一致,因而教师在具体问题和疑难的分类指导上会有困难。

同教材分组教学操作起来更为简便,在一定程度上控制了人们所担心的"两极分化"。但同教材分组教学有一个致命的弱点,就是优等组(或称之为快速组)的学生几乎不能按自己的速度自定步调地学习,在典型的情境中会出现"吃不饱"的现象。

传统的同教材分组教学的办法有二。一是为优秀学生提供额外的练习题,学有余力则处理额外练习;二是让优秀学生辅导落后学生。但真正优秀的学生往往不会满足于额外的练习。与其让他们围绕某一问题去做额外练习,何不学习新的、高深一些的内容呢?而且,让每一个优秀学生满心情愿地辅导落后学生,既无可能,亦无必要。

看来,从不同的视角,使用不同的操作方式,便可能产生不同的分组教学。坚持班内分组教学是分组教学的基本准则。这种分组教学较之传统的、混杂式的班级教学的确能部分地照顾学生的个别差异。

分组教学若想真正地照顾学生个体差异,则必须大胆地鼓励每个学生"自学",不把"组界"作为限制学生发展的新障碍。因为,在分组教学之初,各组学生差距不大时,同教材分组教学理所当然。当学生差距加大,进度显著不一致时,应该允许学生按自己的进度"自定步调地学习"。从"同教材"分组教学逐步到"异教材"分组教学,一个班内出现不同的教材,自然会增加教师授课的难度,"无法按统一的进度讲解教材"。但是,"无法按统一进度讲解教材"本身却不应该成为一个问题,因为从整个教育史进程上观察,"按统一进度讲解教材"不过是适应班级教学的权宜之计。

真正的教学乃应引导学生根据自己的学习兴趣、学习方式、学习速度保持不同的进度。此时教师的使命不再是"按统一进度讲解教材",而是引导学生以不同的进度"自学"。

如何在班级教学中促进学生自学,的确是一个两难问题。在近现代教学方法改革中积累了不少的经验,20世纪80年代以来,借助信息技术和小组教学方式,逐步走向较为彻底的个别化学习和自主学习。

但是,班级教学与学生自学之间总是充满了张力,促进学生自学的同时如何发挥班级教学的优势,或者说,在维持班级教学前提下,如何保证每一个学生有足够的时间和空间进行"自学",这是学校教学变革在应对终身学习挑战中遇到的最大问题。

三、在班级教学中促进自学

1995年,美国卡内基教学促进基金会主席 E. L. 波伊尔发表研究报告《基础学校——一个学习化的社区大家庭》。在波伊尔看来,过去10年,我们实际上进行过大约几百次单独的革新,有过新发现的希望。"事实是,我们已经知道了什么能行得通。现在正是我们把一个行之有效的学校的要素整理出来并服务于学生的时候了。"[①]在基础学校的重构中,波伊尔重点分析了如何在班级教学中创设一种促进学生自学的宽松环境。

波伊尔强调指出,良好的学习情境需要考虑班级规模大小、分班方式及时间安排等等因素合理组合,以保证教学的成功。"我们面临的挑战是,把注意力集中在学生的需要上,并创造一种宽松的环境使我们能够满足这些

[①] 吕达等.当代外国教育改革著名文献(美国卷·第四册).北京:人民教育出版社,2004.14页

需要。"①波伊尔设计了一个理想的适合学生自学的学校教学组织方式，相应的，教学时间表、教师的职责、可以利用的课程资源、评价和自我评价等都要围绕促进学生自学展开，不能用僵化的制度和惯例来约束学生的自学进程。

波伊尔极力倡导小班教学。他认为，小规模班级能促进学生的学习，特别是小学。合理的班级规模是小学低年级优质教育的关键。波伊尔在基础学校计划中建议，每个班的学生人数最理想不超过17个，绝对不超过20个。这里的关键是成人与儿童的比例。一些学校聘用大学实习生或学生父母和祖父母来作教师助手，以便使每个孩子得到仔细的指点。

教室布置方式也非常重要，布置教室的目的是促进学习，鼓励小组交流，让学生感到美和秩序。重点应放在学习上，而不是教师的讲台。

学校每天的时间应该有计划，但是这种时间表只能是指导性的，而不是强制命令。时间应该为学习服务。希望一个孩子每周两次在课间20分钟里完成手工，或在30分钟内完成一项科学实验，或写出一首诗或一个故事，显然是愚蠢的。理想的方式是，每个课堂里的教师可以自由调整课时，只要求他对教学结果负责，而不要跟着时钟转。

按什么方式和标准来分班，成为学校教学变革中最具争议的问题之一。按年龄分班、按固定的时间表上课的方式，受到越来越多的批评。不分年级的混龄组合也不利于学生的发展。如果考虑学生的学习方法、学习速度、兴趣范围和接受能力上的个体差异，就需要采取一种更为灵活的方式。在基础学校，学生至少可以按五种不同的方式组合。②

本班式组合：一开始将学生按年龄编组，作为班的基地。"本班"使学生有一种"家庭"的感觉，这里是孩子们开始和结束一天学校生活的地方。而且，学校应该尝试让同一个教师带一个班1年以上。

混合年龄组合：在基础学校里，"本班"不是一座孤岛，而是被视为开始行动的集结地。各个"本班"里的学生和教师不仅不会与其他班相分离，而且定期和其他班的师生合作，不仅是本年级的班，而且包括其他年级的班。不同年级之间进行"互教互学"，是使教育成功的一个关键因素。通过指导

---

① 吕达等.当代外国教育改革著名文献(美国卷·第四册).北京：人民教育出版社，2004.85页

② 吕达等.当代外国教育改革著名文献(美国卷·第四册).北京：人民教育出版社，2004.80页

年幼的学生,年长的学生可以培养自己的责任感。另一方面,年幼的孩子通过认识一个"大孩子",也会感到更加安全。由于主题课程是螺旋式向上发展的,一年级学生与五年级学生有可能在"生命周期"和"人与大自然"这种主题上一道学习,这时,混合年龄组合的效果非常好。

集中组合:把接受能力和兴趣爱好相似的学生集中在一起进行强化训练,这种做法称做"集中组合"。学生组成小组集中解决一个特别的任务,学习一种技能,或做一个项目,这种做法可以在一个班里采用,也可以跨年级采用。

个体组合:基础学校的学生每天、每周都有多次自学时间,这种安排称之为"个体组合"。他们在自己的教室里或在学校的"学习资料中心"独自收集各种资料、写报告,或完成对一道数学难题的解答。就像音乐家时而需要独自练习一样,学生也需要集中精力完成某项任务,培养独立学习的能力。对那些需要一对一强化辅导的学生,以及对那些有特殊需要的学生,也可以采用个体组合的方式。

全校组合:在学生们自学的同时,也有全校成为一个课堂的时候,全校学生从事共同的事情。全校组合是让"孩子们聚会起来",这一时刻会证明整个学校是一个学习化的大家庭。

波伊尔强调,课堂应该是开放的,鼓励几代人之间的交流。文明的延续需要至少三代人的共处。有研究发现,当长辈在课堂上辅导时,学生的数学、阅读、拼写、语法、英语成绩,甚至书法都会改进。为学生的成长建立起几代人之间的联系非常重要。让退休村变成课堂,让长辈成为年幼学生的良师益友。学生在和他人交往时最能学到东西,发现各种人的美,并学会给予。

从这种基础教育构想中可以看出,如果学生的组合方式多种多样,课堂开放灵活,让更多的人参与到对学生的教育中来,就可以促进学生的学习。

法国1983年1月公开发表了题为《为建立民主的初中而斗争》的研究报告。报告建议取消教学班,按年级设立一种新的教学组织——教学体。教学体形式多样,有一定变通性,比固定的班级教学更能适应学生的个体差异,促进学生的自学。每个教学体由78~104名学生组成,学生水平不一,其教学工作由一个教师小组负责。教学体由3~4个教学组组成,每个教学组人数相等,一般不超过26人,实行异质分组。除法语、数学、外语三门课程外,其他各门课程的教学均按异质教学组进行。如果是实验课或车间实习课,则设立实践课教学组。这两类教学组都是异质的。

　　法语、数学和外语三门主课,按学生的学习水平重新编组,学习水平相近的学生分在一组,即组成"同质"教学组。在初一的第一个月中,教师小组在方向指导顾问的协助下,对所教授的学生进行观察,并对他们的学习能力作出评估。然后,法语和数学的教学从第二个月开始,外语的教学从第二季度开始,即按学科同质教学组进行。这种学科同质教学组是临时性的,其组成可不断变化。由水平差的学生组成的同质教学组的人数要比其他组的人数少一些。

　　为了使国家规定的教学大纲更好地适应学生的兴趣、天赋和能力,教师小组要对学生每门功课学业成绩的变化情况经常进行比较、评价。一般情况下,每三个月评价一次,每次评价结果都应记录在案。这种评价制度是每个教学体教师小组调整自己教学活动的主要依据。学科同质教学组组成情况的变化、教师对教学计划和方法的调整,均按评价结果,每三个月进行一次。

　　每学年开始,教师小组要对每个学生过去的学习情况写出观察报告,并根据此报告调整教学计划和重新划分教学组。学生个人要按照其每门课的成绩接受连续教育。基本上取消留级制度。对各学科教学活动的要求,允许根据学生的不同情况有所差别。为保证每个学生都能较顺利地完成初中阶段的学习任务,教师要对学习困难的学生进行额外辅导,由学习困难的学生组成的教学组的人数要适当减少,同时改进教学方法。

　　除了教学组织方式的改变外,适宜学生自学的良好学习情境还需要有丰富的学习资源。积木、图书、社区图书馆、动物园、博物馆和公园等都是重要的学习资源。这里,不仅包括了课堂和学校中的学习资源,而且要超越课堂和学校,要充分利用有利于学习的居住区,以及把学生与全世界的学习资源联结起来的信息技术。只要善于发现和利用,不论是恬静的农庄,还是生活节奏快的都市社区,都可以成为一个令人兴奋的学习场所。例如,一位一年级的教师为学校旁的两个街区设计成一张大地图。这个区域是大部分学生每天早上都要经过的地方。这位教师带着学生们沿着各条街道行走,然后,他们就开始制作一幅该区域的地图,在上面标出他们见过的地方。每个孩子负责街区的一个部分,他们很认真地把各种细节精确地填写进地图中去——一切都按比例制作。他们找出了学习的地点,并重访这些地方。当地图完成的时候,他们把它挂在了墙上。对于这些学生来说,整个居民区成了他们的课堂。

良好的评价和自我评价也是促进学生自学的重要方式。波伊尔在基础学校构想中强调评价是为学生学习服务的。对学生评估的依据来自多方面，主要做法是"成长记录袋"方法。它提醒人们，评价学生时，依据的来源应该广泛而多样。需要有大量的材料加以证明，而且还要长期地收集反映学生学习成绩的样品，可以包括：笔试、教师的观察、学生的作品和表现、家长参与和学生自我评价的资料等等。与传统的纸笔测试相比，这种记录袋方法可以比较客观、全面地评价一个学生，比如学生的作品和表现，已经超出了笔试结果，甚至教师的观察笔记。学生作文、读书报告、日记、信件、录有学生发言、朗读、背诵的录音带等等，都是衡量学生进步的最重要的依据。如果学生自己动手制作的东西太大，"记录袋"放不下，则可以把它拍照下来或用摄像机摄下来。

在美国的一些多元智能学校教学中，注重学生真实学习状况的"档案袋"评价同样受到重视，让评估靠近学生。

当人们把评价的功能定位于为学生学习服务时，学生的自我评价就显得非常重要。学生参与评价活动可以使他们主动地投入学习评价。常用的方式主要是回顾性反思，学生通过回顾性反思的方式可以对自己的学习加以正确评价。比如"你怎样看待自己在数学方面所取得的成绩？""你认为哪些方面是你的强项？""你认为现在你需要解决哪些问题？"等等。

在英国，一些学校要求学生参加家长—教师座谈会的一部分活动。这些原来称为"家长咨询日"的会议被重新命名为"学生回顾日"，突出了以学生为中心这一要点。① 这时候，家长、教师、学生三方在一起讨论有关学校的目标和所取得的进步等问题，并研究解决新近出现的问题。

这些评价活动不仅可以帮助学生了解自己的学习状态，家长和教师也能够了解学生的真实学习过程，便于为学生提供切实的指导和帮助，而不只是用一个分数和名次代表学生的全部学习状况。家长无法了解孩子在学校的表现和遇到的困难，所谓的帮助也只能是隔靴搔痒，学生自己也不能及时把握机遇改进学习。

---

① 吕达等.当代外国教育改革著名文献(美国卷·第四册).北京：人民教育出版社，2004.74 页

第二节 小组合作学习流行

理想的小组教学应该是同质组和异质组的协同运用,也就是把"分组教学"和"小组合作学习"结合起来。

在班级教学前提下追求个别化教学,不可能完全打破班级教学,实现纯粹的个别化学习,小组教学虽然有其不彻底性,但小组教学尤其是小组合作学习往往成为追求个别化教学的首选。合作学习避免了学生的进一步分化,既能够让每个小组成员充分参与学习,又能够发挥团队优势,培养学生的社会交往品质。所以,20世纪80年代以后,在班级教学与个别化教学两维之间,以合作学习为基调的各种形式的小组教学都能找到自己存在的理由和活动空间。

随着教学民主意识的增强以及追求所有人成功的教学目标确立,强化学生分化的分组教学在学校教学实践中越来越难以实施。个别化教学的路径走到这里发生了根本的转向。以强调团队成就、小组互助的合作学习出场了,小组合作学习保持了对学生个体的关注,而且在一定程度上避免了学生个体之间的差异越来越大,实现所有学生的进步和成功成为合作学习的基本旨趣。形成于20世纪70年代,兴盛于80年代的合作学习很快成为许多国家学校教学变革的基本策略之一,这种趋势一直持续到20世纪90年代以至21世纪。

一、集体为个人,个人为集体的合作学习

合作学习强调的是异质分组。与同质小组相比,能力低的学生在混合小组中更有可能提高他们的成绩。小组合作学习鼓励学生为集体的利益和个人的利益而一起工作。好的合作学习能够使学生对自己的感觉更好,更接纳他人。合作学习对小组成员的行为规则的要求是个人责任感、个人与小组的义务与责任、对小组成员的支持和鼓励,以实现"集体为个人,个人为集体"的目的。

将合作的理念应用于中小学教学领域,是20世纪70年代早期发展起来

的。它脱胎于人们对传统课堂教学体制的不满,特别是对传统的等第分级制度。在课堂教学中一味强调分数竞争会使同班的部分同学失去学习上进心。因为某些人的学业成功,却减少了他人成功的机会(因为高分的比例有限)。分数竞争还被认为是没有实效和不公正的。因为大多数学生无论如何努力,都没有机会取得高分。作业容易把学生孤立起来,而且枯燥乏味。基于此,一些研究小组开始在中小学课堂教学中探讨强调"合作"而非"竞争"的"合作学习"。

"合作学习"相信,"当所有人聚在一起为一个共同目标而工作的时候,靠的是相互团结的力量。相互依靠对个人提供了动力,使他们:互勉,愿意做任何促使小组成功的事;互助,力使小组成功;互爱,因为人都喜欢别人帮助自己达到目的,而合作最能增加组员之间的接触。"①合作学习的初衷就是为了融洽来自不同文化背景的学生之间的人际关系。在20世纪70年代的合作学习研究中,人们把不同民族不同种族的学生放在同一个合作小组里,使每个成员都成为一个平等的、帮助整个小组达到目标的角色。合作学习让学生在平等的基础上进行频繁的合作活动,将有助于不同种族的个人之间发展积极的关系。

合作学习的假设是:把共同的学习任务分配给学生,让他们朝着一个共同的目标一起工作,其中每个人对整体目标都能作出实实在在的贡献,那么学生们就都能互敬互爱。合作学习不仅致力于不同种族学生间的友谊和相互影响关系的改善,还致力于弱智和正常学生的混合编组。一些研究者发现,合作学习改善了弱智学生和正常学生之间的关系。② 一项研究表明:参加集体—游戏—竞赛法训练的弱智青少年,比传统方式教育的学生更能对其他学生作出适当的反应,这样的效果在此法结束之后5个月仍保持不变。而且,合作学习也有助于提高学生的自尊心,因为在共学小组内,学生们更能得到同学的喜爱,也因为他们觉得自己学有所得。"最能直接提高学生自尊心的组织形式是交错法。用这个方法,学生们各自拿到特定的材料,这使

---

① 中央教育科学研究所比较教育研究室.简明国际教育百科全书·教学(下).北京:教育科学出版社,1990.410页
② 中央教育科学研究所比较教育研究室.简明国际教育百科全书·教学(下).北京:教育科学出版社,1990.418页

得他们每个人都是小组必不可少的人物。"① 这些早期的合作学习经验为后来提倡的全纳教育提供了一个切实可行的实现方式。到20世纪80年代末,合作学习成为一种可以应用于任何年级和任何学科的基本的教学策略。

合作学习的主要代表人物当属美国哥伦比亚大学的约翰逊兄弟(Johnson, W. T. and Johnson, R. T.)、约翰斯·霍普金斯大学的斯莱文(Slavin, R. E.)、以色列特拉维夫大学的沙伦(Sharan, S.)等人。他们创造了小组合作学习的几种经典方法,在各国中小学教学实践中广为应用。他们还将合作学习的理念延伸到学校管理的层面,推广了合作学习的应用领域。斯莱文认为:"应该把合作学习的基本原则纳入整个学校系统的运行轨道中。其中包括学生与学生、教师与教师、教师与学生、教师与学校行政人员,学校与家庭和社区,一般教育与特殊教育的全面合作。"② 在斯莱文看来,如果数以千计已经实行了一种或几种合作的中小学把目光投向"合作学校",那么,"合作革命"的前景将会十分诱人,学校将成为更人道、更愉快的工作与学习场所。约翰逊兄弟倡导建立"合作型学校",不仅关注学生之间的合作学习,还要强调教师之间、教师与管理者之间的合作与互动,把合作的精神贯穿到整个学校中。可见,合作学习暗含了强调团队合作的学习型组织理论,而且为提高整个学校效能提供了可能。今天,合作学习已经不再是一种单一的教学方法问题,而是成为各国中小学课堂教学的基本指导原则和核心理念,几乎所有的教学活动中都可以看到合作学习的影子。

所有"合作学习"都采用"小组教学"的方式,即将一个班级按异质方式分成几个小组,学生在小组中合作互助,并以小组成绩代表个人成绩。整个小组合作的质量,取决于每个成员的表现以及他们相互帮助的程度。在合作学习中,小组成员的数量一般是4~6个。

所有的"合作学习"都强调这样一个观念:小组成员在一起学习,既要为别人的学习负责,又要为自己的学习负责。

人们对合作学习的理解和运用,不尽相同。在课堂教学实践中存在大量不同的合作学习方式,但绝大多数都具有四个特征:异质分组、任务专门

---

① 中央教育科学研究所比较教育研究室.简明国际教育百科全书·教学(下).北京:教育科学出版社,1990.417页

② 盛群力.小组互助合作学习革新评述(下).外国教育资料,1992(3):24~31页

化、角色分工、小组奖励。

• 异质小组。小组形成的方式是异质性的。小组成员在性别、学业能力、学习步调和其他品质上必须是不同的、异质的。

• 任务专门化。合作任务结构常常是将一个较大的任务在学习小组之间进行分配和专门化，其结果取决于小组学习者之间的共享和合作。合作学习通过使用任务专门化或"劳动分工"的方式，"把较复杂的任务分割为几个较小的部分，各个部分分别由几个单独的小组去分担。最后，这些努力集合在一起组成整体，班级的每个成员都有所贡献。因此，每个小组都有可能被要求进行专门化，将他们的努力集中于整个班级所取得的某个较大终端产品的一个较小却有意义的部分。"①这里，鼓励小组之间的竞争，其目的并非是最终结果的竞争，而是通过竞争促进小组内部的合作。

• 互助合作的角色任务。恰当分配角色，对于合作学习活动很重要。合作学习与松散组合的讨论小组的不同就在于，合作学习不仅要求有专门化任务，还要指定支持有序完成任务的专门化角色。合作学习要求小组成员的责任是双重的。不仅对个人负有责任，对小组成员也负有责任，即对小组成员负有支持和鼓励、同伴帮助与辅导，以及合作的责任。总之，成员间互助合作是合作学习的基本要求。

• 小组奖励体系。个人所获的分数不是基于个人努力的分数，而是基于小组的整体成就。小组奖励体系通常会增加小组成员的压力，不仅自己要做得很好，而且还要很好地帮助其他小组成员。这也许是异质性的合作学习对学业成绩不良学生的益处，有利于学生淡化竞争意识、增强合作意识，从而达到合作学习培养合作精神的目的。

二、组间竞争，组内合作

小组合作学习最早出现在美、英等国的中小学课堂教学中，很快成为20世纪80年代以来各国中小学教学变革的主要措施之一。在强调综合主题式探究的研究性学习课程中，法国、日本等国也都把小组合作学习作为主导的

---

① [美]加里·D.鲍里奇.有效教学方法(第四版).易东平译.南京:江苏教育出版社,2002.276页

教学组织方式。小组合作学习的方式多种多样,其中,小组调查是最成功的一种方式,所有基于情境的探究式教学几乎都采取类似的小组合作方式。小组合作学习以其独特的优势,已经成为西方各国中小学课堂教学重要的教学组织方式。

合作学习的分组方式大都采用"多维度的班内分组",这种分组方式在一定程度上照顾了学生的个别差异,能够为每一个学生提供更多的时间和空间发展自己,让学生有效地、高质量地学习,同时还能在群体互动中学会与人合作,为别人着想,具有责任感等品质。

20世纪80年代,逐步形成了几种小组合作学习的类型。根据侧重点的不同,大致可以分为两类。

(一)以小组竞赛为主的合作学习

这是由约翰斯·霍普金斯大学的罗伯特·斯莱文(Robert Slavin)、大卫·德弗里斯(David Devries)和基思·爱德华兹(Keith Edwards)等人发展而成的。它们是学生小组、成就分配(Student Teams, Achievement Divisions,简称 STAD)、小组—游戏—竞赛法(Teams, Games, Tournaments,简称 TGT)、交错法Ⅱ(JigsawⅡ),还有第四种方法,小组辅助的个体化和小组加速教学(Team-Assisted Individualization and Team-Accelerated Instruction,TAI)。

1. 学生小组,成就分配。在这些竞赛式的小组合作学习方法中,最容易理解的是 STAD。在 STAD 中,学生分成3人组或4人组,由高、中、低水平的男女生,不同民族背景的学生组成。通常是由教师通过讲座或讨论等方式呈现教学材料,之后,学生以小组的形式工作,以确保所有成员在将要到来的测试中都能表现良好。小组成员可以在2人小组内一次解决一个问题,或轮流互相测试,或组内讨论问题,或使用任何他们认为可以掌握材料的方法。当小组成员完成作业后,学生们就所学材料进行测试。要求成员间不可以相互帮助,而是独立完成。测试在课上或下课后打分,并将个体分数记入小组团体分数。

按照斯莱文的建议,每个学生对小组作出的分数贡献,是由该生该次测验分数超过自己过去测验平均分数部分决定的。底分比每个学生的平均分低5分。学生可以取得最高限额的10分,而每1分都是超过底分的1分。做得好的学生总可以拿到10分(满分),而不管底分是多少。这种鼓励个人进步的计分制度给每个学生一个机会。只要全力以赴,他或她就能为自己的小组作出贡献。这种计分制作为集体成绩的一个组成部分,显得特别重要。因为它避免了这样一种可能性:低水平的学生因没有分数贡献而被排斥。这里,重要的是学业的进步,而不是学业的成功,小组中的每一个人都可以争取进步。

STAD 的过程包括教师讲述、小组学习、个人测试、小组分数的确定、小组奖励或奖赏。为了得到小组的分数,常常是将个人的分数与他或她过去所做的工作进行比较。如果这次工作比过去的工作做得更好,那么此人就取得了"提高分数"。小组分数就是各成员所得的提高分数的总和。当学生进行的测试是关于拼写、算术以及其他容易算分的科目时,这种算分方式最容易进行。

2. 小组—游戏—比赛。TGT 的步骤与 STAD 是一致的,只有一点不同:TGT 强调小组间通过学业游戏进行竞赛,而不是给予个人性的测试。学生们通过学业游戏来表示他们个人对教材内容的掌握程度。这些游戏在每周的竞赛时进行。学生们与上次交过手的同学比赛。竞赛时学生分 3 人一组坐定,他们在一起工作 6 周,所做的作业每周改变一次。由于竞赛机会完全平等,学生们无论过去水平如何,只要全力以赴,就能对小组作出最大的分数贡献。

具体来讲,TGT 的步骤是:教师讲述、小组工作、小组与小组间的竞争、算分、小组奖励。在小组与小组间的竞争阶段,小组的每个成员被指定到一张桌子处,在那儿与其他组的成员展开竞争。每个小组的成员在平等竞争中都要相互竞争;每张桌子上的赢者通常会跳到更高一些的或另一张桌子的竞争中。这里,强调的是学生个体与个体之间的竞赛。这就使 TGT 在一定程度上失去了异质性的特征。

3. 交错法Ⅱ。这种"第二类交错搭配"强调的是,按小组数将学习任务分成几个子任务,每 4~6 位成员为一组分组承担任务,然后再给每个成员一个独立承担的任务。例如,指派每组每个成员阅读课文的一部分;接着,指定每位小组成员一个具体任务,并按这个任务去完成阅读;让其中一个组员查阅并记下任何新词汇的含义;另一位则要求去总结或勾勒出要点;其余的组员识别主要角色和次要角色的工作,等等。

当所有组员获得具体的任务,所有承担相同任务的组员从各自原有的小组中脱离出来,然后作为专业组讨论他们的任务,分享各自的结论。在专业组里,组员之间通过比较笔记(如定义)和辨别被别的组员遗漏的地方来互相补益。当所有的专业组有机会去分享、讨论和修正结论后,让他们回到各自原来的组。每个人则可以依次对组员进行各自负责部分的讲授。

第二类交错搭配,使组员之间兴趣高涨。因为其他组员学习那些没分配给他们的主题的唯一方法就是听队友讲述。专业成员向全组作报告,尝试教授他们从专业组里所学的东西,给个体进行测试,从而评估他们掌握了多少。如同在 STAD 中那样,教师可以依据他们过去的表现,给个体进步打分和小组整体打分。

4. 小组辅助的个体化和小组加速教学。TAI 与 STAD 和 TGT 不同,它把合作学习与个别化教学融合在一起,强调学生自主学习,教师异步指导。学生可以依据不同的能力在不同的水平上学习。教师可以按照学生各自的速度给每位学生分配具体数量的工作内容。在异质组中,一些完成更高水平的作业的学生可以充当检查者的角色。可以指派一位学生任班长(经常轮换)到每个小组里管理日常检查,分发个性化学习材料,管理和记录测验情况。后者是对全班实行同一速度的教学,所有学生学习同一内容。另外,TAI 是特别设计用来教三至六年级数学的,STAD 和 TGT 适用于大多数学科和年级水平。

TAI 作为合作学习的最新方式强调了合作学习中学生自定步调学习的理念。这"意味着学生在学业上不用停留在一起,而代之以用他们自己的步调来学习他们将要掌握的材料。例如,开始时,所有的学生都要进行一次算术方面熟练程度的测试。在这个结果的基础上,他们被安排到混合性能力的小组中。但是,取代一起工作,每个小组成员是依据他或她的需要,在不同的领域或不同的算术单元中独立进行工作。这种单元通常包括一些引导页,它提供完成此工作所需的基本信息。因此,一个关于各个部分的单元,它会包含一些显示怎样对各部分进行划分的页码。这个单元也会包含有实践练习、一个或多个的测试以及相应的答案列表。"①也就是说,小组成员都可以学习不同的单元,那些水平更高的学生作为检查者检查和辅导同伴的作业。教师每周统计所有小组成员学完的单元总数,根据最后通过测验的

---

① [美]唐纳德·R. 克里克山克等.教学行为指导.时绮等译.北京:中国轻工业出版社,2003.193 页

人数对超过标准分的小组进行认可或给予其他形式的小组奖励。当小组在工作时,教师可以将那些进行相似单元的学生合在一起,判断他们的进度,对他们提供进一步的帮助。

(二) 强调学生自主探究的合作学习

小组调查(Group Investigation,GI)是目前得到研究最多,也是最成功的一种任务专门化的合作学习方法。这种强调学生自主探究的合作学习法可追溯到杜威那里,但它的成形和较为具体的研究却是由以色列特拉维夫大学沙伦夫妇等人完成的。

学生们在小组调查中运用设计、计划、探究、讨论等方式来展开活动。每个小组从总课题中选择子课题,小组再将子课题设计分解为个人的任务,并开展必要的活动以准备小组报告。最后,全班交流其调查发现,"在小组调查法中,学生就一个能引起真正探究的问题共同计划他们的学习内容,以共同兴趣为基础组成小组,合作完成他们的计划。通常是将任务分给小组成员。当他们完成了他们的探究后,小组对他们的发现进行综合和总结,确定把他们的发现呈现给全班同学的方法,并予以呈现。"①这种小组调查普遍应用于基于项目的探究学习和研究性学习类课程等综合性主题探究的教学实践中。这也是应用范围最广的合作学习方式。

与小组调查相类似,由约翰逊兄弟设计的"共学式"(Learning Together)也强调学生自主探究的过程,将课题任务分给小组成员后,再汇总全班汇报,或者各小组只承担全班总任务的某一部分最后汇总。这类有分有合的做法,保证了全体学生对资源的共享和积极主动的参与。

总体上看,"分组教学"是在班级教学中专门分离出"同类"学生进行教学;而"合作学习"的基本精神是承认并利用学生的"差异",当教师感到班级学生差异太大而又无法实施个别辅导时,让学生"同伴互助"会收到比较好的学习效果。

倡导"集体为个人,个人为集体"的小组合作学习需要把学生分成若干小组,但并不是说,只要让各小组成员一起讨论问题就能收到合作学习的效果。让学生学会合作学习,需要合理安排合作学习过程及其合作方式的指导。

---

① 王坦.合作学习的理念与实施.北京:中国人事出版社,2002.231 页

三、合作学习与自主学习相结合

小组合作学习的理想是让学生学会互助互帮,有尊严地争论问题,每一个学生都发出自己的声音。在小组合作学习中,课堂纪律是一个大问题,一旦把学生分成小组,教室里面就吵得像个集市,难以管理。小组讨论时,还可能都没有话说,不知道如何展开讨论,还不如教师提问学生回答有效率。小组合作学习中,最严重的问题可能是"沉默的大多数"问题,往往小组里面能力高的学生把所有的事情都做了,能力低的学生只管抄作业,到头来什么都学不到。

(一) 小组成员的异质合作

小组合作学习的第一步是异质分组。但是,学生并不是从一开始就会相互合作的。约翰逊兄弟提醒:"人们本能地不知道怎样与他人进行有效的互动。在需要的时候,人际交流和小组技能也不会魔术般地出现。学生必须被教给这些技能并有使用这些技能的动机。如果小组成员缺乏人际交流技能和小组技能……合作小组就不会有多大的成就。"①教师在要求学生进行小组合作学习之前,应该让学生学会一定的合作技能,创造机会让学生形成小组学习的习惯。一般的做法是,先从双人学习组开始,把学生两两配对,创造机会让不同学习能力或者看法不同的学生能互相帮助,互相学习。然后是进行一些协作性不太强的小组活动,最后形成合作程度最高的"协作性小组"。

在英国,主要存在三类双人学习小组,即同伴在课堂上相互学习;课后高年级学生帮助低年级学生;配对同伴辅导。同一班级的同伴学习在小学和初中最为普遍。小组学习的训练一般从双人小组开始,当儿童能够进行双人活动时,就可将两个双人小组合在一起活动。较大的组要求儿童具备更强的能力。组内可以有分工,例如,记录员、观察员、鼓励者、目标制定者等,这些角色可以轮流担任。在分组教学中,不同的小组往往从事不同的活动,教师的教学要满足每一个组的不同发展要求和学习需要。

在美国,教师同样注重学生合作能力的培养。首先组成两人组的同伴

---

① [美]唐纳德·R.克里克山克等.教学行为指导.时绮等译.北京:中国轻工业出版社,2003.195 页

互助系统，然后进行一些合作程度低的小组活动，目的是让学生"彼此熟悉"，教师要提供机会让学生学会如何解决冲突，如何对自己和小组负责。比如一种阅读方式称为"交叉阅读"就可以提供这样的机会。"交叉阅读"是教师把一篇长文章分成几个部分，小组每一个成员阅读其中一部分，然后把自己读的内容讲述出来，整个小组相互讨论是否能领会整篇文章的内容和思想。两人或四人小组交换批改作文的活动，也可以帮助学生初步学会合作学习。

当小组成员彼此熟悉之后，就可以进入"提供产品"的阶段。这一阶段，小组合作的程度有所提高，小组每一个成员都能够贡献自己的力量。当小组接到一个任务时，就可以根据每一个成员的能力分配任务，共同完成任务。例如，教师提供一个有争议性的话题，让学生在小组里面发表每一个人的观点，然后选出一个口头报告员，向全班报告小组观点。

小组合作的最高境界就是具有独立自主性的"协作性小组"的形成。这时，小组成员基本不需要教师分配任务或者提供额外帮助，学生在分成小组的时候，每一个人都很明确自己的角色和责任，能主动根据成员的不同能力完成不同的任务，并且还能通过互相帮助，让能力不足的成员提高自己的能力。小组任务必须通过合作和每一个人的聪明才智才能完成。

可见，多元异质的小组组合是非常重要的。这种多元性通常会促进合作过程，而且要保证在小组合作活动中每一个人的积极参与。如果出现一些消极态度的学习者，合作学习的效果也不理想。

1991年，约翰逊兄弟为组成小组提供了额外的建议：①

- 找出那些未被任何其他同学挑选的被孤立的学生。然后，在每位被孤立的学生周围安置一群有技能且可提供支持的学生。
- 随意地将学生按人数平均分组，如果一个30人的班分成5组，每组分配6位学生。
- 从每一种类型里面，使用异质的群体。在多数和少数之间，在有能力和无能力的学生之间，在男女生之间，建立建设性的关系。
- 同学生一起来选择小组成员。首先，你为每个组选一个成员，接

---

① [美]加里·D.鲍里奇.《有效教学方法》(第四版).易东平译.南京：江苏教育出版社，2002.280～281页

着那个成员选择另外一个,就这样,在你的选择和学生的选择之间进行挑选,直到完成建组。

吸引不积极参与的学生的一个主要方法就是组织任务,使该任务的成功依赖于所有组员的积极参与。也就是说,想办法让每一个人都有事做,都有能力做事。例如,可以将具体的活动任务落实到个人;在组内结对子,让学生相互负责;张贴墙报,依据每个人分配的任务报告小组进展,并鼓励慢的或差的努力工作;有意识地限制分配给小组的材料,成员之间必须保持来往,分享材料以完成所分配的任务;将小组成果与每一个人的成果相联系,小组成员就会鼓励和帮助那些工作得不完美的人,等等。

(二) 角色分配,自主学习

小组合作学习需要"劳动分工",将一个较大的任务分解分配给每一个成员,每人负责一部分任务。这里强调的是分工与合作。小组成员除了有专门的任务需要完成外,通常还被赋予专门的角色活动。合作学习活动的成功取决于教师对角色期望和角色任务的传达。如果某人的任务不清楚,或者某一小组的任务含糊不清,合作学习很快会退化为无序的讨论,而且还会出现许多没有参与的和被动的成员。这样,只有少部分学生贡献出自己的观点,这就破坏了合作学习的目的。

教师通过组内角色的分配,鼓励学生承担个人责任和分享思想,完成小组任务和组间交流沟通。

在合作学习中,被广泛使用的合作性角色职能主要包括总结者、监察者、经营者、记录员、支持者等等。

总结者负责向小组解释和呈现主要的结论,看看小组是否同意,并且为小组在全班面前的展现作准备。

监察者负责对照课文、练习册或参考书,检查有争议的陈述和结论的真实性。确保小组没有使用不充分的事实,或者不会遭到其他组的更为精确的成果展现的挑战。

经营者负责寻找实现任务所需要的物品、材料、设备、参考作业等必需的资源。经营者需要具备创造性、精明甚至谋略,因为有些资源也可能正在被其他组勤奋地寻找着。

记录者承担写出该组主要成果的任务。有时需要成员写出各自的结论,记录员则负责比较、综合和整理成连贯的形式。

支持者提供动力支持。当小组成员完成任务时,赞扬他们;当泄气时,鼓励他们。通过图表记录小组每一个重要的足迹,记录取得的成绩并鼓励各成员所作的努力,尤其是那些完成任务存在一定困难的人,从而促使小组前进。

(三) 保持合作,相互支持

小组合作学习需要特定的时空条件的支持。在美国的小学,全天的教学活动几乎全是由小组合作来进行的,教室里面的桌椅以一个个小组的形式放置。在初中,小组合作仍然很普遍。到了高中,小组合作已经不是课堂的主流活动了,桌椅不一定是按照小组的形式来放置。然而,通常每一个学生都知道自己属于哪一个小组。当教师要求学生进行小组活动时,全班学生都能在最短时间内把桌椅摆成一个个小组,然后进入合作学习的"状态"。

在合作学习小组中学生之间的互动强度大且时间长。合作而不是竞争应成为合作的根本。每一个小组可以选择或创造一个合作的小组座右铭。如"人人为我,我为人人"、"一道努力,否则一起失败"等来提醒各小组成员。在小组合作学习中,反馈、巩固和支持更多地来自小组中的其他同学,而不是来自于教师。要持久地维持小组成员间的合作行为,教师需要建立一种强化和奖赏的监管制度来保证,学生则需要学会与人沟通交流的能力。

教师需要具备对异质小组进行计划、调控、促进的能力。所有合作学习都不可避免地采用了一定数量的独立学习,教师也要善于促进学生的独立学习。

教师需要确定小组何时需要帮助。在合作进程中需要重复和提醒小组各自的目标,因为各组很容易脱离原来的目标。还要对进入死胡同的小组重新指导,讨论和争辩的热烈常常使各组脱离有效的思考,提出的问题也可能仅仅与完成小组目标沾一点儿边。教师监管的关键是,能够知道小组何时处于困难状况。例如,某个小组可能进行着无益的阅读讨论,浪费时间,然而换个角度就可能使他们能够朝向可达到的目标迈进。正是教师的监管和及时的指导,使无目的的谈话和有成就的讨论之间区别开来。

教师对遭遇挫折的人提供情感支持和帮助,也是非常重要的。并非所有的组员都乐意接受分配给他们的任务,也并非所有的小组都接受给他们设定的目标。有些人对他们要完成的任务没有信心,有些任务可能并非其所愿,教师的鼓励和支持能给他们注入信心。

教师的评估和奖励也是常见的维持合作行为的有效措施。例如,给个人和小组评定等级,使用附加分方式,或赋予优秀者以特权方式等。如让最优秀者在下次活动时享有小组角色的首选权等特权来激发个体和小组成员,为最佳作业组或优秀个人提供独立学习时间,或去学习中心参观,或利用特别的材料和资源等。

更重要的是,教师有责任向学生传授一些合作技能。合作技能的核心是在同等概念水平上同他人交换思想和感情。学生在同他人及时地、有效地交换他们的思想、信仰和观点时,必须感到轻松自如。学生们要相互了解并信任小组成员,学会清晰而正确地表达,学会倾听、宽容与赏识,通过表扬和鼓励相互支持,并建设性地解决冲突等等。这些合作品质和合作技能的获得,与教师的指导是分不开的。

例如,1991年约翰逊兄弟提出了一些教师鼓励学生的方法和重要的表达技巧。①

1. 讲授怎样向他人表达思想和感情。鼓励使用"我"、"我的",让学生知道正是他们的思想和感情使得合作过程得以产生。让学生明了他们的个体经历——所观察的事、遭遇的困难、见识的形形色色的人,都是可以用来判断他们自己的思想和感情的有价值的信息。

2. 使信息完整和具体。伴随着发出的信息,需表明应该存在着通向该信息内容的参考框架、视野或经验。如:"去年暑期我们度假时,在科罗拉多南部,当穿越一个印第安人村落时,我冒出了这个想法。"或者:"我听到总统的演讲,他的主要观点提醒我……"或者:"我读了报纸上的文章,它让我认为关于某件事……"

3. 使言语信息和非言语信息一致。向学习者说明有声语言和身体语言常常加强消息的传达,而且搞笑式地或过分戏剧性地传播信息,会损害消息本身,并对听众造成不良影响。

4. 营造尊重和支持的气氛。申明所有学生都能无顾虑地贡献信息、思想、情感、个人经历和反应。明确申明不允许有不支持的行为("如果你认为……你就是发疯的")。申明合作依赖于分享精神和物质资源,接受帮助,

---

① [美]加里·D.鲍里奇.《有效教学方法》(第四版).易东平译.南京:江苏教育出版社,2002.284~285页

分担责任,寻找相互的福祉。

5. 讲述如何评估消息是否被恰当地接收。 指导学生如何向听众询问他们的反馈。让他们使用诸如"对于我所讲的内容,你有什么想法?""我所说的清楚吗?""你能发现我正在说什么吗?"等句式,听众越多地被要求对消息予以解释,报告人就越能确信消息正如他所期待的那样被接受。

6. 教授怎样能意译别人的观点。 在没有检查自己是否全部领会别人的信息的情况下,绝大多数学习者将会同意或不同意发言者,务必知晓:在你能够批评或支持另一个观点以前,必须对发出信息者给予满意的意译。讲授下述意译的规则:

用自己的话而不是发言者的话,复述该消息。

用诸如"对我而言你们似乎在说……""如果我理解对了的话,你认为……""以我听到的,你的观点是……"的短语来引入对原话的复述。

在复述期间,避免任何同意或反对的暗示。如,让学生知道诸如"我不同意你","我认为你是正确的",这样的反应不应成为诠释的一部分,因为诠释的唯一目标是判断信息是否已经被精确地接受了。

7. 讲述怎样商讨含义和怎样理解信息。 因为信息含糊不清、不完整或被误读,所以某个人对它的理解必须被澄清或定调。这意味着诠释常常必须循环进行,以达到更高水平的理解,有时这既利于发送者,也利于接受者。这需要发送者使用机智的表达方式,如"我的意思是说……""我忘了加以说明的是……"或"进一步澄清……"同样需要接受者的机智,如"我不理解的是……""你能用另外的方式表达吗?"这种方法对提炼信息、确保更加精确的诠释是不可或缺的。发送者和接受者在互不产生情感伤害的情形下,必须相互提供优雅的方式更正对所听到或所讲的内容的误解。

8. 讲授参与和领导。 传达以下内容的重要性:

互利:凡利于小组之事将利于个人。

同命运:每个人的成或败皆与小组整体的表现息息相关。

身份共享:每个人在精神和物质上都是小组成员。

共荣:接受小组个体进步的那种欣慰感。

互负责任:关心表现不佳的小组成员。

真正的小组合作学习是建立在学生自主学习和个别化学习的基础之上的。所有的合作学习方式,都强调每一个小组成员对集体活动的积极参与和集体成就的贡献。如果有一些小组成员没有参与其中,或者消极对待分配给自己的工作,那就会影响小组合作学习的成效。

"任务分割,结果整合",之所以成为小组合作学习的主要特征,是因为大多数小组合作的具体方式都必须依赖所有成员的共同努力,在学习内容和学习结果上有很强的相互依赖性。1986年,约翰逊兄弟曾对合作学习与传统的小组学习作过比较,结果如下①:

合作学习小组	传统学习小组
1. 积极的相互依赖	1. 无依赖性
2. 计算个人成绩	2. 不计算个人成绩
3. 异质分组	3. 同质分组
4. 分享领导	4. 指定一名领导员
5. 共同承担责任	5. 只为自己承担责任
6. 强调任务及团体维持	6. 只强调任务
7. 直接教给社交技能	7. 不重视社交技能
8. 教师观察与介入	8. 教师忽略小组的作用
9. 小组评议	9. 无小组评议

比较好地把小组合作学习和自主学习融合起来的案例很多。如美国学校的"读书会"就是一种把小组合作学习和自主学习融合起来的改革尝试。

在美国所有学校的课堂上,每天大部分学生都会聚在一定类型的小型合作组中一起进行阅读学习。有一种被称为"读书会"的真正合作性的、以学生为中心的读书研讨小组。"读书会"对阅读课上的任何一种小型合作组而言,都不止是一种流行的标签——它代表的是在读者的反馈过程中,合作性学习与独立阅读的融合。真正的、成熟的"读书会"包括以下主要甚至全部特征②:

- 学生自行选择他们自己的阅读材料。
- 学生根据对不同书籍的选择组成小型临时合作小组。

---

① 盛群力.小组互助合作学习革新评述(上).外国教育资料,1992(2):1~7页
② [美]哈维·丹尼尔斯等.最佳课堂教学案例:六种模式的总结与应用.余艳译.北京:中国轻工业出版社,2004.96页

- 不同的小组阅读不同的书籍。
- 小组按照一个定期约定好的时间表,会晤并讨论他们阅读的情况。
- 孩子们利用写作或摘抄笔记指导自己的阅读和讨论。
- 学生们提供讨论的主题。
- 小组会议的目标是有关书籍公开、自然对话,所以个人联想、出现跑题以及提出开放结尾式都是允许的。
- 在新近形成的阅读小组里,学生们扮演轮流分配任务的角色。
- 教师作为服务者而不是作为小组成员或指导者参与学习活动。
- 通过教师的观察和学生的自我评估来评价活动效果。
- 嬉戏和趣味充满课堂。
- 读完书后,读者与学生们一起分享,根据新一轮读物的选择情况,形成了新的小组。

第三节　个别化教学的追求

　　班级授课制假定,一个班级的学生差异可以忽略,所有的学生都要学习统一的内容,在统一的时间里达到统一的要求。而个别化教学所追求的是每一个个体的真正进步,允许学生根据个体差异展开自定步调的学习,从根本上否定了班级授课制的统一要求和统一进程。

　　随着学习化社会、信息化社会的来临,学习的意义发生了根本变化。个别化教学的追求成为学校教学变革的核心主题。学校教学要为每一个学生的终身学习打好基础,让学生拥有持续的学习兴趣和学习能力。过去那种在学校中依附于教师和书本的接受学习,已无法适应人类终身的生存需要。有效的学习是一种"自学",一种"个别化学习",学会学习比学会接受更重要。

　　"自学"成为重要的学习方式。学校教学变革的方向必须强调把教育的对象变成自己教育自己的主体。成功的"自学"则来源于渴望学习的兴趣和拥有学会学习的能力。要想帮助学生学会学习,学校需要培养学生的学习兴趣、让学生体验到学习的乐趣,培养学生自主学习能力。

应对学习化社会和终身学习的要求,就需要从强调教师面向集体的"教"到强调学生个体的"学"。这种转变到 20 世纪 90 年代更集中地体现出来。基于网络的信息技术时代不仅极大地改变了人类的生存方式和学习方式,而且为每一个人的个别化学习提供了便捷多样的学习机会。

在信息化、全球化和学习化等时代特征日益明显的社会中,个别化教学主要在以下三个方面促进学生的个别化学习。

一、个别化教学重在"自定步调"

以个别化为取向的小组教学是以独立学习和个别化学习为基础的。真正的学生自学意味着允许学生以"不同的速度"学习"不同的材料"。学生以"不同的速度"学习"不同的材料"可能吗？它需要将传统的以统一进度为特征的班级教学转换为彻底的个别化教学。但这种转换只有三种可能：

一种可能是一个班的学生人数尽可能地少。学生人数少才有可能推行个别化教学。英美等国推行的是小班化教学(学生人数在 20 人左右),这在一定意义上就是向这种个别化教学靠近。

另一种可能是采用人机对话的多媒体教学。世界各国越来越多的学校开始将教学变革的重点投放到将技术应用到教学中。多媒体教学的真正价值在于为不同进度、不同教材的"个别化教学"提供"人机对话"的资源。若多媒体教室果真能为学生"人机对话"式的"个别化学习"提供便利,那么,学生以"不同的速度"学习"不同的材料"就成为可能。

还有一种更为现实的可能就是,对于那些没有条件实施小班化教学或人机对话式教学的学校而言,学生以"不同的速度"学习"不同的材料"将在引导学生"自学"的意义上部分地得到落实。

学生通过自学可以理解的知识,就要尽可能地放手让学生自学;如果部分学生没有养成自学的意识和习惯,教师有责任帮助学生学会自学,而不以学生不会自学为借口中止自学,不以学生不会选择为借口中止选择。教师需要不断地激励学生养成课外自学的习惯,充分利用家庭以及社区资源让学生在课外和校外以自己的速度学习自己感兴趣的材料。严格意义上的"不同的速度"、"学习不同的材料"的自学,将在课外和校外学习中得到充分的实现。这种课外和校外的自学将对学生的课内学习水平以及自学意识产生积极的影响。有了自学的能力和习惯之后,学生的差异将成为有利的教学资源而且不是教学障碍。

另外,小组教学一旦走向"个别化学习",学校教学也就向教学的本原形式回归。古典形态的教学传统表现为个别化教学的教学组织形式、以自学为主的教学方式、以问题为中心的课程形态。从这个视角看,中外现代教学的历次改革,无不以"个别化教学"作为武器向班级授课形态发起攻击。

概括起来,在中小学教学实践中的个别化教学方式主要强调了两个方面:一方面是与合作学习相结合,在合作学习中凸显个别化教学。另一方面,与"教育技术"相结合,利用技术和专门的个别化教材解决个别化教学问题。

20世纪60~70年代已经发展了许多个别化教学的方法,从这一研究领域中已得出了一个重要的结论,即没有一种个别教学技术都合适所有的环境。"哪一种技术能获得最好的成就,取决于在该条件下影响学习的许多因素的综合。最有影响的变量有:所追求的目标类型,学习者的能力水平,一个教师所教的学生数,可用设备的类型与数量,教师的教学技巧与个人风格,以及班组中学习者个性差异的幅度。"[①]1974年,有人提出个别教学各种方式所共有的特征为:"强调学习重于教学,具体目标的运用,学生主动参加学习,强调反馈和评定成绩,以及自定进度。"[②]许多不同的个别教学方式都说明了这些特征。

个别化教学建立在两个原则基础之上,一个是掌握学习原则,一个是继续进步原则。掌握学习原则认为,每个学生应该获得公正的机会去达到他的学习目的,尽管这个学生与其他学生运用不同的方法。掌握学习原则运用不断的反馈矫正机制评估目标的达成,并允许学习慢的学生达到目标的时间较多一些。继续进步的原则认为,每个学生为完成一定时间内应完成的目的,都应当不停顿地向新的学习任务前进。学生不应当浪费时间重复学习已经掌握的学业,也不应当要求学习快的等着学习慢的赶上来,而让他停滞不前。从近代以来的教学变革看,最活跃的领域之一就是追求个别教

---

① 简明国际教育百科全书·教学(下).中央教育科学研究所比较教育研究室编译.北京:教育科学出版社,1990.349页
② 简明国际教育百科全书·教学(下).中央教育科学研究所比较教育研究室编译.北京:教育科学出版社,1990.357页

学。从以往的教学变革经验和两个个别教学的原则来看,个别教学强调的是每个个体如何按照自己的实际情况展开适合自己的学习。而统一的班级授课不考虑学生个体间的差异特征,容易导致学生之间更大的知识差异和学业失败。

二、拥有丰富的个别化学习资源

在学习资源有限和以教科书为主的时代,开发专门的教材和确定教材掌握程度的检验手段,成为实现自主学习和个别化教学的配套措施。20世纪20年代的文纳特卡制(Winnetka-Plan)确定了这一个别化教学追求。在专门化教材的安排上,要求便于学生达到预先明确提出的学习目标。教材的掌握完全个别地、按自己的速度来实现的,并有"预测性的"测验相配合,这种测验被用来确定学生向预先计划的结果接近的程度,并预见提供补充材料和辅助材料的可能性。采用特殊准备材料的文纳特卡制自我教育方案也可以说是计算机辅助教学等新的个别化教学方式的先驱。20世纪60年代的程序教学以及相关"学习成套材料"的出现,为个别化教学进一步发展提供了先决条件。

程序教学开发出来的个别化教学道路,最重要的启示可能就是对"计算机辅助教学"的发展应用了。随着功能更为强大的信息技术的出现,计算机辅助教学已远远超越了程序教学提供的指导功能。计算机辅助教学最简单的模式就是使用计算机给学生出一系列的练习题,可提供既不重复又无休止的练习和实践,而且速度由学生来控制,也可由学生的学习成效来决定练习的难易程度。因此,当学生对所学知识掌握得既准确又快捷时,练习可以出得更难一些;反之,如果学生出现错误太多,练习也可以出得容易些。恰当的材料配以教学机器和新技术的应用,可以实现在最低限度的教师帮助下达到预期的学习目标。

计算机辅助教学能够帮助发现学生常常容易犯的错误,并可调整练习的类型,以便克服学生在这方面的弱点。这种针对每一位学生的学习进步情况并结合有益的反馈信息去改编练习和实践的功能,可以使学习更富有成效。

基于网络的计算机功能更为强大,模拟系统、虚拟空间、网络化资源、多向交互,使学生在很大程度上实现了自主的个别化学习,不再依赖固定的书本和有限的学习资源。信息技术为学生学习提供了丰富多样的课程资源和实现个别化学习的条件。

20世纪80、90年代兴起的贾斯珀系列教材设计和抛锚式教学也是一个很好的例证。基于问题(或案例)的学习以及基于项目的学习,都为学生自主学习和个别化教学提供了便利条件。

基于网络或多媒体环境的学习对学生自主学习和个别化教学的要求更高,提供了更广阔的自主学习和个别化学习前景。如果能够开发出更多的适合学生自主学习和个别化学习的教学软件,或充分利用丰富的网络资源和校内外资源,就可以提升学生搜集信息和选择信息的能力,以及利用信息发现问题和解决问题的能力。这种学会学习的能力在信息时代显得尤其重要。

例如,在一位旅美华人的见闻录《我所见到的美国小学教育》[1]一文中,谈到儿子小学毕业的时候,已经能够熟练地在图书馆利用计算机和缩微胶片系统查找他所需要的各种文字和图像资料了。有一天,他们俩为狮子和豹的觅食习性争论起来,第二天,儿子就从图书馆借来了美国国家地理学会拍摄的介绍这两种动物的录像带,一边看,一边与父亲讨论。他在文章中写道:

> 儿子的变化促使我重新去审视美国的小学教育。我发现,美国的小学虽然没有在课堂上对孩子们进行大量的知识灌输,但是,他们想方设法把孩子的眼光引向校园外那个无边无际的知识的海洋,他们要让孩子知道,生活的一切时间和空间都是他们学习的课堂;他们没有让孩子们去死记硬背大量的公式和定理,但是,他们煞费苦心地告诉孩子们怎样去思考问题,教给孩子们面对陌生领域寻找答案的方法;他们从不用考试把学生分成三六九等,而是竭尽全力去肯定孩子们的一切努力,赞扬孩子们自己思考的一切结论,保护和激励孩子们所有的创造欲望和尝试。
>
> 有一次,我问儿子的老师弗丝女士:"你们怎么不让孩子们背记一些重要的东西呢?"我上小学时,可没少背课文,没少背教科书要点。
>
> 弗丝老师笑着说:"对人的创造能力来说,有两个东西比死记硬背更重要,一个是他要知道到哪里去寻找他所需要的比他能够记忆的多

---

[1] 高钢.我所见到的美国小学教育.南方周末.1997.06.20

得多的知识;再一个是他综合使用这些知识进行新的创造的能力。死记硬背,既不会让一个人知识丰富,也不会让一个人变得聪明,这就是我的观点。"

有了新技术的帮助,个别化教学资源变得更为丰富多样。技术给教育带来的最强有力的机会之一,就是更好地满足学生的个别需要。例如,新技术可以提供更加引人入胜的丰富多彩的学习内容,利用网络,可以为学生提供更多的个别化教学和个别指导的机会。"技术能让指导教师每天24小时连续与在线的学生们面对面地工作。因特网聊天室和其他虚拟的工作场所允许学生相互协作学习,与指导教师或同家庭作业小组进行学习聚会。"①新技术还可以更好地评估学生的学习情况,准确了解他们在什么地方遇到了困难及什么时候需要帮助。

个别化教学的改革经验表明,调整教学时间和教学内容安排是重要的。如教学时间不再被分成许多整齐划一的课时。"各人的进度可以不同;多种多样的工作代替了整齐划一、步调一致的共同前进,学生在一定的时间按照个人进度进行学习(这种情况在美国和瑞典的中学里达到占学校时间的40%)。专门用来学习的时间,在一定程度上,根据过去的经验,可以划分成为:教学时间(个别的或大组的教学)、小组活动时间、个人消化时间、传递的时间和(个人的或集体的)考核时间。"②学校的教学内容正在变成一些综合单元或主题的体系,向学生指出的学习路线不再是直线型的。单元内容也可以互相调换,这样,学生就可以按照不同的知识水平选择一条最适宜的个别化学习途径。

三、最大化的时空开放

信息技术的强大功能系统为学生自主学习和个别学习提供了便利条件。"新技术作为青少年教育的工具,提供了在保证必要质量的情况下满足日益增多和日益多样化的要求的前所未有的机会。新技术提供的机会,以及它们在教学方面具有的优势,都是很多的。特别是对计算机和多媒体系

---

① 吕达等.当代外国教育改革著名文献(美国卷·第四册).北京:人民教育出版社,2004.306页

② 联合国教科文组织国际教育发展委员会.学会生存——教育世界的今天和明天.华东师范大学比较教育研究所译.北京:教育科学出版社,1996.171页

统的使用有助于设计个人化的学习道路,每个学生在个人的学习道路上可以按照自己的速度发展。这种使用也使教师有可能更容易组织水平不一的班级的学习。光盘技术似乎特别有前途,因为它有助于管理巨大数量的信息,而且集声、像、文为一体,又不要求事先掌握信息技术方面的知识。人机对话使学生能够提出问题,自己寻找信息,或深入研究课堂上处理过的某些科目的内容。"[1]在新技术的支持下,学生可以面对一个丰富的、开放的资源系统,知识来源不再依赖于教师和书本,学习资源超越了单一的文字和书本,这是一种集文、图、声、像于一体的多媒体化、数字化、超文本化信息资源。

信息技术还提供了一个强大的多向交互系统、模拟系统、虚拟空间和网络空间,这些都可以帮助学生及时获得资源和他人(不局限于教师和书本)的个别化指导。

班级授课制面临的更大挑战当属"开放课堂学习"(或称为"开放教学")。这是一种比较彻底的个别化教学形式。在"开放课堂学习"中,教师和学生拥有比小组合作学习更多更大的自由选择权和自主学习空间。

"开放课堂学习"早在20世纪五十年代在英国一些初等学校里得到发展,六十、七十年代开始得到广泛传播。美国、加拿大、澳大利亚、联邦德国、法国、瑞典等国都比较流行。这种模式在英国称"informal education",在法国称"Freinet-Paedagogik",在美国称"open education",在德国称"offener Unterricht"。

"开放课堂学习"值得肯定的积极方面是能促使学生的独立性和创造性,促进求知欲,培养他们对教师和整个学校的正确态度,培养他们与同年龄儿童和与教师合作的能力。在开放课堂学习的理念中,学校应该是一个学生喜欢的地方,是一个学生可以找到乐趣的地方。

"开放课堂学习"放弃了统一班级授课的方式,在同一时间内,学生们能够按照个人意愿从事不同的学习活动。开放课堂学习的特征就在于开放,在于为学生提供自由的情境,为学生提供创造和独立学习的机会。开放课堂学习的开放范围可以从不同的角度去分析和理解,一般来说,开放课堂学

---

[1] 国际21世纪教育发展委员会.教育——财富蕴藏其中.联合国教科文组织中文科译.北京:教育科学出版社,1996.170页

习的开放包括五个方面①：

首先,开放课堂的组织形式。具体表现为学习时间开放和学习方式开放。学习时间开放有两种形式:一是在一天或一周时间内,学生可以学习同样的科目,可以自己决定自己的学习进程。二是学生可以自由选择学习时间持续的长短。也就是说,学生可以按照自己的需要决定某门课学习时间的长短,一门课学生可能用一个小时学习,另一门课学生可能用一天学习。学习方式开放具体表现为:学生自由选择学习形式,选择采用独立学习还是小组学习;自由选择合作伙伴,选择与谁结合为一个学习小组。只有开放学习组织形式,才能使学生拥有选择学习方式、学习合作伙伴的机会。当学生对学习一门课感到缺乏兴趣的时候,他有机会选择学习另一门课。

其次,开放课堂学习内容。学习内容的开放程度究竟怎样决定,这是常常引起讨论和争论的问题。在开放课堂学习内容方面要理清的问题是:哪些内容是学生必须学习的?哪些内容学生可以自由选择?做出决定的一般原则是:教学大纲规定的内容是必须学习的内容,但并不要求必须按照教材进行学习,学生和教师可以自由选择与大纲要求相符合的、学生愿意学习和感兴趣的内容取代教科书。比如,学习数学时,教材规定一年级要学会100以内的加减法,开放课堂学习中的内容可以以此为目标,也可以选择与学生日常生活紧密结合的内容作为学习材料。在内容开放方面,要求教师为学生提供多种可供选择的材料。学习内容的开放是以组织形式的开放为基础的,如果没有课堂学习组织形式的开放,那么内容的开放就又变成整个班级在同一时间内学习相同的学科内容的传统教学。

第三,开放认知领域。认知领域的开放具体就是指学习认知目标的开放。认知领域开放方面要解决的问题包括:学习过程到底应该怎样进行?学生在学习目标的确定中是否具有决定权?学习涉及的认知范围究竟应深入到什么层次?仅仅涉及单纯的知识还是要涉及分析能力和解决问题的能力的提高?需要在多大程度上超越学科界限?一般来说,开放认知领域的目标在于使学生有权决定自己的学习目标,通过分析问题和作出决定等过程,学生的知识和能力得到发展。所以,开放认知领域的学习是理智的刺激学生的发现力和研究能力的学习。这种学习是在教师指导下,学生独立发

---

① 李其龙等.研究性学习国际视野.上海:上海教育出版社,2003.5～6页

现和解决问题的学习,其目的就是通过努力,实现不同的认知目标。

第四,开放社会情感领域。在开放社会情感领域方面需要理清的问题是:学生在多大程度上具有合作精神和民主思想?他们怎样处理同学之间以及与老师的关系?如何培养学生的社会性和满足学生的需要?在学校里,教育应该在多大程度上满足学生的情感需要?开放课堂学习强调,在开放的课堂中,学生的一切都是关注的对象,都应该得到重视。通过开放课堂学习,要促使学生整个人格的发展。所以,开放课堂是对学生情感、社会需要等各方面的开放,而不仅仅关注学生的认知发展。只有社会性和情感开放的课堂,才能创造出一种充满人际关怀的气氛;只有在这种气氛中,学生才能自由表达个人见解,才能真实地表露个人情感,学生的民主意识和社会交往能力才能得到发展。

第五,开放学校。开放学校就是把学习范围扩大到学校系统以外,使学校成为一个开放的系统。具体表现为:从校外获得学习内容,请校外专家、家长共同参与学校的学习活动,帮助学生选择社会生活中的实践作为学习内容。开放学校还指学校实行开放的办学形式,在学校内部,可以组织家长和学生共同参与的学习班,使家长有机会与孩子在一起学习,加深亲子间的了解和合作,使学校的学习延伸到家庭。

其中,课堂时空的开放是开放课堂学习的关键。不仅需要时间上的灵活开放,还需要自由的空间。开放课堂学习强调以学生为主的自由学习活动,空间的开放是很重要的开放标志。所有学生都需要除了教室以外的更多的空间。

教师要为学生提供更多的选择。如果没有选择,就没有了"开放"。开放课堂学习过程实质是个人积极主动的学习过程。从具体学习题目的选择到具体工作计划的制订,都需要学生独立完成。学生选择什么样的学习方式,要不要与人合作,与谁合作,由学生自己说了算,学习活动的整个实施过程、对学习结果的检查和最后的反思,都是学生独立的活动过程。在开放课堂学习中,离不开教师的指导和学生的合作交流。在开放课堂学习中,个人独立工作、小组讨论以及整个班级的交流等多种方式并存,学生不但可以学会独立学习,增强责任感,而且学会相互合作和交往。

无论采取哪种路径或策略,都要符合个别化教学的一些基本精神①:

• 学习活动的个别处理(根据学生对各门学科学习的次序方面的爱好灵活分配教学时间,一门学科各部分相互独立等等);

• 根据学生自己的速度钻研教材;

• 为独立的学习活动编订专门的教学材料;

• 教材应用上提供从各种选择性处理方法中进行选择的可能性(从儿童学习活动的各种选择性形式中进行选择,提供采用选择性教材和信息手段的可能性);

• 在掌握教材内容上规定最低限度的、所有学生必须达到的水平和范围;

• 学习小组的灵活组合;

• 教师职能的改变(组织工作,在教材上为学生提供一般的方向指导、辅导,按学习阶段进行监督检查);

• 学生地位的改变(在选择学习活动处理方式和选择教材方面,给予发挥主动性的权利,独立计划自己的活动,实现独立确定的计划的责任,在辅导范围内与教师合作等)。

总之,个别化教学是为个体服务的,教师要了解和关注学生的多样性和独特性,根据个人或小组的情况学习任务也不尽相同。理想化的个别化教学应该是,每个学生的方案都是基于他怎样才能学得最好、以何种速度才能学得最好,以及在哪儿掌握特定的技能和概念。事实是,长期以来,个别化教学与班级教学之间不断地抗争、妥协到和平共处,协同发挥作用,使个别化教学变得非常复杂。这对矛盾的不断凸显与解决成为世界各国中小学教学变革的动因之一。

---

① [美]M.V.克拉林.某些国家的个别化教学.外国教育资料,1992(6):35~39页

第七章

有效教学的未来趋向

20世纪80年代以来,西方学校教学变革顺应时代发展,积极回应人类思维方式的整体转换,从学校教学目标到课堂教学方法进行了全新的系列变革。

在教学目标上,追求每一个学生的终身学习,"一个都不能少"。重塑对所有学生的信心:学生学习失败并不是其智力自身的问题,而是因为学校教学没有为每一个学生提供恰当的学习方式。

在知识观变革的前提下重塑学校教学观和师生观。参与者知识观强调知识是蕴含个人系数的知识,知识是在教师和学生的互动中生成的,教师和学生都是课程开发者。

信息技术革命让人们对信息技术充满期待。信息技术在学校教学中的运用,给学校教学带来了巨大的变革,这是任何一个时代都无法比拟的。信息技术不仅带来了新的教学工具,而且带来了人类生存文化的改变,信息技术为丰富的教学情境创设和个别化教学提供了更多的可能。

学生只有在丰富的、真实的教学情境中才能更有效地获得知识,不仅得到了信息技术的支持,而且得到了多元智能理论、脑科学研究和非正式学习研究等众多研究成果的支持。有效的学习是一种基于真实生活情境的整体学习和体验学习。注重丰富的、真实的教学情境创设,成为学校教学变革的主要路径。

这些学校教学变革的追求和探索,可以帮助学校重塑知识教学的信心。在变动不居、知识激增、日新月异的时代,学校教学必须彻底摒弃以知识记忆为主的讲授—接受式教学,构建一种整体教学论。

第一节 引领比讲授更重要

讲授—接受式教学容易导致对学生的遗忘或者忽略，这种学生缺位的学校教学注定使学生处于被动学习中。实际上，学生不仅是一个主动的个体，更是一个完整的个体。教学过程不是一个单纯的知识授受过程，好的教学强调学生的全身心投入，需要一个人的智力、情感、身体、审美、信念等因素的"卷入"。

人类最成功的学习当属婴幼儿的学习。对婴幼儿如何学习信息的研究，使人们重新认识了学习者和指导者以及有效学习的特性。学习就是"学走路"，学习就是"学说话"，因此成为最成功的学习隐喻之一。婴幼儿学习的成功主要归功于其母亲（或主要照管者）。

当我们真正关心一个人时，"就会认真去倾听他、观察他、感受他，愿意接受他传递的一切信息"①。这种"关心"是一种巨大的教育力量。母亲与婴幼儿的交往从来不会像教师一样只进行滔滔不绝的讲授，也不会要求婴幼儿在规定时间内学会某些知识，更不会限定婴幼儿的学习内容范畴，人为割裂为语文或数学，或把一个词汇定性为高级词汇就不能教。主动学习是人类的天性，婴幼儿学习的成功就在于指导者远远地"守望"，施以较少的控制和干预，代之以关心、欣赏和引领。

教师从中获得的启示是，学会引领比学会讲授更重要，成为一个"守望者"。教师的职责就是为学生创设丰富的教学环境，成为课程资源开发者，引领的同时还要给予学生自我成长的空间，充满信心地鼓励、欣赏、分担与期待。

一、"守望"：让学生成为自我指导者

婴幼儿的学习，是受内在的好奇心所驱动。他们主动了解这个世界，并

---

① [美]内尔·诺丁斯. 学会关心——教育的另一种模式. 于天龙译. 北京：教育科学出版社，2003. 24 页

且不辞劳苦,喜欢的事一定要玩到精疲力竭为止。儿童既是问题的解决者又是问题的生成者。"儿童试图解决呈现给他们的问题,他们也在寻找新的挑战。他们不但要面对失败,而且通过对先前成功的建构,精心推敲以及改进自己的问题解决策略。他们持之以恒,因为成功及理解是自我激发的。"①从婴幼儿的学习中可以看出,人类似乎有解决问题的需要,常常是自我指导的学习者。

婴幼儿的学习是一种无须外在动机激发的主动学习,这是一种自我指导的学习,其主要表现就是"全身心投入"。"学习者天生就拥有一种动机机制,无须老师传输或操纵就可用。我们的脑永远渴望吸收、整合、理解和记忆信息,并在适当的时候应用。"②他们并不把自己所从事的活动(如游戏)看做是外界强加给自己的看不到意义的事情,这些活动本身就对他们具有内在的、真实的意义。他们总是全身心地投入活动过程中,并且伴随着积极的情感体验。"幼儿表现出投入专心学习情境的强烈愿望,他们在没有外部压力和没有反馈或奖赏的,纯自足的情境中学习。"③"儿童是一个主动的自我指导的学习者",应成为婴幼儿教育的出发点。他们能够坚持下来,不是出于他们非得这样,或要他们这样做,或因为他们要对失败负责;他们坚持下来,是因为成功是靠自己本身的能力激发的。

在婴幼儿学习中,指导者往往作为一个"守望者",让孩子享受在过程中。成人的指导可以说是以一种"只问耕耘,不问收获"的方式进行的。看重的是孩子的参与过程,只要孩子能够全身心地投入,在参与中、活动中得到情感的满足和愉悦就够了,所学知识只是一种副产品。

儿童的这种自然好奇心和自我激励,在人生最初 4 到 5 年里得到了最好的保持。这期间,成人(尤其是母亲或主要照管人)与儿童的互动和情境创设非常重要。在指导婴幼儿学习的过程中,成人提供恰当的支持,提供丰富

---

① [美]布兰思福特等.人是如何学习的——大脑、心理、经验及学校.程可拉等译.上海:华东师范大学出版社,2002.118 页

② [美]E.詹森.基于脑的教学:教学与训练的新科学.梁平译.上海:华东师范大学出版社,2008.215 页

③ [美]布兰思福特等.人是如何学习的——大脑、心理、经验及学校.程可拉等译.上海:华东师范大学出版社,2002.109 页

的资源和环境,及时给予鼓励与指导。孩子就是在这种有效互动中保持持续的好奇心和学习动力,并不断得到发展。

在人生的第一年里,"孩子们跟着父母在数百个简单的因果情境中学会如何反应。这些情境会引导他们获得有关失望、满意、激动、伤心、害怕、骄傲、害羞、快乐或抱歉的体验。孩子们需要这些亲密的、有联系的互动和接触。"①这里,有效的互动不仅强调帮助婴幼儿在新情境与熟悉的情境之间建立联系,而且更要注重互动中愉悦的氛围以及欣赏与关注。在互动过程中,婴幼儿经常能看到成人耐心的示范、积极的鼓励与反馈,成人与婴幼儿保持同样的兴趣和投入。

来自成人的赏识、鼓励与关注,是有效互动的动力支持。在各种活动中,成人保持同样的兴趣和投入,让儿童参与对话并注意聆听,即使儿童最初的表达有限。这会让儿童觉得"我很重要","我是一个积极的参与者,而不是一个无关紧要的旁观者"。

这里,引起教育研究者深思的问题主要有:为什么婴幼儿这种主动探究、自我指导的学习在学校情境中不见了?为什么学生学习动机需要教师来激发,而且出现那么多无动机学生?作为指导者的教师,能够做些什么?

在学校教学情境中,教师要避免出现下列行为,因为这些行为常常让学习者丧失内在的学习动机。教师要注意的行为方式有②:

△ 强迫、控制和操纵

△ 缺乏威信,吹毛求疵或恶性竞争关系

△ 很少或不明确地反馈

△ 任何种族歧视或性别歧视,或偏见

△ 基于结果的教育(除非学习者帮助生成结果)

△ 政策与规则不一致

△ 自上而下管理与制定政策

---

① [美]E.詹森.适于脑的教学.北京师范大学"认知神经科学与学习"国家重点实验室,脑科学与教育应用研究中心译.北京:中国轻工业出版社,2005.24页

② [美]E.詹森.基于脑的教学:教学与训练的新科学.梁平译.上海:华东师范大学出版社,2008.216页

△ 反复的机械学习
△ 不恰当或有限的学习方式
△ 讥讽、贬低和吹毛求疵
△ 察觉到内容与他们无关联
△ 用令人厌烦的单一媒介呈现内容
△ 教学只涉及多元智能的一个或两个
△ 限制个人目标达成的系统
△ 有责任而没有权威

由此,学校教学面临的众多的习得性无助问题的根源,可能不是因为学生无动机。无动机学习者常常是虚构出来的,是由于大多数学校教学中的学习条件不够理想,无法引发学习者的天然动机。

二、为不同的学生提供不同的支持平台

在婴幼儿学习过程中,成人最重要的角色就是尽量帮助儿童建立起新情境与熟悉情境之间的联系。"他们通过引导儿童的注意力、使他们的经验结构化、支持他们的学习意图以及规定信息的复杂程度和难度来维持儿童的好奇心和坚持性。"①在建立新知识与学生熟悉情境的联系方面,母亲有着明显的优势,婴幼儿之所以能够有效学习,也得益于这一点。

母亲是最了解孩子的生活场景和已有经验的,母亲在新情境与熟悉情境的勾联中能够起到重要的作用。她不仅为儿童提供出色的学习情境,而且还建构促进理解的适合的活动模式。随着年龄增长,儿童的参与程度增加了。母亲引导儿童根据自己的生活经验给故事添枝加叶,形成基于个人生活经验的个人理解,创作出基于个人生活情境的新故事。

儿童的日常经验常常与故事融为一体。儿童特别喜欢谈论自己熟悉或经历的活动,喜欢聆听和复述个人经验。个人经验伴随着故事的改编与创作得到了扩展。作为指导者的母亲更多地唤起儿童的经验与知识的联系,引领并鼓励儿童参与其中。

---

① [美]布兰思福特等.人是如何学习的——大脑、心理、经验及学校.程可拉等译.上海:华东师范大学出版社,2002.118页

从本质上讲,教师与每个母亲所做的事是一样的。学生从一开始就将他们的信念、理解、生活实践带进知识学习中,并且在学习的过程中建构自己的意义。教师要了解每个学生都知道些什么、关心什么、能够做什么、想要做什么,帮助学生将知识经验与当前学习联系起来。知识学习不是简单的接受与记忆的问题,在某种意义上,所有的学习都是受文化制约的,即处身于文化活动之中。教师提供丰富而灵活、有利于学生相互学习的环境,是极其重要的。

围绕学生生活经验和文化背景展开教学,认可个人知识的价值。学生都是基于自身生活经验主动建构知识的,学生对知识的理解总会带上个人的生活和文化色彩。

一个好的教师必须根据每个学生的起点为他设想出不同的期望——教学不能像传送带,不能期望每个学生都能在同一时刻学习同一个知识。不同的学生要求不同的支持平台。

如果教师能够为学生沟通新知识与熟悉情境的联系,就有助于促进新知识的有效学习。这里,教师最重要的角色之一,就是像婴幼儿的母亲一样,要尽量帮助学生建立起新的知识情境与所熟悉的真实生活情境之间的联系。如果学生和教师善于运用社区的既有知识基础,并将校外经验与课堂经验结合起来,学生的学习就会变得更富有成效。

研究表明:"教师要想有效地对所有学生进行教育,必须具备这样一些认识和态度,包括:尊重所有学生和他们的体验,信赖其学习能力,乐于质疑和纠正不成功的教学方法,致力于继续寻找新的解决学习问题的方法。除去运用学生的优点之外,树立一种'社会文化意识'能够使教师认识到,伴随其成长的世界观不是放诸四海而皆准,而是深受其生活体验,以及文化、性别、种族和社会阶层背景的影响。"①也就是说,如果教师把学生作为有经验、有思想、有家庭背景和社区资源的学习者,学生的学习就会得到促进。教师要尊重每一个学生的独特经验和文化传统。

学习化社会和终身学习的要求对教师角色的挑战是明显的,未来的教

---

① [美]琳达·达林-哈蒙德等.教师应该做到的和能够做到的.陈允明等译.北京:中国青年出版社,2007.207 页

师不再是知识权威的拥有者和课堂的独占者,而是"学习顾问",越来越像乐队指挥,不一定精通各种乐器,但要能够组织协调并充分发挥各种乐器的功用。

面对课程资源极大丰富、日新月异,也可以说近乎泛滥成灾的情况下,教师更要保持清醒,在学生熟悉的生活场景、亲自经历的事件与所学知识之间建立联系,开发利用有价值的课程资源,辅之以尊重、宽容与赏识,让每个学生参与对话并注意聆听,而不论学生的表现如何。这就会让学生觉得"我很重要","我是一个积极的参与者,而不是一个无关紧要的旁观者"。教师的这种态度也会激励学生有兴趣地努力学习。这样的课程资源远胜过一个只重视课件制作、找寻补充知识的冷漠教师。

一个有课程资源意识和关注学生个体的教师,会随时随地发现可资利用的课程资源。这种发生在教师和学生身边的课程资源更能够激起学生的兴趣,让学生热情求知。

终身学习时代对教师的要求更高。教师更加需要更新知识,视野开阔,成为学生学习的引领者。"终身学习是对他们的双重打击,因为他们不仅需要对本专业的教学内容进行更新,而且也要更新教学手段。本着促进积极学习利益的考虑,他们开始转变为所有他们可支配的重要的教育和人类资源的组织者。这远不是淡化教师的角色,而实际上是强化了这种角色。他们再也不是主要的考试信息的传递者(那些考试充其量只能算是一种具有不确定教育价值的活动),而是一支水平不断上升的乐队指挥者,通过每次练习使其指挥才能和水平得以不断提高。"①面对学习化社会和终身学习的要求,教师需要拥有更多的新技能。

这里,教师的最重要的职责之一,就是要超越学校场景,扩展课程资源,设计更加个性化和更有吸引力的教学情境,让学习变得更可爱,让每个学生获得更真切的体验和理解。

在下面这份表格中,我们可以看出未来教师的职责和要求的一些变化。一个有效的教师指导一定要能够运用丰富的课程资源为不同的学生提供不

---

① [美]诺曼·朗沃斯.终身学习在行动——21世纪的教育改革.沈若慧等译.北京:中国人民大学出版社,2006.30页

同的支持平台,切实关注每一个个体学生的发展。

学习顾问(未来教师)的能力①	
领导能力	基于对人们怎样学习以及个别学习方式的全面理解,帮人们养成学习习惯。
技术能力	优化开放式的远程学习技术,并最有效地利用它的功能,从而在学习者和学习计划之间建立交互式反馈。
课堂组织能力	通过使用所有能够从家长和社区获得的资源,知道怎样把课堂组织成积极的个人学习的集合。
使用网络能力	与其他地区和国家的网络学习者共同学习、交流,利用所有的技术交流方法刺激创新学习。
协商能力	建立并拓展与企业、学校、高等和远程教育、当地政府以及非正规教育系统的关系来支持学习。
咨询能力	通过个人学习计划、指导技术以及个性化的学习模式,帮助学习者实施并且监控个人目标,从而增强学习者的学习能力。
研究能力	通过让学生参与能提高他们对周围环境的鉴赏能力以及批判分析价值的审计、调查、研究,拓宽他们的视野。
寻找资源能力	利用手头所有资源,把结果与具体的学习机会联系起来。
资源组织能力	组织信息计划和方案,调动全社会的技能为教育和学习服务。
自我提高能力	通过不断更新个人技术、知识和能力,适应新的终身学习社会。
激励能力	充分认识学习动机心理以及怎样克服困难,增强信心,使学习成为令人愉快、富于创造性的经历。

三、"让评估靠近儿童"

"让评估靠近儿童",这是多元智能理论的一大贡献。它强调在多元智能情境中的真实性评估和个性化评估。他们并没有设计另外一系列的智力测验,而是创设一个丰富的环境,一个使儿童感到轻松自在的场所。在充满多种吸引人的材料的环境,让每一个儿童尽可能在自然的环境中展示自己的智力光谱。

尊重作为个体的学生。多元智能理论为把每一个学习者看做是独一无

---

① [美]诺曼·朗沃斯.终身学习在行动——21世纪的教育改革.沈若慧等译.北京:中国人民大学出版社,2006.31页

二的提供了强有力的支持。多元智能理论促使人们认识到:"所有的学生都是不同的,他们是独特的、丰富的、具体的。不过,遗憾的是,尽管大部分学生对很多话题都有一些有意义的见解,但却缺乏同等的展示或发展他们特有能力的机会。在整齐划一的教室中,这种情况更是经常出现。"① 多元智能理论的核心在于多维度地看待每一个个体,每一个个体有都着独特的智力特点,这就要求教师针对学生的智力差异采用多样化的活动方式,鼓励学生运用独特的学习方式,并进行个性化的评估。传统教学那种强制学生以同样的方法学习同样的内容,并用同样的方式评估学习成绩,是极其不合理的。

致力于辨识并利用儿童的智能强项是多元智能理论应用于学校教学实践的主要研究内容,也称为"多彩光谱项目"。这一为期10年的研究项目致力于开发儿童的多元智能及其评估方法。到1995年,估计美国共有200多所学校和班级正在把多元智能理论和多彩光谱实施模式整合在一起,应用于教学实践中。②

多彩光谱项目与其说是一个评估方法,不如说是一种教与学的方式,为教师和学生提供了通向课程的多种可能途径和可用的多种教学切入点。多彩光谱项目致力于提供一个材料丰富并能够激发儿童多元智能的环境,在这个环境中,儿童可以参加不同领域的活动,以激活智能强项,并真实地展示出来。

为了对儿童进行更真实更准确的智力评估,给儿童提供的活动材料都是儿童所熟悉的、有兴趣的、玩起来爱不释手的。在这种活动情境中,儿童自如地表现出各种智力倾向。例如,加德纳通过让儿童拆卸和组装他们所熟悉的家庭物品,如铅笔刀或者门把手,来评估儿童的逻辑智力、空间智力和身体—动觉智力。例如,对空间智力的评估,可以通过让被试在一个不熟悉的地形中找到出路,解决一个抽象的智力拼图或建构一个他们家庭的立体模型等方法来进行。对音乐智力的评估,可以让被试倾听他相当熟悉的风格的新歌曲,看被试如何迅速学会清唱、欣赏和改编这首歌。

1990年,多彩光谱方法开始应用于真实的课堂情境中,探讨多彩光谱方

---

① [美]艾伦·韦伯著.有效的学生评价.国家基础教育课程改革"促进教师发展与学生成长的评价研究"项目组译.北京:中国轻工业出版社,2003.87页

② 陈杰琦等.多元智能的理论与实践:让每个儿童在自己强项的基础上发展.方钧君译.北京:北京师范大学出版社,2005.109页

法在改进学业困难学生的学业成绩上的价值。多彩光谱的研究人员和来自马萨诸塞州的萨莫维尔学校合作,将多彩光谱方法应用于课堂教学环境中,以帮助学业不佳或处境困难的学生。他们遇到的主要问题就是多彩光谱方法推广到年龄更大而且背景不同的更多的儿童身上,如何在教室情境中辨识更多学生的智能强项。如果能够在教室情境中识别出学生的智能强项,怎样进一步把评估、课程和指导整合起来,又怎样利用学生其他领域的智能强项来带动与学业成功密切相关的语言智能和逻辑智能的发展。

在课堂教学情境中,多彩光谱研究者主要强调了三大目标:引导儿童涉足更多的学习领域;识别并支持儿童的强项领域;利用儿童的智能强项改善其整个学业表现。具体操作则主要采用"学习区"的方法,引导学生逐步涉足更广阔的学习领域,在更广阔的学习领域和丰富的"自由活动"中激活并识别学生的智能强项。

每个学习区都集中了该领域所需要的典型材料,儿童可以在"自由活动"时间或区域活动时间自由地操作。多彩光谱学习区共包括八个:语言区、数学区、科学区、机械—建构区、艺术区、社会区、音乐区和运动区。这里,把自然科学和机械—建构分设为两区,因为它们需要的材料有很大的不同。每个学习区都备有各种有趣的材料,有买的,自制的,还有回收的废弃物品。例如在音乐学习区,有打击乐器、音箱、收录机和磁带等。

教师的两项主要任务就是对学习区进行管理以及辨识儿童的智能强项,且二者是交织在一起。如果可供儿童选择的机会较多,他们就会在更广阔的领域内展示自己的能力,也更容易辨识或培养儿童的智能强项。"与辨识儿童智能强项同等重要的是为儿童提供支持。例如:为了培养儿童在机械—建构区的智能强项,教师可以全天开放此区域,经常更新材料;还可以鼓励儿童进一步探索、开发新的项目;与其他人分享他们的经验;把他们的作品贴在学校走廊的墙上或者家长接待室。"[1]还可以通过邀请儿童担任其强项领域的"管理者"来培养其强项,让他负责参与该"学习区"的管理工作。把儿童的智能强项告诉他们的父母,争取家长的支持,让家长为儿童强项领域的能力发展提供环境支持。

---

[1] 陈杰琦等.多元智能的理论与实践:让每个儿童在自己强项的基础上发展.方钧君译.北京:北京师范大学出版社,2005.60页

辨识并支持儿童的智能强项的最终目的是帮助学生日常的学业学习。这个问题是所有教师普遍关心的。许多教师承认多彩光谱学习区对教室氛围以及儿童对学校的态度产生了整体的影响,多彩光谱活动给学生带来了很多乐趣,使他们的学习变得快乐起来。但是,他们也感觉到日常学校课程的要求和多彩光谱计划之间的冲突。这里,最重要的问题就是如何最有效地帮助这些困境中的学生改善学业表现。

在这一问题上,多彩光谱研究者思考的是:"他们需要的也许是一种不同的方法,一种将基本技能隐藏在有意义的活动,建立在他们自己兴趣和智能强项基础之上的方法。"①这种方法实质上就是围绕同一主题内容为学生学习提供可供选择的多元切入口,这种方法也成为多元智能教学的主要特色。在丰富的多元智能教学情境中,学生可以运用不同的智能,学习会变得富有意义、富于联系且充满乐趣,理解也更深入、更开阔。

为学生提供能够开发智能强项的环境和材料,同时就是提供能够根据学生智能强项进行学习的多元切入点。运用不同智能组织同一主题本身就是一种有效的学习途径。多元智能理论的研究者和教师都沿着这一线路致力于学校教学的变革。

多彩光谱项目历经10年,基本上完成了从理论到教学实践的转换,为学校教学变革提供了一套比较系统的多元智能教学方式。多元智能理论也开始面向更广泛的学生群体,从适应学前儿童和小学低龄儿童到所有的从幼儿园到高中的学生,并尝试与更广阔的学校改革背景联系起来。

还有很多尝试并不是由多彩光谱项目直接发起的,而是一些实践者在听到或看到有关多彩光谱项目的研究后独立进行的改革尝试。他们都致力于丰富的真实的多元智能环境设计,让所有学生都可以运用多元智能进行学习,而不仅仅运用一种智能优势。

布鲁斯·坎贝尔(Bruce Campbell)就是其中一例。坎贝尔是一名教师兼顾问,在华盛顿西雅图的马里斯威尔学区3~5年级的混龄班中尝试运用多元智能理论改变课程的呈现方式。他保留了自己一贯使用的主题教学法,又尽量用能反映七种智能的方式呈现每一个关键概念。例如,要进行一

---

① 陈杰琦等.多元智能的理论与实践:让每个儿童在自己强项的基础上发展.方钧君译.北京:北京师范大学出版社,2005.61页

个光合作用的主题单元①,学生可能会阅读或者写一篇描写光合作用的文章（语言智能）；用水彩画一幅光合作用过程的画（视觉艺术）；创作一首反映光合作用步骤的歌或曲子（音乐）；绘制一幅反映光合作用过程的图表或者时间表（数学）；表演一个呈现光合作用的舞蹈或运动（身体运动）；小组讨论叶绿素在光合过程中的作用,并与生活中的变化作比较（人际关系的理解）；写一段反映自己变化经历的日志并将它与光合作用进行比较（自我认识）。之后,学生还可以组成小组,一起唱歌、跳舞,分享他们制作的模型和其他作品。坎贝尔解释说:"尽管学习区是有结构的、有教师的指导,但学习方案却是以学生为中心的,是学生自己指导的,具有开放性,学生自由选择的机会很多,因此参与的积极性非常高。我看到他们在自己的智能强项领域工作,并在学习区运用已经习得的技能。"②

  托马斯·阿姆斯特朗（Thomas Armstrong）是另一位多元智能理论的信奉者和实践者。他在1985年阅读《智能的结构》一书后,结合自己特殊教育的专长,将多元智能理论运用到课堂教学中,并把经验加以总结,1994年出版了《课堂中的多元智能——开展以学生为中心的教学》一书。书中针对每种智能介绍了5种教学策略,一共有40种教学方法。阿姆斯特朗认为,"这些教学方法从整体上设计是足够的。因此,你可以把它们适用于任何年级。因为足够具体详细,因此在实施过程中几乎不需要猜测。"③当然,他也谈到:"我鼓励大家发现额外的方法或把已有的教学策略发展为适合自己的方法。"④阿姆斯特朗告诉教师们,运用多元智能方式进行教与学,一个主要设计思路就是将所有智能形式都融入这个游戏里。在设计教学时,教师需要考虑的问题主要有⑤:

---

① 陈杰琦等.多元智能的理论与实践:让每个儿童在自己强项的基础上发展.方钧君译.北京:北京师范大学出版社,2005.111页

② 陈杰琦等.多元智能的理论与实践:让每个儿童在自己强项的基础上发展.方钧君译.北京:北京师范大学出版社,2005.111页

③ [美]阿姆斯特朗.课堂中的多元智能:开展以学生为中心的教学.张咏梅等译.北京:中国轻工业出版社,2003.86页

④ [美]阿姆斯特朗.课堂中的多元智能:开展以学生为中心的教学.张咏梅等译.北京:中国轻工业出版社,2003.86页

⑤ Koetzsch,R.E.学习自由的国度:另类理念学校在美国的实践.薛晓华译.上海:华东师范大学出版社,2005.222页

我要如何运用言语或是文字来表达？

我要如何运用数字、运算、逻辑、分类或是批判性的思考？

我要如何使用视觉教材、影像、颜色、艺术或是暗喻来表现？

我是否能加入音乐或是环境四周的声音，以及在旋律或音调中的元素？

我是否能利用整个身体或既有的经验来表达？

如果让学生两两分为一组，或是让不同年纪的学生一起学，或是采用合作性的学习的方式，或是全部的人一起教，这些方式可不可行？

我如何才能激起儿童的情感和记忆，并让他们有机会作选择？

位于马萨诸塞州波士顿北方35英里的地方，有一所弥尔顿·傅勒学校。1992年，这所学校获得教育部三年的经费补助，协助他们发展多元智能课程。一位老师正在教五年级的美国19世纪的西部开拓史。课程设计力求将所有智能内容和活动都涵盖在内。老师把多元智能内容和活动设计成表格呈现在黑板上①。

逻辑数学智能：测量距离，参考地图；

音乐智能：研究和演奏印第安音乐，制作工具；

空间智能：画印第安人的图，做马车和地理的模型；

语言智能：读印第安的神话故事，讨论占领土地的情况，写一个关于印第安的故事；

身体智能：表演印第安的祈雨舞，办一场马车竞赛；

内省智能：以印第安人的身份写日记；

人际智能：和同学一起远足，或是安排一个印第安式的集会。

对于这种多元智能教学方法，这位老师很满意："这真是一种很棒的教学方法。每个学生都兴致勃勃，绞尽脑汁地想用不同的方式表达出来。而且每个学生都有机会用他自己的方式学到东西，及超越别人的成果表现。有的学生可能在阅读和教学方面较弱；但是在音乐或是手工艺上却非常杰出。这也是一个让他们自我认知及产生价值感的好机会。另外，无论他们

---

① Koetzsch, R. E. 学习自由的国度：另类理念学校在美国的实践. 薛晓华译. 上海：华东师范大学出版社, 2005. 224页

用什么方式学习,每个学生在经历过许多尝试后,似乎都更能掌握主题。"①

由此看来,多元智能教学本身就是一种很好的评估,教师在教学过程中可以比较准确地了解和评估每一个学生的学习状态。

在加德纳看来,只有在熟悉的、多元的智能情境中直接对各种智力进行多方面评估,其评估结果才能代表一个人智力的真实状况。加德纳强调,"当一个评估变得可行时,进行评估的最好方式就是在一个舒适的环境中给被试提供熟悉的材料(和文化角色)。这些条件与一般的测验所提供的条件相冲突,一般的测验是在一个中立的环境中让被试完成'与背景无关'的任务,使用的是被试所不熟悉的预先设计好的材料。我更乐意通过在儿童博物馆观察儿童数小时而不是给予儿童一套标准化测验来评估他们的智力。"②可见,对各种智力的评估必须要通过"各种智力平等"的方式来进行,而且要采用多种互为补充的方式,多方面考查智力的真实表现。而一般的纸笔测验多是以语言智力或数理逻辑智力为媒介来评估智力的。

有些多元智能学校采用"档案袋方式"评估学生的成绩,可以部分地避免评估带来的最直接的风险。评估不可避免地给学生贴上各种标签。标签可以鼓舞人,但更可以禁锢人的发展。一旦形成标签效应,就很少有人再回过头来证明个人智力特征所发生的变化。

"档案袋"能够记录学生发展的多种凭证,可以比较公正地进行真实性和个性化评估。例如:"学生们会做一个档案夹,里面包含了所有可以表现他们学习成果或是进步情况的文件或作品,包括有日记、工艺品、照片、录音带、录像带等。他们会定期呈给老师和班上同学看,整个计划完成之后也会发表成果。我们没有成绩单,也不会帮学生打分数。不过,每一年会发好几次'多元智能性向量表',请他们带回去给家长看。我们会针对每一项智能做评比,其中 S 代表非常有兴趣(strong interest),I 代表有兴趣(interest),L 代表不大有兴趣(limited interest)。家长与父母则有定期的聚会。"③这种注重学

---

① Koetzsch,R. E. 学习自由的国度:另类理念学校在美国的实践. 薛晓华译. 上海:华东师范大学出版社,2005.224～225 页

②［美］H.加德纳. 智力的重构——21 世纪的多元智力. 霍力岩等译. 北京:中国轻工业出版社,2004.102 页

③ Koetzsch,R. E. 学习自由的国度:另类理念学校在美国的实践. 薛晓华译. 上海:华东师范大学出版社,2005.225 页

生个体差异的多元智能评估,能够让"评估靠近儿童"。这在整齐划一的传统课堂中是很难出现的。

第二节 恢复学习的修炼传统

20世纪70年代,整体教育思潮作为一种新的人文主义教育思潮在北美兴起;20世纪80年代以来,"整体教育"(Holistic Education)理论开始受到更多人的关注。整体教育以"人的整体发展"为目标。可以说,整体教育思潮旨在超越二元论、还原论和功利主义,强调每一个人都是复杂的和整体的,绝不能以残忍的、功利的还原主义加以对待。

"整体主义"与"生态学世界观"非常接近,生态学的思维方式"把我们的注意力从部分转向整体,从客体转向综合,从线性思维转向非线性思维"①。整体教育则强调:"学校教育的根本目标乃在于寻求教导整体的儿童。这意味着学术成就只是教育目标之一,个性的交际、情感、体质、审美与灵性等方面也需要得到认可。"②所以,学生作为一个完整的个体,其复杂性和整体性是无法用智商、学科、分数或等级等等指标人为肢解的。整体主义者倡导恢复学习作为修炼的传统,以摆脱学习的异化状态。

从整体的眼光来看,不仅学生成为一个整体,知识也成为一个整体。没有不可言说的隐性知识和求知信仰做依托,只有可言说的显性知识点的记忆,并不能构成真正的知识。

为学生创设丰富的、真实复杂的教学情境,让学生作为一个整体与知识打交道,不仅是整体教育的追求,也表达了20世纪80年代以来西方学校教学变革的基本取向。从知识观基础的变革到数字化学习、非正式学习、多元智能教学、基于脑的学习、小组合作学习等等新教学方式的倡导,都试图把学生作为一个完整个体的全身心投入,获得整体感悟。真正的学习是一种

---

① 黄志成主编.西方教育思想的轨迹——国际教育思潮纵览.上海:华东师范大学出版社,2008.404页

② 黄志成主编.西方教育思想的轨迹——国际教育思潮纵览.上海:华东师范大学出版社,2008.408页

"修炼",重在自我激励。修炼是一种自我成长,修炼是一种整体学习。

一、尊重作为个体的学生

整体主义珍视多样性、变动性和独特性,把"尊重作为个体的学生","为文化多样性和全球公民身份而教"作为重要的教育原则。

第二届整体教育国际会议签署的文件《教育 2000:一种整体的观点》中强调指出:"本宣言旨在昭示另外一种教育——一种民主的、植根生命的教育,以应对 20 世纪 90 年代以及在此之后的挑战。由于我们重视多样化的价值,鼓励多样化的方法、多样化的应用以及多样化的实践,所以教育工作者们正在以多样化的方式努力促成这种教育。对于此宣言,就算是归纳本宣言的我们也并不是完全同意宣言中的一切陈述,不过,它毕竟超越了我们的相异点,并且为我们现代教育的危机提供了一个人性化的解决方法。"①该宣言阐述了整体教育的十大原则。"为人的发展而教"作为首要原则被整体教育者所看重。他们认为,"学校,应当是促进全体学习者学习及全面发展的场所。学习,应该能丰富和加深同自身、同家庭、同社区成员、同世界各地的人们、同我们的地球,以及同整个宇宙的关系。"②

整体教育者在明确培养目标之后,重点分析了尊重作为学生个体独特性和文化多样性的价值。"我们要把每一个学习者看做是独一无二的和无价之宝,无论是年长的还是年轻的。这就意味着欢迎人与人之间的不同点,以宽容、尊重、和欣赏人类多样性的方式去培养每一位学生。人人都有与生俱来的创造性,身体上、情感上、智力上、精神上有各自独特的需求与能力,并且都有无限的学习能力。我们要重新思考我们的评分制度、评价体系和考试标准。评价的最重要的作用是为教师和学生提供反馈,以便改进学习。'客观'的分数评价实际上无助于学生的学习和最大限度的发展。"③全球化时代需要的是具有"开放思想"和保持文化多样性的全球公民。"全球化时代,教育要向所有文化中的青年一代展示怎样的人才是最充实、最普遍的人。我们要认识、重视、理解上天赐予我们的丰富的和多样的民族和文化。

---

① 安桂清.整体课程论.上海:华东师范大学出版社,2008.15 页
② 安桂清.整体课程论.上海:华东师范大学出版社,2008.16 页
③ 安桂清.整体课程论.上海:华东师范大学出版社,2008.17 页

我们应该纪念、尊敬、欣赏所有民族的传统、仪式和文化遗产,展望一个没有种族和文化障碍的世界。"①整体教育对学生个体独特性及其整体发展的关注,在多元智能理论的坚守及其批判中得到了更为充分的说明。整体教育者大都比较欣赏多元智能理论的教学观、学生观和评价观。

随着多元智能理论的推广,尤其是在学校教学情境中的应用,人们对多元智能理论的思考不断深入,加德纳本人也不断撰写专著对多元智能理论进行反思和澄清。自 1983 年《智能的结构》一书出版后,加德纳反思多元智能理论的著作主要有:《多元智力:实践中的理论》(1993)、《智力的重构:21 世纪的多元智力》(1999)、《走过 20 年的多元智能理论》(2003)。除了加德纳在回应与反思多元智能理论及其实践的问题与误解外,西方学术界对多元智能理论的批判与质疑也越来越多。2004 年出版的《多元智力再思考》,可以说是西方学术界对多元智能理论的综合性反思。站在不同的立场上反思多元智能理论,在一定程度上补充和丰富了课堂中对多元智能理论的应用。

在众多批评者看来,如果从后现代主义、后结构主义、女性主义等视角分析,多元智能理论是和主流权力妥协的产物,是从西方精英主义的视角看待和梳理各种智力的,对女性、非白人种族、非主流职业人士等边缘群体重视不够等等。

在众多批判者看来,多元智能理论在尊重学生的多元文化差异方面做得不够,无法真实反映每一个学生的智能强项。只有主流文化所认可的智能形式,既无法真实反映每一个学生的智能发展水平,也无法公正地对待每一个学生。

"尽管多元智能理论能通向更好的教学和评估实践,却并不能改善来自有色人种的贫困学生受教育机会的不平等性和差异性。事实上,就像很多新自由主义的教育政策一样,建立在多元智能理论基础上的教育框架,似乎是在支持更加公平和全纳式的课堂教学,实际上却仅仅是再生产了学校、社会及阶级结构中的不平等关系。"②当然,批评者承认,多元智能理论为开发更富创造性的方式来激发学生的潜能提供了一个框架,建立在多元智能理

---

① 安桂清.整体课程论.上海:华东师范大学出版社,2008.21 页
② [美]金奇洛.多元智力再思考.霍力岩等译.北京:中国轻工业出版社,2004.37～38 页

论基础上的框架有望通向更有意义的课程,更具有创新意义的教学方式以及更好的评估方式。但是,"加德纳暗示主流欧洲人的心智结构比非洲人的心智结构高出一等,同时暗示高社会经济地位的职业要比低社会经济地位的职业高出一等。"①由此看来,多元智能理论在对待每一个有差异的学生个体方面仍存在局限性,多元智能并没有提供一个真正公正的展示平台,让每一个学生都能展示自己的智能优势,仍会有部分学生因找不到适合自己的学习方式和评估方式,而被视为"失败者"。

例如,有人质疑为什么汽车修理工的智力没有被加德纳承认,而对舞蹈家、演员和运动员这些高社会经济地位的智力却大加赞赏。"我们必须认真考查加德纳所选择的'天才',要注意的是他已经给予一定类型的身体行为以特权而忽略了其他身体行为。高度熟练的汽车修理工并没有在具有特殊能力的人员的名单中。为什么是这样呢?要注意到加德纳没有诚意的这一点:加德纳的智力名单和名单中的例子都充满着高雅文化的图标。既然加德纳没有从一个更宽泛的文化可能性的谱系出发,而是回应了文化中的偏见来创建这张智力名单,那么加德纳对人才的判断标准就自然而然地让人怀疑。"②

事实上,每个学生都是独特文化的产物。尊重每个学生的多元文化差异,意味着教师不仅要考虑主流文化群体,更要考虑到非主流文化群体的文化在遭遇主流文化时所引起的价值冲突和心理冲突。

教师要站在多元文化的视角,真正理解并走进学生的文化传统,让每一个学生的校外经历和文化特色都得到尊重。例如,在课堂中某些学生拒绝参与学习,可能是因为文化冲突和保持自尊感的表现,而更多的教师判断为缺乏内在动机和学习无能。这在很大程度上会伤害学生,也无法找到帮助学生学习的好办法。

多元智能理论在承认学生兴趣和强项的多样性的同时,也易于将一些学生归类为比其他学生对某种智力活动可能更感兴趣或不太感兴趣。这在一定程度上限制了某些人的发展,特别是在某些评估并不客观公正的情况下。例如,教师想要提高每一个学生学习数学的热情及他们对数学学习的

①[美]金奇洛.多元智力再思考.霍力岩等译.北京:中国轻工业出版社,2004.22页
②[美]金奇洛.多元智力再思考.霍力岩等译.北京:中国轻工业出版社,2004.22页

参与,将一些学生确定为对数学学习更感兴趣而另一些学生不太感兴趣,便成了一个问题。这样,很容易使教师心安理得地放弃对某些学生的教育,这些学生可能并不是真的不具备这些智力发展潜能。

也有人认为,加德纳对多元文化差异的重视不够彻底,他的理论中有一些自相矛盾之处。"尽管加德纳承认多种多样的学习风格和文化差异,但他似乎并没有对那些来自从属群体的学生的能力给予更多重视。事实上,加德纳关于多元文化教育的观点是保守的。并且,我认为加德纳与主张社会同化的取向相一致。这种多元文化教育的目的是要同化那些从从属群体进入主流文化群体的孩子。"①例如,在语言智能领域,"对于那些来自边缘话语体系的孩子而言,当他们在学校中面对主流话语时,身份协调是个艰难而备受伤害的过程。对于这些孩子而言,学习校本的话语就包括要调和经常与他们自身话语中的价值观和社会实践相冲突的价值观和社会实践。而且,那些来自边缘话语体系的孩子要想进入校本的主流话语体系中,就必须接受主流的意识形态,而这样一种意识形态又将这些孩子自身的文化与语言建构成是劣等的文化与语言。因此,在学校里,孩子在维持其自尊和学着'正确地说和写'之间进行着斗争。"②在学校中,教师常常意识不到这种文化冲突对学生表现的影响,对于那些在课堂上不能表达或没有完成书面作业的学生,要么被认定缺乏内在动机,要么更糟糕地认为不擅长语言智力。

实际上,这些学生要受到教师的两次评价。"当教师在课堂上根据主流的话语体系而贬低这些孩子的语言资本时,他们保持沉默;而当他们处于沉默中时,他们便被教师看做没有动机,不擅长语言。"③如果考虑到非主流学生文化差异的问题,教师就有可能把学生的拒绝看做是一种抵制行为,或者至少是保存其自身文化和语言认同及自尊感所作的努力。

在音乐智能领域同样存在这样的问题,"加德纳的多元智能理论在很大程度上是一元文化的,例如,他很少或几乎没有提及非洲流散民族的音乐,而他们的音乐奠定了当今全球绝大多数流行音乐的基础,同时加德纳对其他非西方传统的音乐也只是一笔带过。"④在文化多元和多样的社会中,"以

---

① [美]金奇洛.多元智力再思考.霍力岩等译.北京:中国轻工业出版社,2004.49页
② [美]金奇洛.多元智力再思考.霍力岩等译.北京:中国轻工业出版社,2004.51页
③ [美]金奇洛.多元智力再思考.霍力岩等译.北京:中国轻工业出版社,2004.53页
④ [美]金奇洛.多元智力再思考.霍力岩等译.北京:中国轻工业出版社,2004.62页

教育的名义和个人为中心的学校教育的名义将这样一种狭隘且具有排斥性的音乐观点强加在学生身上显然是不公平的"①。在人类学家和人种音乐学家的跨文化研究中总会获得跨文化的理解。例如,生活在森林中的人们更珍视大自然的声音,"对你来说,它们是鸟,对我来说,它们却是森林中的各种声音"。这种将鸟、雨和歌曲融合在一起的音乐创造方式同样值得尊重。

二、"修炼"重在自我激励

中国有句古语:"师傅领进门,修行在个人。"作为"修炼"的学习,强调学习者发自内心的全身心投入,不是为了某种外部要求或目的。"学习也包括心灵的根本转变或运作。然而学习在目前的用法上已经失去了它的核心意义。在日常用语上,学习已经变成吸收知识,或者是获得信息,然而这和真正的学习还有好大一段距离。真正的学习,涉及人之所以为人此一意义的核心。透过学习,我们重新创造自我。我们能够做到从未能做到的事情,重新认知这个世界及我们跟它的关系,以及扩展创造未来的能量。"②修炼的学习与急功近利的快速学习和单调乏味的机械学习相比,更多地表现为一种自我激励和自我整体发展。

修炼的一个基本特征是"自成目的性"。古希腊的自由教育传统强调"自成目的性"的教育,为了求知而求知,不会外加其他功利性。现实生活中,最有修炼精神的当属"游戏"。学生在"游戏"中能够全身心投入,自我激励,自然卷入其中。

"游戏"之所以能够让游戏者全身心投入,可能在于两点:其一,任何游戏总是为游戏者提供及时的反馈。一个好的游戏规则让每一个游戏者在过程中清晰其目标以及目标的达成度与基本方法。其二,任何游戏总是让游戏者乐在其中,整体感悟。游戏本身往往自成目的,具有内在的奖惩和乐趣,没有过多外加的目的和企求。一旦人们开始关注外加的目的或企求时,游戏就会变形、变味。更重要的是,儿童从来不认为游戏没有意义,他们是认真地、全神贯注地执著于游戏本身和游戏的结果。

游戏与工作(或学习)的本质是一样的,当工作具有了游戏性质,就会变

---

① [美]金奇洛.多元智力再思考.霍力岩等译.北京:中国轻工业出版社,2004.84 页
② [美]彼得·圣吉.第五项修炼.上海:三联书店,1998.14 页

成一种"修炼"。杜威很早就注意到了工作中应有的游戏性质。在杜威看来,"工作不过是一种活动,有意识地把顾到后果作为活动的一部分;当后果在活动以外,作为一种目的,活动只是达到目的的手段时,工作就变成强迫劳动。工作始终渗透着游戏态度,这种工作就是一种艺术——虽然习惯上不是这样称呼,在性质上确是艺术。"①

在游戏中,儿童忙于体验自己的作品与操作过程,他们很自然地生活在"这一时刻"、"此时此地"中。儿童在游戏时,总会不由自主地发自内心地"乐在其中"和"全身心投入"。

恢复学习的修炼传统,正是看重了学习者固有的内在自我激励机制。这恰恰是有效学习的最高境界。把"工作"转换为"游戏",把"学习"转换为"修炼",就意味着淡化工作和学习的工具性或功利性,更多地关注其"内在价值",体验工作和学习内在的乐趣。

作为修炼的学习不是一种直奔主题的简单学习和快速学习,需要一种对知识、对生命的整体感悟。这种修炼更多地表现为一种"生长",一种"缓慢学习"。"修炼"就像"农业",个人努力所能做的就是提供阳光、雨露、肥料、除虫和适度的修剪,接下来静待植物的生成,但绝对不能拔苗助长。

作为"修炼"的学习,强调的就是这种"留心",这是一种整体生命参与其中的过程。

三、走向整体学习

多元智能理论发现了学生智力的多元和学生个体的独特价值,学生需要运用多种智能及多种不同的方式接触知识。对多元智能理论的批判则进一步证明,多元智能也不是相互割裂的,智能之间应该统整,还需要发现每一项智能所包含的所有因素,而不是部分。例如数学不仅与数理逻辑有关,还与另外的智能相关,与美感、顿悟、内在的愉悦、情感交流等非智能因素有关。

多元智能理论的批判证明,多元智能理论在尊重学生个体差异和文化多样性方面做得是不够的,更严重的是,多元智能理论使人们产生了很多误解,在教学实践中易于肢解人类智能的整体性。

学习的"修炼"传统是一种基于学习者个体的全身心投入,需要一个人

---

① 杜威.民主主义与教育.王承绪译.北京:人民教育出版社,2001.219 页

所有智能的整体卷入。作为整体的脑是无法把各项智能割裂开来的。

加德纳赋予各种智力更详尽的核心特征，并作为衡量智力的评估标准。这里，存在着两个需要反思的问题：首先，这些核心特征是否反映了某种智力的真实情况；其次，这种评估是否反映了个人智力的真实情况。

例如，音乐智力不能被简单地划分为创作技能、试听技能等，它还应该包括视觉欣赏、情感表达、即席创作、文化背景等等，这些因素共同构成了某个人的音乐或某种类型的音乐。批判者阿联酋杜拜萨伊德大学尤西夫·普罗格勒(Yusef Progler)认为，加德纳非常珍视莫扎特的音乐才能和音乐作品，但对莫扎特音乐和文化的分析不充分。他并没有承认有关这位大师及其作品的两个要点：首先，莫扎特喜欢即兴创作，喜欢随手"摆弄"音乐，之后记录下那些听起来优美的旋律；其次，流派和永恒是在社会筛选中形成的，是在两万首以上的音乐作品中仅仅选出几百首。莫扎特作曲时的"即兴创作"因素并不为音乐智力所珍视。

为了反对纯粹的音乐技能的评估，有些音乐学校发展了可能被称做"感觉"或"直觉"的东西来确定谁有才能，以及谁具有"恰当的触动"和"情感的意向"以准确而可靠地演奏音乐大师们的作品。但是，这样界定音乐才能并对这种才能进行评估，同样有失公允。"能体现个体才智的音乐创造似乎使整体的人卷入了内嵌在文化和生态学中的共有关系之中。"① 可见，好的音乐创作需要创作者全身心的、整体智力的投入，并不是通过独立地培养可以剥离开来的某些技能。

多元智能理论对数学学科的影响更明显。将数学理解视为逻辑—数理智力的核心，理由并不充分，更容易引起人们的误解。美国宾州阿卡狄亚大学的彼得·阿佩尔鲍姆(Peter Appelbaum)担心，由于人们对多元智能理论的误解，可能会对数学学习产生致命的影响。他以《数学何在？数学家何在？》为题撰写批判文章，深入分析了这种担心和忧虑并非空谈。多元智力中有一种智力是以数学命名的，即"逻辑—数理智力"。在他看来，"人们可能会假定该智力与一般意义上的数学思维高度相关，并因而可能会采取何种方式来限制课堂内外数学活动的可能性。"②

---

① [美]金奇洛.多元智力再思考.霍力岩等译.北京：中国轻工业出版社，2004.62 页
② [美]金奇洛.多元智力再思考.霍力岩等译.北京：中国轻工业出版社，2004.87 页

彼得·阿佩尔鲍姆强调,学生在他的数学课上运用比喻、诗歌、音乐、戏剧、写作和舞蹈等多种形式来学习数学,他们将数学看做是他们可以彼此分享的诗歌、音乐、戏剧、写作和舞蹈。

在彼得·阿佩尔鲍姆看来,逻辑—数理智力似乎剥夺了我们对数学的敬畏和好奇。"似乎在数学领域很少有什么东西能使我们感到惊奇,几乎没什么东西能使我们迷失方向或陷入适当的困惑,也很少有什么能使我们魂牵梦萦。"①所以,如果将数学与逻辑—数理智力联系在一起来理解,很容易形成一些刻板印象,数学是逻辑的、假设的、大多是关于数字的以及高度科学的。

其实,数学学习需要热情、想象、直觉、价值判断等非逻辑因素的参与。"数学是高度内省的,同时也是社会的碰撞。如果没有对自我作为数学研究的问题提出者和解决者的反思,或者没有自我与他者之间观点的沟通,那么数学绝不可能发生。如果没有兴趣理解他人数学思维的方法、感情和意义,那么数学同样也不会发生。我理解,科学的描述旨在强调整个体系的特征,而不是强调对整个体系进行更多的片面解释。然而,在课堂上应用逻辑—数理智力来区分学生就恰恰类似于为了准备登山而将编成绳索的线彼此拆开。"②

在彼得·阿佩尔鲍姆看来,教师不是要将个体确定为比另一个体具有更强或更弱的数学或逻辑能力,而是让学生以多种可能的方式来体验数学。我们要追求生动的数学学科。

数学家并不只是运用数理—逻辑智能。数学家能够发现所有存在于语言、动觉、音乐、逻辑、空间、存在、自知自省以及自然界中的数学。"以数学的方式思考要求数学家暂停使用逻辑。数学家是在荒谬、矛盾和不可言喻中脱颖而出的。给定一个清楚的逻辑陈述,数学家会通过问'它何时不正确?什么时候我不知道它是否正确?'来挑战这个陈述。"③在数学探究的过程中,很少有数学家将数学描述为难题的集合,数学家们全身都弥漫着对矛

---

① [美]金奇洛.多元智力再思考.霍力岩等译.北京:中国轻工业出版社,2004.90页

② [美]金奇洛.多元智力再思考.霍力岩等译.北京:中国轻工业出版社,2004.89~90页

③ [美]金奇洛.多元智力再思考.霍力岩等译.北京:中国轻工业出版社,2004.91~92页

盾的需要。正是那些令人惊异、好奇、似是而非、神秘而有兴趣的数学问题本身吸引着人们不断地走进数学王国:多么不同寻常啊!谁会这么想!真是这样吗?不可能!那是不可能的!需要解释这些稀奇古怪的内容吗?需要提示那些神秘的事情吗?……

真正的学习需要多元智能的统整。"如果个体不能以数学的方式与自然界联系在一起,如果他不能在伦理和道德上带着尊重和理解借助数学而与自然界互动的话,他就不可能成为数学家。学生必须要能辨认与自然界有意义的数学联系,也要注意可笑的或荒谬的关系。在这中间,我们还可能漏掉什么吗?或许是数学化的存在方式?如果确实漏掉了,我们就需要将之添加在智力清单上。"①或许重构数学智力的最基本的因素应该是对于惊奇、似是而非和好奇以及最终的敬畏的兴趣。

彼得·阿佩尔鲍姆认为,如果用多元智力的框架评估这种数学智力的话,我们能看到逻辑—数理智力以外的东西②:你在惊奇或好奇之外感到兴奋吗?你能从没有解决过的难题中得到乐趣吗?尽管你在最初试图解决晦涩的谜题时受挫,但仍然能从中找到快乐吗?这些就是一个人拥有数学智力的迹象。在理想的课堂中,数学研究应该能融合所有智力的机会。我们应该鼓励学生以尽可能多样的方式来展示他们的多元智力。

但是,当人们将智力与领域或者学科等同起来,就会带来对智力的理解偏差。连加德纳本人都意识到这种误解的危害。在1999年《智力的重构——21世纪的多元智力》一书中,他专章逐条澄清一些对多元智能理论的误解。对于将智力与领域或者学科等同起来的误解,他重新解释说:"在任何一个领域中进行活动都需要使用多种智力。例如在音乐领域的表现就涉及身体—动觉智力、个人智力和音乐智力。同理,一种特定的智力,例如空间智力,可以应用在多个领域,如雕刻、航海和外科手术等领域。"③

多元智能理论将逻辑—数理智力与其他相关的智力活动形式相分离,并没有提及其他极其多样的数学存在方式。

---

① [美]金奇洛.多元智力再思考.霍力岩等译.北京:中国轻工业出版社,2004.98页
② [美]金奇洛.多元智力再思考.霍力岩等译.北京:中国轻工业出版社,2004.101页
③ [美]H.加德纳.智力的重构——21世纪的多元智力.霍力岩等译.北京:中国轻工业出版社,2004.104页

彼得·阿佩尔鲍姆描述了他所理解的数学学习以及他的数学课堂情境："在我的课堂上，学生们尊重直觉的作用，不仅在理解，而且在创造仅在后面以高度精炼的呈现形式——技术的或科学的形式——出现的概念中。学生们意识到竞争、合作、通盘的比喻和表征以及价值判断在包括数学在内的任何求知领域的成长中都是重要的。学生们理解逻辑并没有告诉他们何时何地应该学什么。他们互相质问以说明他们应该研究什么、是如何加以分析的以及什么是这件事情而非其他事情是研究的重点。学生们在不清楚的状况下努力计划数学探究的潜在方向。"①

可见，数学智力是以一种整合方式参与学习的，数学除了与逻辑思考、数字运算和科学表现相关之外，还有很多人文特征。"很多数学问题是用逻辑来思考的，然而，例如将数学与语言交流或空间动觉体验相分离，就否认了数学内在的愉悦、情感交流以及位于教育效力中心的社会政策。"②

多元智能理论的潜在危险还在于，承认学生具有某些智力强项的同时，也认可学生的某些智力弱项。学生有时候太轻率地以某种方式进行自我分析，而这些方式却经常被用于证明这样一种自我感知："我不擅长于数学。"教师也会将学生理解为一些领域具有潜在的不足而在其他一些领域具有极大优势的个体。如果学生在某些智力领域具有优势而在其他智力领域很差，甚至采取逃避态度。当学生从"我不擅长于数学"到"我不能做数学"时，这对学生发展来说，就是一种灾难。

多元智能批判凸显了学生个体独特性和文化多样性。另一方面，深化了多元智能教学思路。在理想的课堂中，应该给学生提供能融合所有智力的机会，鼓励学生以尽可能多样的方式来展示他们的多元智力。更为真实的多元智力是极其复杂的，并且以统整的方式实现整体学习。

整体学习的观念同样得到脑科学研究的支持，基于脑的学习采用的多通道记忆方式。学生形成情境化知识比单纯的知识记忆效果要好得多。"对于脑来说，要脱离情境记住内容是一项困难的任务。然而这却是迄今传统的学校作业和家庭作业所具有的典型学习方式。"③有效学习取决于人脑

---

① [美]金奇洛.多元智力再思考.霍力岩等译.北京：中国轻工业出版社，2004.90页
② [美]金奇洛.多元智力再思考.霍力岩等译.北京：中国轻工业出版社，2004.89页
③ [美]E.詹森.基于脑的教学：教学与训练的新科学.梁平译.上海：华东师范大学出版社，2008.186页

在丰富的环境中整体"浸润"的程度。知识获得与学生所处环境的丰富度,与情绪、身体运动紧密联系在一起。

脑科学研究建议:"通过应用真实生活模拟、主题教学、情境交互作用学习和关注多元智力,我们能够激活多种记忆系统以便支撑学习。当你呈现一个新的主题时,让学习者阅读,听有关讲课,讨论并观看有关录像。随后是复杂项目、角色扮演、家庭作业以及相关音乐、讨论、校外旅行考察、游戏和模拟。"[1]学校教学要注意超越单一记忆系统,提供多样化学习情境和学习活动,这样,可以帮助学生有更多的时间运用多种方式建立知识理解。

美国南得克萨斯州里奥格朗德峡谷小学的教师证实了这一观点:"我相信教孩子画画儿和教孩子阅读、写作是并行不悖的。无论如何,孩子们都需要学会如何从字面上、画面上、书本上去'看'事物,去理解事物。"[2]可见,适合学生的学习方式应该是一种整体学习,让学生获得一种基于生活的整体感悟。越来越多的证据表明,人在各个方面的才能——从言语到审美艺术的——是互相促进的。

第三节　返回体验学习

20世纪80年代以来的教学过程与教学方式的改革多种多样,但都蕴含了"体验学习"的精神。凸显知识的真实意义,沟通知识与生活、知识与身体、知识与情感的关系,知识学习不再囿于狭隘封闭的课堂,而是扩展到真实的世界当中。在真实中感悟、体验、探究,回归学习的本真。

参与者知识观为学习方式的整体转换提供了可能,知识教学不只是关心知识的记忆和复制,而是关注学生"亲历"知识的过程,更强调学生在亲历中、在热情求知中获得个人化理解。返回体验学习看重的是,学生在"面向复杂本身"中保持某种"确定性寻求",在超越细节教育中整体感悟,让学生

---

[1]〔美〕E.詹森.基于脑的教学:教学与训练的新科学.梁平译.上海:华东师范大学出版社,2008.187页

[2]吕达等.当代外国教育改革著名文献(美国卷·第四册).北京:人民教育出版社,2004.53~54页

"热情地求知"。从接受学习返回体验学习的变革迹象，20世纪80年代以来在西方学校教学变革中从不同的层面反映出来。

体验学习就是让学生"在亲身经历中学习"或"在亲身经验中学习"。"亲身经验"、"亲自操作"原本是人类最原始的学习状态。这个原始的学习状态虽然"简陋"、"费力"，但它隐含了"有效学习"的基本秘密。当班级规模过于庞大时，人们逐渐发展出一套"集体讲授"的教学方式以及"集体听讲"的学习方式。"集体听讲"也可能是有效的，但它隐含了学生对自己的学习项目不感兴趣也因此而不负责任的危机。当学生对所学的项目普遍失去兴趣，普遍放弃责任时，"返回体验学习"就成为历来教学变革的基本路径。

一、向人类的本源学习状态回归

"体验"与"经验"、"经历"密切相关，在探究过程中最重要的就是获得某种"体验"。"体验学习"（Experiential Learning），也可译为"体验式学习"。"体验"构成了人类一切学习的基础。最早发现"体验"的教学价值的当属美国的杜威。在杜威那里，求知在人与环境的互动中产生，可称之为"经验"。在"互动"中直接面向复杂本身，寻找简单规则。

这里的"经验"也就是"做"（doing）。生命总不会静止不动，它总得"做"点儿什么。人总是在"做"中认识生活和自然环境。比如，小孩遭到火烧，觉着痛苦。"这个动作和感受、伸手和火烧连结起来。这一件事警醒了他，其余就可以类推了，于是就得了一个意义非常重大的经验。"①

这种经验也就是"教育"。杜威把"经验与教育"联系起来，从"经验"这一核心概念出发，认为教育就是经验的改造或改组，教育所引起的学习就是一种当事者的"主动经验"。也正是在"主动经验"中，人（或人的心灵）与自然、人与环境被视为一个相互推动、相互纠缠的整体。

杜威将知识视为认识者个人经过"问题解决"或"实验"而获得的结论，它有"实验性质"。这种具有实验性质的经验称为"智慧行动"（intelligent action）②或"实验的智慧"（experimental intelligence）。求知或学习就是形

---

① 杜威.哲学的改造.许崇清译.北京：商务印书馆.1997.46页
② Dewey, J. The Quest for Certainty, in Boydston J. (ed.) John Dewey: The Later Works, 1925—1953, vol. 4：1929, Southern Illinois University Press, 1984. p.195. 杜威.确定性的寻求——关于知行关系的研究.傅统先译.上海：上海人民出版社,1966.183~184页

成"实验的智慧"。

杜威认为:"知识乃是通过操作把一个有问题的情境改变成为一个解决了问题的情境的结果。"①所以,知识在杜威那里,并不是永远正确的、有意义的,知识都是在人与环境互动中对某个特定问题情境的暂时解决。"智慧并不是一旦得到就可以永久保用的东西。它常常处于形成的进程中,要保存它就要随时戒备着,观察它的结果,而且要存着虚心学习的意志和从新调整的勇气。"②而且这种认识过程是永无止境的,永远向前的。"认识的问题就是发明如何从事于这种重新安排的方法的问题。这个问题是永无止境,永远向前的;一个有问题的情境解决了,另一个有问题的情境又起而代之了。经常的收获并不是接近于一个具有普遍性的解决,而只是渐次改进了方法和丰富了所经验的对象。"③可见,杜威强调的是人与环境的"互动"并在"互动"中获得"经验",当人们通过主动的探究操作,从有问题的状态转变到确定的状态,就获得了暂时的确定性,获得了知识。

在杜威那里,"所有概念、学说、系统,不管它们怎样精致,怎样坚实,必须视为假设。它们应该被看做证验行动的根据,而非行动的结局。明白这个事实,就可以从世界除去死板的教条,就可以晓得关于思想的要领学说和系统,永远是通过应用而发展的。"④当学生学习这些概念、学说、系统时,不是简单地接受和记忆,需要重新亲历复杂情境,从真实的复杂中寻找简单规则,并能将简单规则恢复到复杂情境中,实现人与环境的不断互动和经验的不断改造。

但是,人们在满足于将复杂还原为简单时,很容易反过来"从简单规则想当然地推导复杂现象"。复杂科学并不反对人从复杂中寻找简单结构,但是,复杂科学警告人们,一旦寻找到了所谓的"简单结构"之后,切勿反过来用几条"简单结构"、"简单规则"去解释任何时间的、任何地点的、丰富的、具体的复杂。或者说,切勿以为"简单结构"、"简单规则"放之"四海"而皆准。

---

① 杜威.确定性的寻求——关于知行关系的研究.傅统先译.上海:上海人民出版社,1966.183 页

② 杜威.哲学的改造.许崇清译.北京:商务印书馆.1997.52 页

③ 杜威.确定性的寻求——关于知行关系的研究.傅统先译.上海:上海人民出版社,1966,224 页

④ 杜威.哲学的改造.许崇清译.北京:商务印书馆.1997.78 页

"四海"是复杂的,每个人只能直接面向复杂本身,从具体的复杂中寻找简单结构。求知者经过自己的努力寻找到简单结构之后,这个求知者既获得了"简单结构",同时又能将"简单结构"恢复为"复杂"。这个求知者利用"简单结构"行动,但他对复杂有所体验,他曾经经历过的复杂对他而言总是历历在目而且亲切熟悉。

"巨人的肩膀"所提供的"简单规则"必须在学生那里被不断地还原为真实而复杂的现实世界本身,学生才有可能平稳而踏实地"站在巨人的肩膀上"。因为简单规则所依赖的原始的复杂系统中不断地"涌现"出大量的"偶发事件",复杂的现实世界总是具有不确定性、不可预料性。简单规则需要根据"涌现"出来的"偶发事件"不断地调整、改写。学生只有在亲自面向真实的复杂时,才能理解知识所蕴含的"简单规则"。较为理想的是,学生既要能从复杂中寻找到简单,同时又能将"简单"恢复为"复杂"。这种知识学习过程,缺少求知者个体"体验"的参与是不可能的。

杜威把经验与知识学习、经验与教育直接联系起来,充分肯定个体经验的价值。这一思想到20世纪80年代以来受到广泛关注,从最初的适用于成人学习、在职培训及中小学团体健康训练活动,逐步成为一种适用于学校教学的学习方式。

1984年,美国体验学习专家大卫·库伯(David Kolb)出版了他的第一部专著《体验学习论——让体验成为学习和发展的源泉》。该书在系统地梳理杜威、勒温、皮亚杰等人教育思想的基础上,形成了自己对体验学习的理解。库伯认为:"由于对理性、科学及技术的过于崇拜,我们对过程本身的理解首先被理性主义,后来又被行为主义扭曲了。我们抛弃了自己的体验,没有把它作为个人学习和发展的源泉;在这个过程中,我们没有以体验为中心来弥补自哥白尼时代就一直偏离的以'科学'为中心的过错。"[①]未来学习化社会意味着对个人的挑战,对所有人而言,学习越来越成为一种职业。"体验学习提供了教育方法和终身学习过程的理论基础。体验学习模型力求构建一个能够探讨和加强教育、工作和个人发展之间的重要联系的框架。它提供了一个能力系统。这个能力系统描述了工作要求和相应的教育目标,

---

① [美]大卫·库伯.体验学习——让体验成为学习和发展的源泉.王灿明等译.上海:华东师范大学出版社,2008.2页

强调运用体验学习方法在课堂和'真实世界'之间建立起重要联系。工作场所可以成为提高和弥补正规教育的学习环境,可以通过富有意义的工作和职业发展来让个人得到发展。它强调正规教育在终身学习中所扮演的重要角色,以及个体作为公民、家庭成员和人类的充分发展。"①这种融合个人经验的体验学习强调的是一种学习的过程,而不是结果。学校教学不是"银行",教师与学生之间可以随意存取"知识"。体验学习是一个适应世界的完整过程,是一个"顿悟"的过程。体验学习的最高境界是促进每个个体的整体发展。

英国国际培训专家柯林·比尔德(Beard, C.)和英国牛津大学持续教育部的约翰·威尔逊(Wilson, J. P.)撰写了《体验式学习的力量》一书,书中就"体验"及"体验学习"进行了深入分析。他们认为:"在各种形式的学习中都有体验,但它的价值往往不被认同,甚至被忽视。通过思想、感觉和身体运动,体验式学习无疑把'整个人'都包括了进去。而对'整体环境'内部与外部的了解则至关重要。"②他们重申了"体验"的价值:"体验就是一种与环境有意义的相互作用,从中我们利用以往的知识(来自于自身的体验)给这种相互作用赋予新的意义。"③从这里可以看出,体验学习旨在让学生获得更丰富的体验,强调学生作为"整个人"与"整体环境"的互动中所获得的认知、情感与行为的统一。

体验学习的倡导,将有助于彻底改变以教师讲授——学生接受为主的教学。教师滔滔不绝地灌输,学生不做思考地重复这些信息,这是一种极其低效的学习方式。通过创造一种有意义的学习情境,让学习者融入其中,获得丰富的体验和知识。这是一种有效且持久的学习方式,它不仅适用于成人,更适用于儿童。

很多人意识到,尽管教育是一件严肃的事情,但并不意味着教育的体验不能成为一件快乐的事。如何使教育成为快乐的事,如何在兴趣与努力之

---

① [美]大卫·库伯.体验学习——让体验成为学习和发展的源泉.王灿明等译.上海:华东师范大学出版社,2008.3 页
② [英]柯林·比尔德等.体验式学习的力量.黄荣华译.广州:中山大学出版社,2003.4 页
③ [英]柯林·比尔德等.体验式学习的力量.黄荣华译.广州:中山大学出版社,2003.22 页

间寻求平衡,让学生从消极的接受者成为积极的参与者,"体验学习"在这方面提供了一个比较可行的思路。

二、恢复知识与身体的本源关系

"体验学习"与杜威的"做中学"有着天然的联系,但不纯粹局限于一种"动作"。体验学习实质上是一种"全身心运动"、一种"整体感悟"。体验学习强调的是用"整个身心"去接触知识,去"与知识打交道"。知识学习固然需要必要的记忆与接受,但更需要整个身体的"卷入"与"浸入"。就此而言,体验学习可以称为"身体学习"。体验学习是对"身体"的重新确认,它让学生"亲身"尝试错误,而且是在真实的生活情境中尝试错误。

体验学习的基本使命是恢复学生作为原始的"探索者"的形象和地位,让学生在亲身经历、尝试错误、迷茫困顿中学习。教师讲授当然需要简洁、简单和概括,但教师的简洁、简单与概括并不能代替学生本人的亲自探索与尝试错误的过程。教师的讲解可以追求简洁、简单、概括,但学生本人必须亲身经历知识的原始粗糙的形体,必须像教师备课那样从知识的一团乱麻中理出头绪。

真正有效的学习不仅需要让学生亲身"尝试错误",而且需要进一步让学生在真实问题情境中尝试错误。真实的问题情境实际上也是一种"准生活情境"。所谓"准生活情境",是说这种情境既可能是完整的真实的生活本身,也可能是对完整的真实的生活场景的某种模拟。

在这个意义上,体验学习既可以理解为"身体学习",也可以理解为"生活学习"、"在生活中学习"。学校任何科目的教学法应尽可能保持必要的开放,而不成为封闭的、学院式的苦役。某种教学方法所以有效,"全靠它们返回到校外日常生活中引起学生思维的情境。它们给学生一些事情去做,不是给他们一些东西去学;而做事又是属于这样的性质,要求进行思维或者有意识地注意事物的联系,结果他们自然地学到了东西。"[1]教师需要做的只是为学生提供真实的有意义的问题情境,让学生置身其中,通过亲历、探究、感悟、体验等方式与知识打交道,让学生成为学习的操纵者和掌控者。

这样看来,教师需要做的事情并不多,基本责任只是鼓励学生主动地投

---

[1] 杜威.民主主义与教育.王承绪译.北京:人民教育出版社,2001.164 页

入到知识的建构过程中，并认可学生对知识作出个人化的理解和创见。成功的知识学习应该是学习者整个人格及其全身心投入的结果。

真正的专家能够把兴趣和工作结合起来，玩耍则把孩子的兴趣和要做的事结合起来，孩子常常把要做的事当做游戏，而不是当做工作。"他们会完全投入到学习的过程中去。学习、娱乐、工作、休闲密不可分。它们既是生活的全部内容，也是生活的自然过程。"①有创造力的人也会把工作视为玩耍。当一个人不能清楚分辨所做的事情是工作还是娱乐时，他就已经在自己的领域中获得了成功。

从最广泛的意义上说，探险和"玩"可以成为释放年轻人和成人巨大学习潜力的非常成功的方式，它比正规的学校教育有效得多。体验学习的流行最初也是以野外的"主题探险"为主要方式，旨在训练人的"生存品质"。最早运用"体验学习"的主要目的就是："把教育的最主要的任务当成生存的品质：富有进取心、好奇心、永不言败的精神、韧性、自我判断的能力，尤其是同情心。"②"以"体验"为核心的"主题探险"最初用于训练海员的生存能力。后来，体验式训练对象扩展到各种职业和中小学生，训练目标由单纯的体能、生存训练扩展到心理、人格、管理技巧及团队精神等等。

与体验学习相关的另一个校外经验是"体验经济"。"体验经济"作为一种全新的商业模式，认为消费者对商品的体验决定了消费者是否持续消费的可能。展示体验并不是如何取悦顾客，而是有关如何使他们置身于其中。体验包括两个重要的成分，就是人的参与程度及其沉浸其中的程度。体验使消费者和事件成为一个整体。如果体验"走进了"客体，比如说看电视的时候，他是正在吸收体验。另一方面，如果是客体"走进了"体验，比如说玩一个虚拟现实的游戏，那么他就是沉浸在体验之中了。

这里，重要的不是吸收而是沉浸。一旦人们站在赛场旁，眼前的景象、比赛的声音、气势，就会使他们和周围的其他狂欢者一样，全身心地投入到这场比赛中了。学生在实验室中做物理实验要比讲座更加投入。在戏院里看电影，因为有很好的视觉和音响效果，也要比在家看影碟有更好的体验。

---

① [英]柯林·比尔德等.体验式学习的力量.黄荣华译.广州：中山大学出版社，2003.85页

② [美]大卫·库伯.体验学习——让体验成为学习和发展的源泉.王灿明等译.上海：华东师范大学出版社，2008.中文版序2页

用一种全新的角色全身心投入一种全新的环境中,可以使人暂时逃避单调、忙碌生活的场景,获得全身心的调整与转换。

设计丰富的体验,需要考虑的问题有①:

• 为了提高体验的审美感受应当做些什么?审美感受就是使得客人想要进来、坐下和流连忘返的内心感受。想想你能做些什么以使环境更加诱人、更为有趣或者更加舒适?你要创造一种使客人感到"自由自在"的氛围。

• 一旦客人已经置身现场了,你的客人应当做些什么?体验的逃避方面可以使客人进一步地被吸引,沉浸到他们的活动之中。假如顾客成为体验的积极参与者,应注重于你做什么能够鼓励客人"去做"。

• 体验中具有教育意义的部分,类似于逃避、需要消费者积极参与。学习现已广为人们所理解,它需要学习者全身心的投入。你想让你的客人从体验中学习什么?什么样的信息或活动将帮助他们全身心地投入对知识和技能的探索?

• 娱乐,类似审美,是体验中的消极方面。当你的客人感到愉快时,他们并没有做什么,而只是对体验有所反应(比如说尽情享受、嘲笑等等)。具有专业水准的演说家往往加入一些笑话,以引起听众的注意,使他们能体会演说的精髓。通过娱乐的方式,你做什么能使客人"留下来"?你怎样做才会使体验更加有趣和令人欣赏?

强调这些设计问题,为以体验为基础而展开竞争的服务提供商们提供了舞台。如果教育和学习要变得更有趣和吸引人,同样需要考虑这些问题,让学生成为积极的参与者,全身心沉浸在学习活动中。

与"体验"密切相关的"玩耍"并不需要太奢华的准备。家长可能会发现,他们花钱给孩子买来礼物后,有时孩子会扔掉礼物,却对包装情有独钟并喜欢对它进行幻想。很多时候,很难将"玩耍"和其他形式的活动区分开来。某种活动能否称其为"玩耍",重要的不是看玩的结果而是看玩的活动给"玩家"带来的过程及其体验。

---

① [美]B.约瑟夫·派恩二世等.体验经济.夏业良等译.北京:机械工业出版社,2002.46 页

有人总结出了"玩"的五个主要特点：①
- 内在动机——孩子们只是为了玩本身而玩，而不是为了其他外部原因；
- 积极影响——孩子在玩乐中感到快乐和满足；
- 不刻板——玩只是一种装扮活动，而不是认真进行；
- 方法/结果——孩子们更注重过程和行为，而不是实际结果；
- 灵活性——玩耍的内容和形式是变化多样的。

置身于丰富的体验情境，在更真实更愉悦的体验中有所收获，已成为众多商家和教育者考虑的主要问题。在沟通教育与娱乐两种体验之间的联系时，也有一些比较好的做法。例如，在加利福尼亚圣荷赛一个占地2.8万平方米的叫做邦布拉儿童乐园的地方，为10岁及其以下的小孩提供了一种教育体验，他们可以参加有助于智力开发的自发性游戏。花8.95美元的门票（1~2岁半的孩子3.95美元，陪伴他们的成人仅收1.95美元），孩子们可以在丛林花园和沙地里挖掘，以寻找化石、人类遗迹，甚至包括整副的恐龙骨骼。他们穿着老式的衣服，在交互式的厨房里准备食物。他们还能爬岩石和楼梯，玩各种各样的需要技巧的游戏。

不论成人还是儿童，在玩耍与游戏中都表现为一种全身心投入。即使再辛苦，也乐在其中，乐此不疲。这种需要"全身心投入"的体验学习沟通了知识与生活、知识与身体、知识与情感的关系，更接近了人类既有的本源学习状态。

三、恢复知识与情感的本源关系

儿童原本充满好奇心和探究欲望，按照亚里士多德的说法："求知是人的本性。"学生的学习热情之所以在学校教育中不断减低、衰败，主要受两个因素的影响：一是教师的精致备课和苦口婆心的讲解，使学生失去咀嚼知识的权利和功能；二是科学家的简单规则和定律，让学生失去了探索知识的原始经历。

从科学知识的发生来看，科学知识总是在那些科学研究者如牛顿、伽利略等人的充满热情的探究过程中产生。可是，当科学研究者经由亲自探究

---

① [英]柯林·比尔德等.体验式学习的力量.黄荣华译.广州：中山大学出版社，2003.88页

所发现的"简单规则"如"牛顿定律"进入课程之后,科学研究者当初探究的热情与艰辛乃至整个探究的过程看不见了。学生面对的是一堆由"简单规则"组成的符号体系。学生直接"接受"这些简单规则固然因为走了一条捷径而显得更有效率,但实际上,由于学生缺乏科学研究者所具有的探究热情和必经的探究过程,教学对效率的追求使学生在直接"接受"简单规则时也付出了对知识失去热情的代价。

人们对有效学习的研究集中在两类人身上。一类是专家的学习,专家往往是那些对本领域表现出巨大的求知热情,能主动探求知识又卓有成效的人。另一类是婴幼儿,年龄越小,学习欲望越强。儿童既是问题的解决者,又是问题的生成者。"儿童试图解决呈现给他们的问题,他们也在寻找新的挑战。他们不但要面对失败,而且通过对先前成功的建构,精心推敲以及改进自己的问题解决策略。他们持之以恒,因为成功及理解是自我激发的。"①从婴幼儿的学习中可以看出,他们是自我指导的学习者,表现出全身心投入学习的强烈愿望。他们并不是为了得到反馈或奖赏,而是在没有外部压力和纯自足的情境中学习。

长期以来,我们一直认为情绪与我们的思维方式无关。20 世纪 90 年代以来的脑科学研究表明,情绪是学习的一个关键的信息来源。"好的学习过程不应该回避情绪,而应该包容它。"②"我们总是记得那些承载了最多情感的事情。这是因为所有的情绪事件都得到了优先的加工,当强烈的情感发生的时候,大脑总会处于过度的激活状态。情绪给予我们一个更活跃、更容易受到化学刺激的脑。"③积极的求知热情来源于对有意义的活动的全身心投入。

情感不是凭空产生的,也不能靠理性的告诉和讲解,更不能靠强制和命令,因为那样产生的只能是虚情假意。情感伴随着师生共同探究、亲自经历的求知过程,从中享受到求知的乐趣和知识本身的魅力。

隐性知识的存在提醒人们:知识原本既有可言传的部分,也有不可言传

---

① [美]布兰思福特等.人是如何学习的——大脑、心理、经验及学校.程可拉等译.上海:华东师范大学出版社,2002.118 页

② [美]E.詹森.适于脑的教学.北京师范大学"认知神经科学与学习"国家重点实验室,脑科学与教育应用研究中心译.北京:中国轻工业出版社,2005.92 页

③ [美]E.詹森.适于脑的教学.北京师范大学"认知神经科学与学习"国家重点实验室,脑科学与教育应用研究中心译.北京:中国轻工业出版社,2005.92 页

的部分;有可教的部分,也有不可教的部分。而传统的学校教学方式满足于为学生提供确定的、客观的显性知识,并多采用直接讲授的方式。"这些东西不能像砖块那样,从一个人传递给另一个人;也不能像人们用切成小块分享一个馅饼的办法给人分享。"①教学过程并不是一件"告诉"和"被告知"的过程,而是一个学生个体"主动"建设的过程。

在个人知识和隐性知识的视野中,知识自然不是一件简单的可以告诉或言传的事情,而与知识相关的"方法"、"技能规则"也有不可言传性。"授人以鱼,不若授人以渔",在个人知识、隐性知识的期望中可以被改写成"授人以渔,不若由人以渔"。这实际上是为知识赋予了个人色彩,使人们从普遍的、绝对化的、静态的知识束缚中解脱出来,让作为整体的学生直接面对作为整体的知识。

"由人以渔"意味着将自由选择的机会重新转让给学习者,意味着把亲自经历、亲自体验、亲自发现、亲自研究的时间和空间还给学习者,让学习者在亲历中"心领神会"。

"由人以渔"可能使教育或学习免于"细节教育"的灾难。知识学习并非完全是焦点知觉,也不完全是附带知觉,真正的学习是在大量的附带知觉的支撑下的焦点知觉。教育者的责任就在于放手让学生"亲历"知识,让学生在"主题式学习"、"课题式学习"(project-based learning)的过程中"整体"地体验"问题",并附带地拥有"细节"知识。有效的教育或指导并不勉强地将"细节"知识单独地提出来言说、讨论,以免使学生徒增知识"怯场"的苦恼。

在这种亲自经历和体验学习的过程中,学习者能体会到知识本身蕴含的求知热情。站在参与者的立场,学生就会把兴趣和目的,关心和效果紧密联系起来。"目的、意向和结局这些名词,强调我们所希望和争取的结果,它们已含有个人关心和注意热切的态度。兴趣、爱好、关切、动机等名词,强调预见的结果和个人命运的关系,以及他为要取得一个可能的结果而采取行动的愿望。"②简单地说,"兴趣就是一个人和他的对象融为一体"③。这样看来,知识总是学生全身心投入的结果。杜威称这种知识为"参与者知识",后实用主义者罗蒂则称之为"当事人思维"。

---

① 杜威著,王承绪译.民主主义与教育.人民教育出版社,1990.5 页
② 杜威.民主主义与教育.王承绪译.北京:人民教育出版社,2001.133 页
③ 杜威.民主主义与教育.王承绪译.北京:人民教育出版社,2001.146 页

求知"热情"除了蕴含"欢乐地求知"之外,它还意味着某种"信仰"。"一个科学发现者的杰出能力在于他成功地在别的心灵面对同样的机遇时不认识或认为没有利益的探讨路线上开展工作的能力。这就是他的原创力。原创力必须具有杰出的个人首创精神和矢志不渝的热情,这种热情有时达到入迷的程度。从一个隐藏问题最初的前兆到探讨这个问题的全过程以至问题的解决,这一发现过程都受到个人幻想的引导,并得到坚定的个人确信的维持。"①沉迷于自己的问题是一切创造力的源泉。有一个故事谈到,学徒开玩笑地问师傅应该如何做才能成为"一个巴甫洛夫",师傅满脸严肃地说:"早上起床时想着自己的问题,吃早餐时想着那个问题,上实验室时想着那个问题,吃午饭时想着那个问题,晚饭后想着那个问题,上床睡觉时想着那个问题,睡梦中也梦见那个问题。"正是这种对问题持之以恒的执著追求,使人们具有持久追求问题的能力,使人们能够成功地整理自己的思维。

由此,学生的求知过程是富于热情地"主动探究和独创性"过程,是"亲历"知识并获得对知识的个人化理解和坚定信念的过程。求知兴趣本身就具有知识价值,缺乏求知兴趣不能获得真正的知识。能够进入教科书的知识总是前人甚至几代人的"热情求知"的结果。前人作为求知者在求知过程中总是投入了个人的热情因素。这种个人参与的热情曾经推动了求知者发现问题并持续地寻找问题的解决方案。进入教科书之后,知识的个人"热情"成分却被遮蔽了。学生是否能够有效地获得这些"知识",取决于教育者能否恢复那些被遮蔽了的知识背后的"求知热情"。

也就是说,真正的知识学习,需经过个人亲自探索、实验、研究,用自己的眼光重新打量知识,以此种方式获得的知识,将显露其情绪化、行动化的特征,最终落实为"个人知识"。

从本质上讲,学习行为是一种个人行为,所有的学习体验都是个人的和独特的。没有人拥有完全相同的体验,也没有人会以完全一样的方法来认知和处理信息。体验学习与"修炼"的学习一样,都强调学习者个人的全身心投入,一种在丰富的复杂的情境中整体感悟。只有当学生能够把自身体验和知识学习联系起来,才会真切地发现知识对自身的价值,学习才会变得更为主动,学会为自己负责,实现自我的整体发展。

---

① [英]迈克尔·波兰尼.个人知识——迈向后批判哲学.许泽民译.贵州:贵州人民出版社,2000.462页

转型期西方教育理论与实践丛书
主编　陆有铨
有效教学的新思路
——20世纪80年代以来西方学校教学变革研究
高慎英　著

主　管：	山东出版集团
出版者：	山东教育出版社
	（济南市纬一路321号　邮编：250001）
电　话：	（0531）82092663　传真：（0531）82092661
网　址：	http://www.sjs.com.cn
发行者：	山东教育出版社
印　刷：	山东临沂新华印刷物流集团有限责任公司
版　次：	2011年5月第1版第1次印刷
印　数：	1—3000
规　格：	787mm×1092mm　16开本
印　张：	18.5印张
字　数：	258千字
书　号：	ISBN 978—7—5328—6829—2
定　价：	40.00元

（如印装质量有问题，请与印刷单位联系调换）
电话：0539—2925659